中国語母語話者のための
漢字語彙研究
母語知識を活かした教育をめざして

小室リー郁子
Ikuko Komuro-Lee

目　次

はじめに　v

第1章　中国語を母語とする日本語学習者への漢字・漢字語彙教育に関する先行研究　1

1.1　漢字・漢字語彙の対照研究..1
  1.1.1　漢字語彙の分類　2
  1.1.2　日中同形語の対照研究　6
  1.1.3　日中の漢字に関する対照研究　9

1.2　漢字・漢字語彙の習得研究..11
  1.2.1　NCS の誤用に関する研究　11
  1.2.2　母語転移と漢字・漢字語彙習得に関する研究　15

1.3　NCS のための漢字語彙分析のあり方 19

第2章　中国語を母語とする日本語学習者の漢字・漢字語彙学習に関する意識　23

2.1　意識調査の概要 24
2.2　日中の漢字の類似点に関する意識―学習開始前調査― 25
  2.2.1　学習開始前調査の対象　26
  2.2.2　学習開始前調査の内容　26
  2.2.3　学習開始前調査の結果と考察　27

2.3　漢字・漢字語彙学習に対する意識―学習開始後調査― 30
  2.3.1　学習開始後調査の対象　30

2.3.2　学習開始後調査の内容　31
2.3.3　学習開始後調査の結果と考察　32
2.4　NCS の気づきを促す漢字語彙教育のために..................36

第3章　漢字語彙分析の概要　39

3.1　日本語教育のための漢字語彙分析..................39
3.2　分析対象語..................41
3.3　単漢字語と複漢字語..................47
　3.3.1　「日本語と同形の中国語」が指すもの　47
　3.3.2　同形の中国語が語素である単漢字語　49

第4章　表記に関する分析と分析結果　53

4.1　日本語と中国語の字体の差異..................55
4.2　字体の日中対応関係に見られる問題点..................59
　4.2.1　分析の手順　60
　4.2.2　分析結果と考察　64
　　4.2.2.1　字体の日中対応関係　64
　　4.2.2.2　字体間の差異による漢字分類　72
4.3　字体の日中対応関係に現れない問題点..................83
　4.3.1　NCS にとって馴染みの薄い文字　84
　　4.3.1.1　調査の手順　85
　　4.3.1.2　調査結果と考察　89
　4.3.2　手書きの際に現れる日中の文字の相違点　94
　　4.3.2.1　日中で異なる筆順　94
　　4.3.2.2　手書き特有の書き方　97

4.4 表記に関する分析と分析結果のまとめ 103

第5章 読みに関する分析と分析結果　105

5.1 日本語教育における漢字の読みの扱い 105
5.2 語によって読み方が異なる漢字 109
 5.2.1 調査対象と手順　110
 5.2.2 調査結果と考察　110
5.3 NCS に特徴的な読みの問題点 113
5.4 読みに関する分析と分析結果のまとめ 117

第6章 語義用法に関する分析方法　119

6.1 分析対象とする語義用法 119
6.2 分析の手順 124
6.3 分析に用いる資料と分析方法 125
 6.3.1 分析資料　125
 6.3.2 分析方法　127
6.4 分類の枠組み 139
 6.4.1 転用プラス（PT: Positively Transferrable）語　141
 6.4.2 転用注意（CT: Carefully Transferrable）語　141
 6.4.3 転用マイナス（NT: Negatively Transferrable）語　145
 6.4.4 転用不可（UT: Un-Transferrable）語　146

第7章 語義用法に関する分析結果　149

7.1 4級漢字名詞の4分類の全体像 149

7.1.1 NCS の理解と産出に関する 4 級漢字名詞全体の特徴　152

7.1.2 NCS の理解と産出に関する 4 級漢字名詞と 4 級複漢字名詞の比較　154

7.2 4 級単漢字名詞の分類結果 156

7.2.1 4 級単漢字名詞の PT（転用プラス）語　157

7.2.2 4 級単漢字名詞の CT（転用注意）語　162

7.2.3 4 級単漢字名詞の NT（転用マイナス）語　186

7.2.4 4 級単漢字名詞の UT（転用不可）語　188

7.3 4 級複漢字名詞の分類結果 190

7.3.1 4 級複漢字名詞の PT（転用プラス）語　191

7.3.2 4 級複漢字名詞の CT（転用注意）語　197

7.3.3 4 級複漢字名詞の NT（転用マイナス）語　210

7.3.4 4 級複漢字名詞の UT（転用不可）語　213

7.4 位置・時に関する 4 級漢字名詞の語義用法 227

7.5 語義用法に関する分析結果のまとめ 238

7.5.1 単漢字名詞と複漢字名詞の特徴　238

7.5.2 4 類の特徴　239

おわりに　243

謝辞　249

巻末資料　253

　解説「日中対照語彙リスト」　254

　参考文献　266

　索引　278

はじめに

　日本語教育における漢字教育は、学習者を漢字圏と非漢字圏の二つに分けて論じられる傾向にある。「漢字圏」という用語は、広く、韓国[1]のように普段の読み書きには漢字を用いないが学校教育で漢字を学ぶ地域や、シンガポールのように中国系の人が数多く住む地域を含むこともあるが、狭義では中国・台湾のように漢字が日常的に使用される国・地域を指す。本研究では、母語で習得した漢字の知識を日本語の漢字語彙学習に活用できる国・地域という共通点に着目し、広義の意味で「漢字圏」という用語を用いる。

　初級漢字教材の特徴を教材別にまとめた加藤・濱川（2017）を見ると、非漢字圏を対象としたものでは、漢字の成り立ちや部首の違いを取り上げたり、漢字語の概念や使用場面等によって漢字をグループ別に提示したりすることで、漢字という新しい「文字」を、段階を踏みながら学習できるよう配慮されている教材の多いことがわかる。

　しかし、漢字圏の学習者に対しては母語知識を考慮した漢字教育の必要性が指摘されて久しい（武部1979, 菱沼1980, 阿久津1991など）が、教育現場における指導内容の共通理解も、またそのための教材開発もいまだ十分とは言えない[2]。特に、非漢字圏と漢字圏の学習者が混在する教室環境では、漢字

1　朴（2017）は、韓国の日常の言語生活においては、漢字を目にする機会は少なく、韓国語表記（ハングル文字）の中での漢字使用については議論が継続されていると述べている。

2　加藤・濱川（2017）は1990年以降に出版された16種類の漢字学習用教材の特徴をまとめているが、その16種類のうち「対象者」が「漢字系」あるいは「漢字圏」の学習者と分

圏の学習者がすでに何を知っていて、何を知らないのかに注意が向けられることは少なく、漢字圏の学習者の母語知識を十分に考慮しないか、あるいは彼らの母語知識に過剰に依存するかのいずれかの状況にある[3]。

かつて、日本語教育においては漢字圏の学習者と言えば、漢字圏に在住する者か、それらの地域から日本に留学する者を指すことが多かったが、現在ではこれらの地域以外にも中国や韓国からの留学生や移住者など漢字圏の学習者が数多く存在している。グローバル化の進む現在、漢字圏の学習者は中国や台湾、韓国等のアジア以外の国・地域にも広く散らばり、筆者の住むカナダもその例外ではない。

筆者は、トロントで20余年にわたり日本語教育に従事してきたが、中国語を母語とする学習者（以下、Native Chinese Speakersを略して"NCS"と表記）が多数を占める教育現場であるにも関わらず、これまで非漢字圏の学習者に照準を合わせた指導を行ってきたことへの反省と、NCSには母語知識を活かした漢字指導が可能なはずだと強く思い始めたことが、本研究の出発点となっている。

NCSに対し母語知識に配慮した漢字指導を行うには、漢字という「文字」ではなく、漢字で表記される「語」というレベルで、日中で何が共通しているか、または異なっているかに着目することが重要となる。日中の漢字は、文字レベルではその意味に大差なく見える場合でも、語レベルで比較すると両者の違いが見えてくることが少なくないからである。

日本語の漢字語彙の中には、NCSの母語知識が学習に有効活用できる語と、彼らの母語知識がかえって語の理解や産出の妨げになりうる語がある。具体的にどの語がどのように似通っているか、または異なるかがわかれば、教師やNCSが注目すべき点を抽出することが可能となるだろう。中国語を知らない日本語教師であっても、共通点および相違点の特徴や傾向を知るこ

析されているものは3種のみとなっている。また、日本語の辞書については、台湾で出版された日華・日漢辞典に見られる同形語の記述は、その語義の理解や使用を考えた場合、必ずしも十分なものにはなっていないという指摘がある（林 2000b）。

3　石田（1989: 294-295）は、漢字は日本語学習にとって他の技能にも影響を及ぼす可能性のある重要な要素だと認識されているにも係わらず、「漢字教育はかなりなおざりにされて」おり、特にこの傾向は海外において目立つと指摘している。

とで、NCS にとって問題となりそうな部分の予測を立てることができ、たとえ表記が同じでも日中で違いが存在するかもしれないという目で漢字語彙が見られるようになるに違いない。日本語学習の初期段階で中国語の知識を活用し、問題のない部分と問題となる部分に注意を払いながら語彙を学ぶという習慣が確立されれば、その後の学習段階で出合う漢字語彙に対しても、NCS が自ら分析的な目を向けられるのではないだろうか。

そのために日本語教育における漢字語彙の日中対照研究は、外国語として日本語を学習する NCS が何を学ぶ必要があるかという問いに対して、具体的な答えを提示するためのものでなければならない。例えば、中国語に同形同義の語があっても、それが使われる文脈やコロケーションが異なっていたり、日本語では日常の話し言葉で使われる語であるのに対し、同形の中国語はかたい文章語であるというような特徴は、言語運用のためには欠かすことのできない情報である。また、語を構成する文字については、いわゆる康熙字典体[4]が同じであるかどうかということよりも、日本語の文字と現在 NCS が使用している文字とに違いがあるのか、その違いは語を認識し学習する上で障害となりうるのか等の情報の方が、NCS にとっては役に立つ。

また、NCS が母語知識を活用できるか否かは、語の理解面と産出面の双方において異なる。言語の運用が言語習得の一つの目標であると考えれば、語の表記を見てその意味がおおむね理解できるというだけでは不十分で、語が適切に使えなければならない。産出には、適切な語を選び、共に使用する語を考え、それを文法の規則に沿って述べるというプロセスが必要で、そのためには、語が使われる文体や語の品詞、コロケーションについての知識が不可欠である。表面的には両言語で意味のよく似た語であっても、産出面で顕著な違いが見られる場合も存在している[5]。

---

4 「康熙字典」とは、18世紀の初めに清の康熙帝の勅命によって編纂された漢字辞典で、そこに掲げられた漢字の字体・字形が活字を作る際の規範となり、日本でも戦前の明朝体活字の設計はおおむねこれに依っていたとされる。一般に「いわゆる康熙字典体」という言い方がされているが、それは実際の「康熙字典」の見出し字の字体には、同じ構成要素でも漢字によって不統一があったり、明治時代以降に康熙字典体と呼び習わされてきたもののうち、そもそも「康熙字典」には載っていないものや見出しの字体とは違っているもの等があったりするためである(文化庁編 2017: 70)。

5 例えば、日本語の《天気》と中国語の〈天气〉は語義が共通しているが、日本語では「暑

本研究は、NCSが母語知識を活かして漢字語彙学習を行えるようにするため、日本語と中国語の対照研究を通してNCSにとって何が問題となりうるかを明らかにしようとするものである。NCSにとって必要なのは、彼らがすでに母語で習得している漢字という文字の教育ではなく、漢字で表記される語彙の教育であることを提唱し、日本語教育の現場で漢字語彙の何を扱う必要があるかを特定するための基礎分析の方法を提示する。そして、漢字二字以上から成る漢語に、和語や漢字一字から成る語を加えた漢字語彙全体を対象として分析を行い、その類型化を試みる。NCSにとって、日本語の漢字語彙に初めて出合う初級段階が、日中の漢字語彙の特徴を理解し、その後の漢字語彙学習の基礎を築く重要な段階であることから、本書の分析対象には、『日本語能力試験出題基準［改訂版］』（国際交流基金・日本国際教育支援協会編2002）の4級（JLPTのN5相当）語彙の中で最も数の多い品詞である漢字表記の名詞を抽出して用いる。

　本研究は、従来の漢字語彙の日中対照研究と以下の3点で異なっている。

(1) 分析対象には、漢字二字以上から成る漢語だけでなく、漢字表記の和語や漢字一字から成る語を含んだ点
(2) 文字や語を認識・理解する際に問題となる点と産出時に問題となる点を分けて扱い、そこに見られる日中の差異の程度に基づいて分類を行った点
(3) NCSの母語知識を、辞書の記述からだけでなく、中国語母語話者に対して実施した漢字・漢字語彙の認識および使用実態の調査結果から把握・特定しようとした点

　中国語を母語とする学習者が多様化する現代においては、母語に関する知識や運用能力、異なった字体の認識や書字能力、古語の理解や漢字に備わった本来の字義の知識などには個人差があり、中国語母語話者の一般的な知識や能力といったものを特定することは難しい。しかし、NCSが母語知識を

い」や「寒い」といった語とは使えないのに対し、中国語では〈天气很热〉=「*天気が暑い」や〈天气很冷〉=「*天気が寒い」のように言うことができる。

利用して日本語の漢字語彙を理解しようとしたり、日本語で自分の言いたいことを表現しようとした際に、誤用や誤った理解を引き起こす可能性のある日本語の漢字語彙を、少しでも多く、より具体的に示すことができれば、そこから取捨選択して、指導や学習に活かすことができる。また、そのような基礎研究の蓄積が、学習者用辞書などの教材や教師用指導書等を作成するための資料となりうる。本書は、そのための基礎分析の方法の提示とその実践例から成る。

本書の構成は以下の通りである。

第1章では、中国語を母語とする日本語学習者への漢字・漢字語彙教育に関わる先行研究を概観し、その成果を日本語教育に活用するには何が問題となるかを指摘して、NCSに対する漢字語彙教育に必要な漢字語彙分析について考察する。

第2章では、NCSの漢字・漢字語彙学習に関する意識の実態と傾向を知るために行った調査について述べ、彼らが捉えている日中の漢字の違いや、学習時に感じている漢字・漢字語彙の難しさ等から、NCSに対する漢字語彙教育には何が必要であるかを論じる。

第3章では、第1章の先行研究と第2章のNCSに対する調査結果から、NCSに対する日本語教育のためには、どのような漢字語彙分析が必要であるかを述べ、本研究で行う漢字語彙分析の概要を説明して、分析対象とする漢字語彙を示す。

第4章は漢字語彙の表記について、第5章は漢字語彙の読みについて、第6章と第7章は漢字語彙の語義用法について、それぞれ分析・調査した結果を述べる。

最後に、本研究で行った漢字語彙の分析結果の内容をまとめ、残された課題について指摘する。

第1章

中国語を母語とする日本語学習者への漢字・漢字語彙教育に関する先行研究

　本研究の課題は、NCS の母語知識を日本語の漢字語彙学習に活かすために、日中の比較から見えてくる両言語の違いをもとに NCS にとって何が問題となりうるかを特定し、指導や学習に活用できる語彙の特徴を具体的に示すことにある。本章では、まず漢字・漢字語彙に関する先行研究[1]のうち、日中対照研究と習得研究についてそれぞれ 1.1 と 1.2 で概観し、日本語教育への活用という観点から研究の成果と問題点を述べる。1.3 では、NCS に対する漢字語彙教育のために、どのような基礎研究が必要であるかについて考察する。

▶1.1　漢字・漢字語彙の対照研究

　漢字語彙に関する日中対照研究は、大きく二つに分けることができる。
　一つは、日本語の漢字語彙あるいは中国語の語彙を分析対象とし、日中両言語における同形の語の有無や語義の対応関係により、語彙を分類するというものである。もう一つは日中同形語の分析で、日本語の漢字語彙と同表記の中国語について、その語義用法等を比較対照したものである。そこでは、語の表記に関わる漢字（文字）そのものの日中対照は扱われていない。

---

[1] 先行研究では、中国語を母語とする日本語学習者を指す際、本書とは別の用語が用いられていることがあるが、指す対象が実質的に同じであると判断できる場合、本書では"NCS"を用いる。

本節では、NCS への漢字・漢字語彙教育のための基礎研究に関連する先行研究として、漢字語彙の分類、日中同形語の対照研究、日中の漢字に関する対照研究の 3 つについて概観する。

1.1.1　漢字語彙の分類

日本語の漢字語彙を、対応する中国語との特徴をもとに分類したものは、日本語教育への活用を念頭に置いた大村 (1965) や野沢 (1970) に遡る。いずれも、NCS の母語知識や類推能力に配慮した分類基準が設定されていたが、分類は未完成に終わっている。それ以降の研究では、日本語の漢字音読語約 2000 語を対象に 4 分類を行った文化庁 (1978) の『中国語と対応する漢語』、文化庁 (1978) の基準を用い、約 4350 語の二字漢語について台湾と大陸の中国語との比較を行った陳 (2002a, 2002c)、文化庁 (1978) と張 (2007, 2009) を踏まえて日中同形の漢語の 5 分類を試みた張 (2014) 等があるが、分類の規模と完成度、分類語と用例が具体的に提示されている点、また、のちの漢字語彙分類だけでなく、対照分析や習得研究 (安 1999, 陳 2002a, 加藤 2005a, 小森他 2008, 小森・玉岡 2010, 小森他 2012 等多数) にまで大きな影響を与えてきたという点で、文化庁 (1978) に並ぶものはない。文化庁 (1978) の影響は、中国語研究において、中国語の語彙と日本語の漢字語彙との対応関係を分析・分類した張編 (1987) や曾根 (1988) 等にも見られる[2]。

文化庁 (1978) は日本語の漢字音読語約 2000 語について、同表記の中国語の語彙の有無と、語義の異同により、以下のような 4 分類を行っている。

S 語 (Same：日中両国語における意味が同じか、きわめて近いもの)
O 語 (Overlap：日中両国語における意味が一部重なってはいるが、両者の間にずれのあるもの)
D 語 (Different：日中両国語における意味が著しく異なるもの)
N 語 (Nothing：日本語の漢語と同じ漢字語が中国語に存在しないもの)

---

[2] 松岡 (1979) は、文化庁 (1978) の分析に対し厳しい批判を寄せているが、同時に、中国語研究ではまだなされていなかった語彙分類を実現させた文化庁 (1978) に対し、脱帽するしかないとも述べている。

ただ、文化庁（1978）の分類に対しては、発表当初から批判も多く寄せられた。「中国語」の規定が曖昧であること（荒川 1979）[3]、分析対象語に和語が含まれていないこと（荒川 1979, 周 1986）、分析に使用された辞書の数や種類が不適切なこと（荒川 1979, 松岡 1979, 周 1986）、辞書の記述と語の使用実態に見られるずれへの配慮がないこと（大塚 1990）等が指摘され、具体的に多くの語の再定義と再分類が提示されている（荒川 1979, 飛田・呂 1986, 大塚 1990）。これらの多くは中国語研究や対照研究の立場からの指摘だが、文化庁（1978）の日本語教育への活用を考えた場合の問題点としては、以下の（1）と（2）を挙げることができる。（1）は荒川（1979）と周（1986）、（2）は荒川（1979）の指摘と関連している。

（1）分析対象語が字音語に限られ、和語や、漢字一字で表記される語の多くが含まれていないこと。
（2）語が理解できるか否かが分類の焦点となっており、産出時の問題点が不明であること。

（1）に関して文化庁（1978）は、対象語の範囲が広くなることを恐れ、対象を漢字音読語に限ったと述べている（p. 6）が、それに対し荒川（1979）は、「視覚的同一性」の上に成り立つのが漢字語彙の分類であるならば訓読語を除くべきではなかったと指摘し、周（1986）も使用比率の高い基本語彙が分析対象とならなかったことを「残念だ」としている。

和語に基本語彙が多いことは、すでに望月（1974）に指摘が見られるが、近年では、分析対象に『現代雑誌 200 万字言語調査語彙表』（国立国語研究所 2006）を用いた松下（2009）がある。松下は同語彙表の、漢語（古代中国語からの借用語、字音語）・外来語・和語・混種語について調べた結果、高頻度自立語の上位 1,000 語では、漢語の 47.2% に対し、和語の使用が 39.9% に及ぶことが明らかになったとしている。上位 1,001〜2,000 語、2,001〜3,000 語、と頻度が下がるにつれて和語の割合は減少するものの、上位

3　荒川（1979）は、文化庁（1978）には明確な記述が見られないと断った上で、文化庁（1978）が分析対象としたのは「台湾、香港、東南アジアで使われている」中国語であり、標準語とされる〈普通话〉（荒川では「普通語」）ではないと分析している。

5,000語においても、漢語の46.2％に対し、和語は全体の32.1％を占めている。和語のすべてが漢字で表記される語であるとは限らないが、基本語彙の中で和語が重要な位置を占めるというこの結果は、漢字語彙教育においては漢語のみでなく漢字表記の和語にも注意を向ける必要のあることを示唆している。しかし、荒川（1979）や周（1986）による指摘がなされた後も、漢字語彙の日中対照研究では、漢字で表記される和語にはほとんど光が当てられてきていない。

漢字表記の和語と、それに対応する中国語の研究が進んでいない背景には、漢字表記の和語には漢字一字で表記される語（以下、単漢字語）の多いことが考えられる。単漢字語には《肉》や《熱》のような字音語もあるが、《木》や《行く》のような和語が多い[4]。文化庁（1978）では、単漢字語のうち字音語は分類対象となっているが、漢字一字で成る語の分析の難しさについて以下のように述べている[5]。

> 漢字1字から成る語の中には中国語としていろいろの意味に用いられるものがあり、日本語の造語要素として見た場合に同じ意味になるもの、異なる意味になるもの等、簡単には対比することのできないものがあった。それらの中には、漢語そのものをこういう形で取り上げることを断念したものもある。（文化庁 1978: 12-13）

荒川（1979）も、漢字訓読語と中国語との対照分析の必要性を強調しながら、同時に「漢字一字のもつ意味についての対照研究はたしかにやっかいで、これは今後の課題とせざるをえない」（p. 9）と述べている。ここでは「やっかい」が何を指すかについては具体的に述べられていないが[6]、日本語教育においては、漢字表記の和語や単漢字語も、漢字二字で表記される語

4　日本語と中国語の表記のしかたは、本書 p. 40 参照。

5　筆者が数えたところ、文化庁（1978）の分類語は、単漢字語（字音語）が134語、複漢字語が1,709語で、複漢字語が分析対象語全体（1,843語）の92.7％を占めている。

6　荒川（2018）では、二字漢語（熟語）の構成要素（語基）すなわち漢字一字の日中対照は、二字漢語に比べて意味の対応関係が入り組んでいて単純でないと述べられている（pp. 253-345）。

（以下、複漢字語）と同様に指導や学習の対象となる漢字語彙であり[7]、これらを分析対象から外すわけにはいかない。NCS に対する漢字語彙教育のためには、単漢字語や和語を含んだ漢字語彙全体の日中対照分析が行われる必要がある。

　日本語教育の観点から見た文化庁（1978）の問題点の（2）は、分析内容に関することである。文化庁（1978）の分類は、主に語義の異同に基づいており、その語をどう使うかという語の産出に関わる違いは、必ずしも分類に反映されていない。そのため、産出時に問題となる点が存在するか否か、存在する場合は何が問題となるかについて知ることができない。例えば、文化庁（1978）は S 語（日中両国語における意味が同じか、きわめて近いもの）について、以下のように述べている。

　　（前略）「S」に分類された語はその漢字語の持つ実質的な意味が同じだというだけで、"その語の文法的な用法等まで同じだというのではない"ということである。個々の語の日本語としての用い方については、その点での十分な練習が必要である。（文化庁 1978: 14-15）

　つまり、S 語は語を見て理解する際には中国語と同じように解釈して問題ないが、その語を使用する際には、その使い方に違いがあるかもしれないため注意が必要だということになる[8]。そうであれば、文化庁（1978）は「教える立場で注意しなければならない」O 語や D 語は全体の 10 分の 1 未満であり、指導に「余り問題がない」S 語は全体に占める割合が最も高い（全体の

7　小室リー（2015）は、『日本語能力試験出題基準 [改訂版]』（国際交流基金・日本国際教育支援協会編 2002）の 4 級語彙（728 語）のうちから、漢字表記の語彙として 578 語を抽出し、単漢字語と複漢字語に分けた結果、全体の 61.2% に当たる 354 語が単漢字語であったと述べている。

8　文化庁（1978）に準じた教材である文化庁（1983: 10）では、学習者に向けられた使用法に次のような注意書きが見られる。(1) この補助教材は、日本語のことばの意味を覚えるときに使ってください。しかし、この方法だけで日本語を覚えてはいけません。日本語としてのほんとうの意味や使い方によく注意してください。(2) この補助教材は、日本語を読むときに使うこともできます。しかし、日本語を書くときに使ってはいけません。日本語と中国語は全く違う言語です。

3分の2)という点を強調し、これを「非常に好都合」と述べているが、それは語の理解面に比重を置いた分類結果に基づく考察であり、語の産出面を考慮すれば、指導時に注意を要する漢字語彙は決して少なくないと言うことができる。

荒川 (1979) は、大きく捉えれば同義とされる語であっても、語が使用される文体や語の品詞など用法に関わる問題があるとし、以下のように述べている。まず、文体については、例えば日本語は《危険》と《危ない》のような漢語と和語のペアを持ち、これらの語を使い分けるのに対し、中国語の〈危险〉(〈险〉は《險》の簡体字) にはそのようなペアが存在しない。荒川は、「両国語を対照した場合に、中国語の対訳語が、しばしばそれに対応する漢語だけでなく、その漢語と同義関係にある和語にまで対応するという現象が見られる」と述べ、このような、語を使用する文体の違いへの配慮が、漢字語彙の学習や指導には必要だとしている。また、文法的な用法については、同形でも品詞が違っていたり、同じ動詞でも要求する格が異なる語があるため、文化庁 (1978) が言語教育での利用を考えていたのであれば、分類にはこのような文法的な情報が含まれていてもよかったのではないかと述べている。

言語教育では、常に言語の受容面と産出面を扱うことが肝要である。総合的な語彙の運用能力を身につけるには、文の中で語をどのように使うかがわからなければ産出時に支障を来すことになる。そのため NCS にとって語の理解時には問題とならなくても産出に関わる側面については、具体的にわかるように記述され、その特徴が反映された語彙資料が有益となる。

1.1.2 日中同形語の対照研究

日本語と中国語の対照研究は、1970年代の中ごろから主に日本での中国語研究において徐々に活発になっていった領域である。1974年に「日中語対照研究会」が活動を開始し、以後、文法や語彙についての対照分析が数多く発表されている。中川 (1985) は、言語の対照研究は、外国語教育を効率よく行うといった実践的側面からの要請が強く働いているとしながらも、言語の普遍性への興味、すなわち「中国語と日本語の解明」という理論的側面が重要とされていると述べ、実際の言語使用の実態を分析するだけでなく、その背景となる歴史的な側面や言語使用の変遷にまで分析対象を広げるのが

日中同形語の研究だと定義する。

　また、大河内 (1997) は日中対照研究で用いられる「同形語」という用語について、これは漢字二字以上で表記される音読語を指し、和語や漢字一字で表記される語を含むことに対して、次のような否定的な見解を示している（傍点は筆者による）。

> 　（前略）同形語といっても「山、人、大、小」など一字で音訓いずれにも使われるものは含まない。「文化、経済、克服、普通」のような二字（ときには三字以上）の字音語で、表記のみならず語構成が問題になるものである。語構成における共通性が同形語と言われる所以であり、したがって借用関係が問題になるところである。（中略）同形語といっても単純に同じ漢字で書かれる語というのではない。そんなふうに解すれば、日本語が漢字を表記に利用する限り、「来る、去る、一、二、三」と片っぱしから同形語であり、それはもはや語彙論の問題ではなく、表記の問題ということになってしまう。（大河内 1997: 412）

　同形語の研究は、研究者や研究目的によりその定義に多少変更が加えられ[9]、和語が含まれることもあった (林 2002a, 林 2002b, 陳 2003b 等) が、おおむね大河内 (1997) の定義する「同形語」が研究対象となり現在に至っている。大河内の定義に沿えば、日中対照の語彙研究ではそもそも和語や単漢字語は分析対象にはならない。そう考えれば、文化庁 (1978) が分析対象を字音語とし、その多くが複漢字語であったことは、1970 年代、同形語の対照研究が活発になり始めたことと無縁ではなかろうと推察される。

　日中同形語の研究分野は多岐にわたる。語義に着眼したものでは、両言語における同形語のずれを具体的に記述したもの (守屋 1978, 荒川 1979, 飛田・呂 1986, 金 1987, 大塚 1990, 樊 1993)、ずれの原因を言語の特徴に結びつけて説明したもの (中川 1995, 大河内 1997)、同じ事物や概念を表す語が日中でどう異なるかを調べたもの (中川 1983, 岡 2002) 等がある。同形語の中か

---

[9] 日本語の《言語》と中国語の〈语言〉のように字順が逆転した語が同形語に含まれることもある（望月 1974, 石・王 1983 等）。

ら異義語のみを比較して分析したものでは、上野・魯（1995）や黄・林（2004）があり、このうち上野・魯（1995）は、中国語教育の視点で記述されているが、日本語教育においても活用できる。

　日中同形語の用法に焦点を当てた研究では、日中で品詞が異なる語をその異なりのタイプ別に分類したものとして石・王（1983）や侯（1997）があり[10]、両言語の品詞の対応関係の複雑さが示されている。

　また、日本語と中国語における同形語の文体差については、意味や文体等に応じて和語と使い分ける日本語の漢語と、すべてが漢字で表記される中国語の語彙とでは、まず根本的な違いを認識する必要性があるとする指摘（荒川1979, 2018, 大河内1997）や、日本語と中国語において同形語が使用される文体に見られるずれのタイプの分類（宮島1993）等が挙げられる。宮島（1993）は、語が使用される「硬度」（倉石1990）[11]をもとに、中国語では日常語だが、同形の日本語は文章語となるケースが多い一方で、中国語では古典語だが日本語では現代でも使用されうる語もあり、同形の語であっても使用される文体を考慮する必要性が述べられている。しかし同時に、語が使用される文体を定義して分類することの難しさ[12]についても触れており、語が使用される文体については日中それぞれの言語において今後さらに研究の進むことが期待される。

　このように、日中対照研究における同形語の研究は、個別的・断片的ではあるが、語義に関するものから語の用法、語が使用される文体に関するもの等があり、辞書の記述や語彙分類からだけではわからない両言語の違いを詳細に見ることができる。それと同時に、語義の異同だけでなく用法面に着目した日中対照分析を、単漢字語や和語にまで広げていくことの重要性が示唆

10　語の用法ではなく、文法そのものに焦点を当てた日中対照研究は、表現文型や構文の問題点を分析したもの（荒川1983など）や特定の文法形式等について比較対照を行ったもの（大河内編1997, 日本語教育における日中対照研究・漢字教育研究論集編集委員会編2015, 中国語話者のための日本語教育研究会編2010-2017など枚挙に暇がない。

11　倉石（1990）は、「中国語の語彙は、それぞれの硬度をもって使用される」(p. 17)とし、語が使用される文体差を「硬度」と呼んで11のランク付けを行っている。ただ、ランク付けは困難を極め、判断に迷うものが少なくなかったと述べている。

12　宮島（1993）は、倉石（1990）のランク付けでは、語が使用される文体的性質と使用分野とが混同されており、倉石のランク付けに疑問が残るものがあると述べている。

されている。

1.1.3　日中の漢字に関する対照研究

　日中の漢字に関する対照研究では、漢字の音読みと中国語の読みを対照させたものと、字体・字形[13]に関するものがある。本書では漢字の読みの日中対照[14]は扱わないため、本節では語を表記する文字の字体・字形に関する対照研究のみ取り上げる。

　日中対照研究における「同形」という考え方は、一般に日中で現在使用する漢字の字体[15]が異なっていても、本来の文字（いわゆる康熙字典体）が同じであるということに根ざしている。そのため、日中の語彙の対照研究では、文字を視覚的に捉えた違いは問題とされず、日中で用いる漢字の字体・字形の違いは、語彙研究とは切り離されたところで、文字の対照研究として扱われてきた[16]。

　両言語の漢字を一字一字比較対照して漢字表を作成したものには天沼（1980, 1981）や菱沼（1983）、日中の文字の対照表を言語学習の参考書の形にまとめたものとしては大越・高橋編（1997）や伊奈垣（2016）がある。また、日中の漢字の字体差に基づいて日本語の漢字を分類したものには、旧常用漢字1,945字[17]を対象にした天沼（1981）や中川（1991）、教育漢字1,006

13　「字体」、「字形」という用語の使い方は先行研究によって違いが見られるが、本書では笹原他（2003）の定義（字の形を抽象化した骨組みを「字体」、目に見える具体的な形を「字形」）に準じ、先行研究内の用語もこれに統一する。

14　漢字の読みに関する対照研究は、古藤（1987）、阿久津（1991）、三好（1993）、茅本（1995, 2004）等を参照のこと。

15　現在中国語で用いられている文字の中には、簡略化されたもの（簡体字。中国語では「簡化字」）と簡略化の対象とならなかったものが混在している。本来、簡体字のもとの文字を「繁体字」と呼ぶが、実際には、簡略化の対象とならなかった文字を指す際にも使われているため、本書においても、それに倣って「繁体字」を用いる。

16　菱沼（1980）は、「同形語」や「対応する語」といった際に、実際の字体の差が問題とならないことについて疑問を投げかけているが、氏自身、字体の違いを語彙ではなく文字教育の問題として捉えている。

17　中川（1991）や、菱沼（1983）では、「常用漢字」、「常用漢字表」となっているが、これらはいずれも1981年公布のものを指しており、現在使用されている2010年公布のものと区別するため、本書ではそれぞれに「旧」を付加して表す。

字を対象にした茅本（2004）がある。茅本は日中の字体差を「異形度」という用語を用いて5段階に数値化して分類している。ただ、日中の漢字の「違い」は、以下の天沼（1981: 60）に見られるように共通認識が困難で、上述の先行研究においても何を「違い」として認識するかは研究者によって異なっている。

> 結局のところ、両者の文字の形の上で、どの部分が、どういうふうに、どの程度まで形が違っていても、両者は字体が異なるとは認められず、単に文字として実現した場合の、形の違いにすぎないものなのか、どの程度以上異なっていれば、単に字形の違いではなく、字体が違っていると認めるべきかを、一般的・共通的に定めることは極めて難しいことである。

これらの先行研究のうち、菱沼（1983）では現代中国語の中で比較的よく使用される中国語の漢字（菱沼の用語で「常用字彙」）と日本語の漢字を対照させた結果、日本語の旧常用漢字の中には、中国語で常用でない文字や字体が異なる文字が多く含まれており、NCS が見て、対応する中国語の文字がわからなかったり、具体的な意味を想起したりすることが困難な文字のある可能性が示唆されている[18]。日本語教育においては、日本語と対応する中国語の文字がわかるだけでなく、現代語の中でその漢字が日常的に使用されていて、NCS が容易に認識できる文字であるかどうかということも、文字、さらには漢字語彙の認識と理解・産出に関わる重要な点であるが、そのような観点から漢字を分析した研究は菱沼（1983）以外にはなく、また、このような観点を漢字語彙の分析に取り入れた研究は管見の限り見られない。

一方、字体の対照を大陸で使用されている文字だけでなく、香港や台湾、韓国で使われている文字にまで広げたものには、兒島（2003, 2005, 2006a, 2006b）や安岡・安岡（2017）、林（2002a）がある[19]。本書では大陸以外で使用される漢字の字体・字形については大きく取り上げないが、学習者の母語に

18　これについては第4章4.3.1で詳しく取り上げる。
19　日韓間の漢字の字体・字形の比較対照を行ったものには朴（2018）がある。

配慮した漢字語彙指導を考える上では、大陸以外の地域に見られる字体・字形の違いについても、丁寧な基礎研究が必要であろう。

次節では、対照分析で明らかにされてきた日中の違いが、どのような形でNCS の誤用となって現れているか、また母語転移の影響が漢字・漢字語彙習得にどのように見られるかを扱った研究をまとめておきたい。

▶1.2　漢字・漢字語彙の習得研究

1970 年代から 80 年代に見られた漢字語彙分類や日中同形語の研究は、主に辞書の記述をもとにした対照研究であったが、1980 年代以降は誤用分析研究[20]に始まる一連の習得研究が盛んになり、1990 年代からは徐々に母語知識の転移が習得に及ぼす影響とそのメカニズムについての研究が行われるようになる。張（2009）は誤用分析の限界を認め、転移の全容の解明には習得研究の結果を待たなければならないとした上で、習得研究が必要とする仮説を立てるには、対照研究と誤用分析はなくてはならないものだと主張している[21]。学習者の母語と目標言語間との違いが習得に及ぼす影響は、その実態の分析に基づいた仮説の検証により明らかにされるものであり、それを行うのが対照研究や誤用分析だからである。

本節では、1.2.1 で漢字語彙習得に関する誤用分析を扱った研究を、1.2.2でNCS の母語知識が漢字語彙習得にどのような影響を及ぼすかを扱った研究について概観する。

1.2.1　NCS の誤用に関する研究

誤用分析は、学習者が目標言語を運用する際に生じる誤用[22]を集め、その

20　長友（1999: 10）は、誤用分析は学習者の誤用にのみ分析の焦点が置かれるために、学習者言語の一部しか診断できない、習得の過程をうまく説明できない、言語転移の事実に関する説明が主観的なものになりやすいなどの批判が寄せられたため、短命に終わったと述べている。

21　張（2009）は誤用分析を習得研究の第一段階とする立場もあると述べている。

22　語や文法を誤って使う「誤用」に対し、語が使えないことを表す「非用」（水谷 1985）がある。NCS の漢字語彙に関する誤用分析では、適切な語が使えないといった指摘（張

原因を分析することにある。誤用に見られる学習者の母語の影響は当初「干渉」と呼ばれ、母語転移の中でも負の側面に重点が置かれることが多かった。ここでは、漢字・漢字語彙の誤用に関する先行研究のうち、(1) 語義、(2) 用法、(3) 表記を扱ったものを取り上げて見ていく。

(1) 漢字語彙の語義に関する誤用

漢字語彙の語義に関するNCSの誤用については、菱沼 (1980) が、日中で同形の語を中国語の語義で使用している場合と、日本語に同形の語がない中国語を、あたかも同形の語があるかのように中国語の語義で使用している場合があると分析している。前者は、日本語の《親切》を中国語の〈亲切〉の「親しみのある」という語義で使うといったもので、日中での語義の類似の程度に関わらず観察される[23]。後者は、中国語の〈交谈〉(「話し合う」の意) という語を日本語で《*交談する》のように使う「音読式」と、〈吸取別人的好处〉を「他人のいい所を吸い取る」のように使う「訓読式」とがある (いずれも菱沼 (1980) の例)。「音読式」については、張 (2009) が複合語に多く見られると指摘し、日本語では「英語の水準」や「実際的な能力」のように「NのN」、「N的なN」と言うべきところを、NCSは《*英語水準》や《*実際能力》(いずれも同形の中国語では問題がない) のような複合語を作ると述べている。

このように、語義に関する誤用分析では、日本語に同形語が存在するか否かに関わらず、NCSが中国語と同形の「語」を、中国語と同じような語義で使用している実態が指摘されている。

(2) 漢字語彙の用法に関する誤用

漢字語彙の用法に関しては、使用される文体に適さない語の使用、品詞の誤り、不適切なコロケーション、という3タイプの誤用がある。本書では「コロケーション」を、主に、国広 (1985, 1998) の定義する、語と語の結び

2009) は見られるが、非用はほとんど取り上げられていない。水谷 (1985: 14) は、非用は「誤用以上に母語の影響の根づよさを示す」とし、「もっとも外国語話者にとって学習しにくいものは、「誤用」として表面に出ない」非用だと述べている。

23 このタイプの誤用の指摘は、内田 (1992)、五十嵐 (1996)、張 (2009) にも見られる。

つきが最も弱い「語連結」（例：お茶を飲む、青い空）と、語連結よりは強いが慣用句や成語よりは弱い「連語」（例：雨がやむ、電話をかける）を指す語として用いる。語が使用される文体、語の品詞、コロケーションはいずれも相互に関連しているが、便宜上、ここではこれらを分けて見ていく。

［使用される文体に適さない語の使用］

　使用される文体に適さない語の使用については、1.1.1で荒川（1979）の《危険》の例を挙げ（本書 p. 6）、日中で同形同義の語であっても語によって使用される文体が異なるということを述べたが、同様の誤用例が菱沼（1980）や張（2009）で取り上げられている。張は「ブランドの<u>衣服</u>」や「日本は<u>冷淡</u>な社会になる」といった事例（下線はいずれも張）を挙げ、このような日中同形の語は「日本語においてよりも中国語において基本語彙である性格が強い」と分析し、さらに以下のような考察を行っている。誤用と表裏一体関係にある非用の背景を考える上で示唆に富む。

　　　（前略）中国語の語彙は基本的に一種類しかないのに、それに比べて、日本語の場合は、文体的に硬い漢語と日常的によく使われる基本語彙の和語語彙、外来語語彙という二重構造をなしていることが多い。そして、学習者が、その事情をよく知らないので、とにかく自分の馴染んでいる方を使ったのだろうと思われる。（張 2009: 68）

　このような誤用あるいは非用は、日本語教育現場では日中同形の複漢字語、特に漢語の学習が増える中級レベル以上で頻繁に観察されるが、なまじ文意が通じてしまうために、あえて間違いだと指摘されずに見過ごされてしまうことも少なくない。

［品詞の誤り］

　品詞の誤りについては、張（2009）が、正しくは「実現させる」、「総合的な」であるべきところで、「その夢を<u>実現する</u>ように頑張ている」、「生徒の<u>総合な学力</u>」のように使われている事例（下線はいずれも張）を挙げ、このような誤用の背景には、複雑な文法手続きより単純な文法手続きが採用され

るという「省エネの原理」が働いている可能性について言及している。

［不適切なコロケーション］
　不適切なコロケーションについては、誤用は同形の語に限った問題ではないこと（菱沼1980, 内田1992, 2007）、語義との関係についても考慮する必要があること（菱沼1980）、誤用全体の中で数の多いこと（五十嵐1996）が主な特徴として指摘されている。
　菱沼（1980）はコロケーションに関する誤用として、例えば《宿題》（中国語で〈作业〉。〈业〉は《業》の簡体字）は、日本語で「宿題をする」というが、中国語では「書く」に相当する〈写〉を用い〈写作业〉と表現する[24]ため、NCSには「*宿題を書く」といった誤用が多いと指摘する。これは内田（1992, 2007）の「類推して漢字をあてはめた」誤用に相当する。また、内田（1992, 2007）は、NCSの誤用には「中国語の漢字音を日本語に安易におき換えた」場合もあるとし、例えば「ホテルに泊まる」（中国語で〈住在饭馆〉）を「*ホテルに住む」と言ってしまう誤用例を挙げている（下線はいずれも筆者）。
　五十嵐（1996）は、NCSのコロケーションに関する誤用を、「中国語語彙の借用」と捉え、NCSの書いたスピーチ原稿（総字数6,871字）内で捕捉された母語干渉事例67において「意義範疇或いは用法のずれ」や、文法や構文に関する誤用等、7つの母語干渉の事例と比較して該当数が最も多かったと述べている。
　このように、漢字語彙の用法に関する誤用は、語義に関する誤用と同様、日中で同形の語が存在するか否かに関わらず観察され、そこには両言語の違いを十分に区別できず、中国語での語の使い方をそのまま日本語にあてはめてしまっている傾向が見られる。

(3) 表記に関する誤用
　表記に関する誤用分析では、誤字の種類を扱った研究として、林（2002a）と向井（2014）について触れておきたい。

24　中国語には、「する」に相当する〈做〉という動詞を使った〈做作业〉という表現もある。

林（2002a）は、台湾人の学習者の誤字には繁体字や簡体字の使用以外に、繁体字に見られる複数の異体字や台湾特有の簡体字[25]が影響していることを指摘しており、中国語を母語とする学習者間でも普段使用している字体の違いによって誤字の特徴が異なることが明らかにされている。

　また、NCS に多い誤字の特徴を具体的に調べたものには向井（2014）がある。向井は日本在住の NCS を対象に漢字の書字テストを行い、日本語の字体が繁体字と同じ場合は正の転移が起こっているが、字体間の違いが微細な場合は負の転移を受けやすく、また異なる箇所が複数に及ぶ文字は習得されにくいことがわかったとしている。

　このように、漢字・漢字語彙に関する NCS の誤用分析の結果からは、NCS が語義、用法、表記のいずれにおいても、母語の中国語の影響を受けている可能性が強く見られる。特に、負の母語転移となるものについては、まず問題となる箇所を認識できるか否かが、学習の鍵を握る重要な点だと言える。

　次節では、母語転移が第二言語習得においてどのように捉えられてきたかを紹介し、日中の漢字語彙の語義用法の違いが習得にどのように現れているかを取り上げた研究を概観する。

1.2.2　母語転移と漢字・漢字語彙習得に関する研究

　第二言語（L2）習得における母語転移は、それまで干渉（interference）と呼ばれ、負の側面に焦点が当てられていたのに対し、そのメカニズムを明らかにし言語習得に活用させようとした先駆的な研究を、Kellerman（1977, 1978, 1979, 1983, 1986, 1995）に見ることができる。

　Kellerman は転移（transfer）を学習ストラテジーの一つだと位置づけ、学習者が L2 の限られた知識を補うために、意識的あるいは無意識に母語知識[26]を活用させるという心理的な働きを指すものだと定義した。転移には、

25　林（2002a）は、台湾では新聞や印刷物等には繁体字しか使われないが、「手書きの場合は、時間節約のために、人それぞれ適当に簡体字を使っている」（p. 48）と述べ、使用される簡体字としては、大陸の簡体字と日本の漢字に由来する簡体字に加え、台湾特有の簡体字があると説明している。

26　Kellerman の理論における「転移」は、目標言語習得に見られる母語以外の学習言語（習得の程度との相関については不明）の知識の転移も含まれるが、本書では、L2 習得に関

結果的にL2習得を助ける正の場合と習得の妨げになる負の場合があり、後者が「干渉」に当たる。

　Kellermanは、母語転移は母語において有標の項目より無標の項目に、そして学習者が感じている母語とL2との言語的距離がより近い場合に起こりやすく、それは学習者の持つL2知識によっても左右されるという仮説を立てた。この言語転移理論は、学習者の実際の言語使用の中での検証が困難であるという指摘（Kellerman 1986, Færch & Kasper 1987, 白井 1995）はあるが、学習者がL2をどう捉え、母語知識でどのように処理すればうまくいくと考えているかという学習者の心理が、母語転移に大きく関与しているという考え方は、L2習得を考える際の布石となっている。

　このKellermanの言語転移理論の検証を、NCSの漢字語彙習得において試みたものに加藤（2005b）がある。加藤は、NCSが母語の言語項目に感じる典型度（prototypicality）に着目し、多義語の習得を調べる実験を行った。その結果、産出面では母語における典型度と転移率の間に強い相関が見られること、そして典型度が高い用法は転移が起こりやすく、反対に典型度が低い用法は転移が起こりにくいことが明らかになったとしている。習得研究では、言語の受容面に焦点を当てたものが多い中、加藤（2005b）は、受容面と産出面では転移の現れ方が異なる可能性を示すと同時に、産出面での母語転移の実態を扱った習得研究の必要性を示唆する重要な研究として位置づけられる。

　他には、日本語能力の高い学習者を対象に行った実験において、語の音韻面より書字・意味の側面に母語転移の影響がより顕著に見られたという玉岡・松下（1999）と玉岡他（2002）や、中国語を学習する日本人を対象に、日中の語義の隔たりの違いが習得に及ぼす影響を調べた三浦（1997）がある。三浦は、日中同義語や異義語ではエラーが少ないのに対し、日本語と中国語で一方が他方より広義である場合にエラーを出しやすいと述べている。三浦と同様の観点で、NCSを対象に日中での語義の隔たりと習得の関係を調べ、漢字語彙の習得難易度[27]を分析したものには、陳（2003a）、加藤（2005a）、

する母語の転移の意味で用いている。

27　ここでの「習得難易度」は、「習得されにくいか否か」を指し、語自体の難易度を指し

小森他（2008）、小森・玉岡（2010）がある。これらの研究は、使用している用語やその定義[28]、分析語の選び方に違いが見られるが、大枠としては文化庁（1978）の4類を踏襲し、どのカテゴリーの語が習得されにくいかを分析しているという点で共通している。これらの結果を文化庁（1978）の4類に分けて整理すると、表1-1（p. 18）のようにまとめることができる。

　これらの結果からは、4類の中でO語の習得難易度が最も高いということに加え、語義の隔たりの大きさが必ずしも習得の難しさとは関係しないこと、また、日中で共有義と独自義の両方が存在する語については、両者を区別して明示的に指導する必要のあること、さらに同義とされる語（S語）であっても、その語が同義だという意識的な学習がなければ、母語知識の有効な活用には結びつかないこと等の知見が得られる。

　また、従来S語は習得の難易度が低いとされ研究対象となることが少なかったが、近年では、文法的なずれのあるもの（陳2002b）や日中でコロケーションが異なるもの（小森他2012, 三國他2015, 小森2017）では習得が進みにくいという特徴が徐々に明らかにされてきており、語義が共通していても用法の違いに注意を向けることの重要性が強調され始めている。

ているのではない。小森他（2008）や小森・玉岡（2010）は、「難易度」や「習得が難しい」といった用語ではなく、「習得が進む／進みにくい」と言っているが、両者は同じことを指していると判断した。

28　陳（2003a）は、文化庁（1978）の用語を用いず、「同義語」、「類義語」、「異義語」、「欠落語」（陳は「欠落語」に対し「脱落語」という用語も使用しており、両者の混同が見られる）といった用語を使用しているが、その定義と分類語の特徴から、それぞれ、文化庁（1978）のS語、O語、D語、N語に相当していると判断した。

表 1-1 漢字語彙習得の難易度の特徴

S語：日中両国語における意味が同じか、きわめて近いもの
・習得の難易度は低く、母語の正の転移が見られるが、学習者は日本語と中国語が同義であると確信が持てない場合や、現代中国語での使用頻度が低い場合、誤った語義で解釈してしまう（陳 2003a）。 ・正の転移が促進されるような指導が有効だと考えられる（加藤 2005a）。
O語：日中両国語における意味が一部重なってはいるが、両者の間にずれのあるもの
・日本語習熟度が上がるとともに母語の負の転移は減少するが、習得の難易度は高く、日本語能力が向上しても負の転移が見られる。その要因として、O語は多義であるために一対一の対連合学習では対応できないことが考えられる（加藤 2005a）。 ・日本語習熟度が高くなるにつれて負の転移が減少する。その背景として、O語は、日本語と中国語の共有義と一方にしかない独自義を分析的に理解し習得する必要があり、習熟度の低い学習者にはその能力が十分に備わっていないことが考えられる（小森・玉岡 2010）。
D語：日中両国語における意味が著しく異なるもの
・日本語習熟度の低いうちは負の転移が見られるが[29]、語義の違いを意識しやすいために難易度自体は高くない（加藤 2005a）。 ・O語とは異なり、中国語との共有義がないために日本語の語義が活性化しやすく、中国語の語義による干渉が少ない（小森他 2008）。
N語：日本語の漢字と同じ漢字語が中国語に存在しないもの
・母語知識による語義の類推が可能な語と可能ではない語があり、類推可能な語は習得難易度が低い（陳 2003a, 加藤 2005a）。

29　陳（2003a）は、調査結果でD語の正答率の平均が最も低かったことを理由に、D語は難易度が高いという考察を行っているが、同時に、既習のD語では正答率が高かったことを述べ、D語は語自体が難しいのではなく、未習であることが難しさの背景にあると分析している。このような陳（2003a）に対し、加藤（2005a）は、陳（2003a）が行ったのは「漢語習得の難易度の調査」というより「漢語の意味推測の難易度の調査」といった方が適当だろうと指摘している。

▶1.3 NCSのための漢字語彙分析のあり方

　本章では、NCSに対する漢字・漢字語彙教育に関する先行研究として日中対照研究と習得研究を概観した。誤用分析に見られるNCSの母語の影響は、漢字の表記から漢字語彙の語義用法に至るまで広く観察され、そこではNCSが母語知識を活かして日本語の理解・産出を行おうとしている様子が見られる。また、日中間の隔たりが表記や語義用法の習得にどのように影響するかという点では、両言語の違いが顕著でないものや、共通点と相違点が共存するような語は、習得されにくいことが明らかになっている。特に、日本語習熟度の低い学習者にとっては、両言語間の語義用法の違いを自分の力で見極めるのが困難であるだけでなく、語によっては日本語習熟度が高くなっても誤用が観察されており、母語と日本語との違いを意識した学習は、NCSにとって容易でないことが窺える。

　このような点を踏まえ、NCSに対する日本語教育のために必要な漢字・漢字語彙分析とは何かと考えると、漢字語彙の特徴について、NCSが母語の知識では対応できない日中の相違点を明確にすることだと言える。両者の違いが明示的になっていれば、教育現場でどの漢字語彙のどの部分に重点を置いて指導すればよいかが具体的になる。そして、それを可能にするための語彙分析では以下の (1) と (2) が重要な点となる。

(1) 分析対象となる漢字語彙には和語や単漢字語が含まれていること
(2) 漢字語彙の表記、読み、語義用法について理解・産出に関わる特徴がわかること

以下、順に補足する。

(1) 分析対象となる漢字語彙には和語や単漢字語が含まれていること

　これまでの日中対照研究や習得研究では、漢字二字から成る漢語が主な分析対象（図 1-1 の点線内）とされてきたが、日本語教育のためには、漢字表記の和語や単漢字語を含む（図 1-1 の実線内）必要がある。大河内 (1997) が「表記の問題」とする「山」や「来る」のような単漢字語も、日本語教育に

おいては「文化」や「普通」のような複漢字語と同様、その意味や用法が問題となる「語」であり、単に「文字（表記）」の問題として扱うわけにはいかない。NCSに必要なのは、中国語の語彙との比較の上に成り立つ、日本語の中での「漢字語彙」の学習なのである。

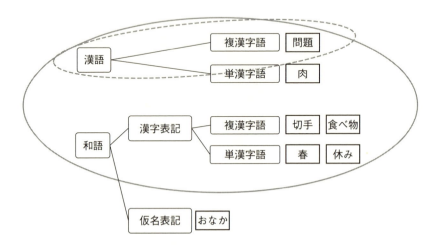

図1-1　日中対照研究や習得研究における主な分析対象語（点線内）と
日本語教育で扱う漢字語彙（実線内）

そこで、本書では単漢字語や和語を含めた漢字語彙全体を分析対象とし、日中で同じ漢字で表記される語を「同形の語」と呼んで、日中同形語の研究で用いられる「同形語」とは区別して表す。そして、NCSにとって日本語の漢字語彙に初めて出合う初級段階が、日中の漢字語彙の特徴を理解し、その後の漢字語彙学習の基礎となる重要な段階であり、また、初級段階のNCSには日中の語義用法の違いを自分で区別する能力がまだ十分に備わっていないとの指摘（小森・玉岡 2010）が見られることから、本書では初級語彙を分析対象とする。具体的には、『日本語能力試験出題基準［改訂版］』（国際交流基金・日本国際教育支援協会編 2002）の4級語彙から漢字表記の語を抜き出し、そのうち最も数の多い名詞を分析対象に選んだ。分析対象語の詳細については、第3章で述べる。

(2) 漢字語彙の表記、読み、語義用法について理解・産出に関わる特徴がわかること

　日本語教育のための漢字語彙分析では、漢字語彙の学習に必要な、語の表記、読み、語義用法が、すべて分析対象として扱われている必要がある。

　本章で見てきたように、漢字語彙の対照研究や習得研究では、漢字の字体・字形差が問題とされることはほとんどなく、また漢字語彙分類における日中の対応関係は、文化庁 (1978) に代表されるように、主に語の理解面に焦点が当てられてきた。しかし、日本語教育で漢字語彙を扱う上では、本来同じ文字であっても現在使用する字体・字形が異なることで語の認識や産出に支障が生じることがあり、語を構成する文字の字体・字形の異同は語の特徴として学習されなければならない。また、語の用法に関わる特徴については、語の理解時に問題となって現れにくいものであっても、語の産出に関わる側面については取り上げる必要がある。したがって、本書では語義だけでなく、語の用法と表記についても中国語との比較対照を行う。ただし、漢字語彙の読みについては、すでに述べたように中国語との対照分析は行わず中国語と異なる日本語の読みの特徴を分析対象とする。

　以上、先行研究の成果と問題点を概観し、NCS に対する漢字語彙教育のためにはどのような漢字語彙分析が必要であるかについて述べた。第 2 章では、NCS に対して行った漢字・漢字語彙学習に関する意識調査について述べる。NCS が捉えている日中間の言語的な距離や漢字語彙学習に対する難易度の実態に着目し、NCS の意識をどこに向けることが漢字語彙学習を助けることになるかについて考察する。

第2章

中国語を母語とする日本語学習者の
漢字・漢字語彙学習に関する意識

　本章では、NCS の漢字・漢字語彙学習に関する意識の実態と傾向を知るために北米の大学で日本語学習者を対象に行った調査[1]について述べる。
　母語転移の重要な要因の一つが、学習者が捉えている母語と目標言語間との距離にある（Kellerman 1977, 1978, 1979）とすれば、NCS が日中の漢字・漢字語彙をどの程度似ていると思っているかが、彼らの漢字・漢字語彙学習に影響を及ぼすと考えられる。では、実際、NCS は日中の漢字・漢字語彙をどの程度似ていると感じているのだろう。彼らは言語間の違いをどれほど意識しているのだろうか。また、NCS は日本語の漢字・漢字語彙学習において、何に注意を払い、どの部分を難しいと感じているのだろう。
　NCS に対して行った意識調査には、漢字学習で最も難しい側面や漢字の学習法等について調べたもの（石田 1984）、漢字の独習の可能性について調べたもの（清水 1994）、漢字の学習法や異字形漢字に対する意識について調べたもの（向井 2014）があるが、NCS が捉えている日中の漢字の距離や、学習時に注意を向けている漢字の側面等を調べた調査は、管見の限り見られない。
　そこで、本書では、漢字・漢字語彙の学習を始める前の学生と、現在学習中の学生を対象に 2 種類の異なった調査を実施し、漢字・漢字語彙学習に対する NCS の意識の実態を把握することにした。

---

[1] 本調査は、T 大学における倫理審査（プロトコール番号：30951）を通っている。

ただ、この調査は北米に住む日本語学習者を対象に行ったため、教室の外で目標言語が使用されている日本や、常に中国語における漢字使用の影響を受ける中国在住のNCSの意識とは異なっている可能性がある。したがって、本調査は、日本や中国以外の地域に住む、多様な言語背景と学習環境にあるNCSの実態の一つと捉えて見ていきたい。

本章では、まず2.1で2種類の調査の概要を述べ、2.2と2.3で各調査について詳述する。最後に2.4において、これらの調査結果に見られる特徴を整理しながら、NCSに対する漢字語彙教育に何が必要であるかについて考察する。

▶2.1　意識調査の概要

本調査は、2013年度から2015年度にわたり、カナダトロントのT大学で日本語初級・中級クラスに在籍する学生[2]を対象に、3年間同じ手順と内容でデータを収集した。調査の実施時期は、クラスの開講年度や開講時期の違いにより多少異なる。

調査では、漢字・漢字語彙に関する母語知識の有無が、日本語の漢字・漢字語彙学習に及ぼす影響を知るため、母語で漢字を用いるNCSと、中国語以外を母語とする学習者(以下、non-NCS)とのデータを比較した。したがって、中国語での口頭能力は高くても読み書きができないNCSと、母語が中国語ではないが中国語の学習を通じて漢字の高い読み書き能力を持つnon-NCSを分析データから除いた[3]。有効データの具体的な抽出方法、および抽

---

[2] T大学は、総学生数約9万人のうち約21%（約2万人）が留学生で、国・地域別では、大陸・香港・台湾からの学生が最も多く、全留学生数の約63%に上る（https://www.utoronto.ca/about-u-of-t/quick-factsにおける2017年度の統計値。2018年7月6日現在）。また、T大学には、留学生ではない移民のNCSも多く（実数は不明）、日本語クラスを履修する学生は、毎年このような中国語を話す学習者が多数を占めている。

[3] T大学では、クラスに在籍する学生を対象にした調査は、調査協力者に不利益が被る可能性をすべて排除して行う必要があり、回答者が特定できる方法や質問は用いることができない。特に、人種や国籍、移民か一時滞在者であるか等カナダでの在住ステータスを含めた個人情報を尋ねることができないため、調査実施規定の範囲内で回答者の母語および現在の使用言語、中国語の読み書き能力などを把握し、分析のための有効データを抽出し

出のために用いた質問文は、巻末の資料1にまとめて記した。調査の目的は、以下の (1) と (2) の2種類である。

(1) 学習開始前調査：
学習者が漢字・漢字語彙学習を開始する前に、日本語の中で使われる漢字を中国語の漢字との比較においてどう捉えているかを把握する。

(2) 学習開始後調査：
学習者が漢字・漢字語彙学習に対して感じている難しさと、学習に対する意識の変化について明らかにする。

まず、(1) の学習開始前調査は、日本語学習を始めたばかりの学生を対象に、授業において仮名の導入が済んだ後、漢字・漢字語彙の導入が開始される直前に実施した。すなわち、日本語の漢字・漢字語彙の特徴についてまだ正確な知識を得ていない段階で、彼らが日中の漢字をどの程度似ていると思っているかを調べた。

(2) の学習開始後調査は、初級の前半クラスと後半クラス、中級の前半クラスと後半クラスの学生[4]を対象に、授業の最終日の直後に実施した。この調査では、漢字・漢字語彙の学習時において、何に注意を払っているか、また、どのような点を難しいと思っているか、そして、学習開始前と現在とでは漢字・漢字語彙学習全般に対する難易度に変化があったかどうかを調べた。

以下、2.2 と 2.3 で、これら2種類の調査の内容と結果の詳細を述べる。

▶2.2　日中の漢字の類似点に関する意識―学習開始前調査―

本節では、漢字・漢字語彙の学習を開始する前の学習者が、日中の漢字を

た。したがって、本調査での"NCS"には、大陸以外に、香港や台湾、他地域からの「中国語母語話者」も含まれている可能性がある。

4　クラスの総学習時間は、初級の前半、後半、中級の前半がそれぞれ120時間、中級の後半が48時間となっている。各クラスのレベルは、それぞれ日本語能力試験の、N5、N4、N3～N2、N2レベルに相当する。

どのように捉えているかを調査した結果について述べる。

　日本語教育の現場では、これから日本語を学ぼうとするNCSや、入門期のNCSが、日中の漢字には似ているものが多いと言っているのを耳にすることがある。しかし、実際そのように思っているNCSがどの程度いるのかを詳しく調査した研究は見られない。また、現場の教師は経験上、繁体字には日本語の字体と共通するものが多いと知っているが、NCSも同じように認識しているかどうかは不明である。

　そこで、この調査では、NCSが日本語の漢字・漢字語彙の学習を始める段階で、漢字の「形」、「音・読み」、「義」（意味）のうち、どの側面が母語の中国語と類似していると思っているかについて調べた。

2.2.1　学習開始前調査の対象

　調査は、初級前半クラスを履修中の学生に対して、授業内で協力を依頼して行い、3年分のデータを合わせて分析した。調査対象、そのうちの有効回答数[5]、調査時期の詳細は以下の通りである。

> 調査対象：T大学の日本語初級前半クラスを履修中の学生
> 有効回答数：120（NCS：82、non-NCS：38）
> 調査時期：2014年、2015年、2016年の5月。平仮名と片仮名の導入
> 　　　　　（約10時間の授業時間）が終了し、漢字の導入に入る前。
> 　　　　　2週間の回答期間を設け、期間内であればいつでも回答できるようにした。

2.2.2　学習開始前調査の内容

　学習開始前調査の目的は、NCSが日本語の漢字・漢字語彙がどういうものかを系統だった知識として獲得する前の段階で、個々の学習者がそれぞれの経験や知識をもとに、母語の中国語の漢字と何がどの程度似ている、あるいは違っていると思っているかを明らかにすることにある。NCSが、よく似ていると思っている漢字の側面は、二言語間の距離が近いということにな

5　調査年度による内訳は、1年目37名、2年目30名、3年目53名であった。

り、Kellerman（1977, 1978, 1979）の言語転移理論では、学習者による転移が起きやすいと考えられる。そのため、負の転移となる可能性の高い側面については、指導時に学習者の注意を向ける必要がある。

　調査は、オンライン上にGoogle Formを用いて作成した質問に選択式で答えるもので、回答は任意とした。質問文は中国語（簡体字表記と繁体字表記）と英語で用意し、自分が答えやすい言語・表記を選ぶように指示した。巻末の資料2に英語表記の質問文を示している。

　ここでの質問は、日本語と中国語の漢字が、「形（簡体字：simplified kanjiとの比較）」、「形（繁体字：traditional kanjiとの比較）」、「音・読み」、「義」[6]において、それぞれどの程度類似していると思うかを5段階で答えるというものである。

2.2.3　学習開始前調査の結果と考察

　調査結果は表2-1のようになった。この結果をグラフで表したのが図2-1である。

表2-1　学習開始前のNCSとnon-NCSが感じている
日本語と中国語の漢字の類似度（括弧内は標準偏差値）

	形（簡体字）	形（繁体字）	音・読み	義
NCS (n=82)	3.32 (0.98)	4.39 (0.72)	2.67 (1.13)	3.17 (0.98)
non-NCS (n=38)	3.58 (0.92)	3.61 (1.00)	2.47 (1.08)	3.45 (1.03)

6　質問文では「音・読み」と「義」に対応する語として、英語では"Pronunciation/Reading"と"Meaning"、中国語（簡体字版）では〈读音〉と〈词义〉という用語を用いている。

28　第 2 章　中国語を母語とする日本語学習者の漢字・漢字語彙学習に関する意識

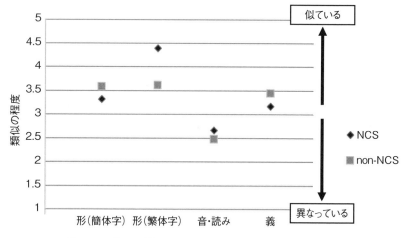

図 2-1　学習開始前の NCS と non-NCS が感じている
日本語と中国語の漢字の類似度

　図 2-1 のグラフは、ひし形が NCS の平均値、正方形が non-NCS の平均値を示している。縦軸は類似の程度で、5 に近づくほど「非常によく似ている (very similar)」、1 に近づくほど「非常に異なっている (very different)」を表し、3 がその中間値に当たる。3 は、「似ているとも似ていないとも言えない、似ている部分とそうでない部分が同じぐらい存在する」に相当する。
　まず、NCS と non-NCS を比較すると、結果に顕著な差が見られるのは「形 (繁体字)」のみで、「形 (簡体字)」、「音・読み」、「義」では両者の間にほとんど差がない。言い換えれば、これらの項目は、母語が中国語であろうとなかろうと、その認識に大差がないということになる。これは一体どういうことなのだろう。
　まず、日本語の漢字・漢字語彙の学習をまだ始めていない段階での「似ている」という判断は、日中の漢字はもとは同じだからという漠然とした根拠に基づいた推測によるもので、その点においては中国語の漢字の知識の有無はあまり関係がないと考えられる。その中で「音・読み」だけが、NCS、non-NCS とも「似ていない」に偏っているのは、漢字の「音」を比較したというより、日本語と中国語がそれぞれどう聞こえるかを比べた結果が反映

されている。NCS と non-NCS は、すでに日本語の学習を開始し、日本語がどのように聞こえる言語かがわかっている。さらに、調査を行ったトロントでは、常に至る所で中国語を耳にするため、non-NCS にとっても日本語と中国語の違いを認識するのは難しくない。「形(簡体字)」と「音・読み」、「義」の結果の背景には、このような要因があると考察できる。

　一方、「形(繁体字)」については、NCS と non-NCS でその認識が異なっている。NCS は、日本語の漢字は繁体字とよく似ており、簡体字と比べて類似の程度が高いと認識している。表 2-2 は、日中の漢字が「よく似ている」(4 以上)と回答した学生を抜き出し、その数と全体比を示したものだが、日本語の漢字と繁体字との類似の程度を 4 以上とした NCS は全体の 91％を占め、この認識が NCS の多くに共通したものであることを表している。

表 2-2　日中の漢字の類似の程度を 4 以上とした学習者の数とその全体比

	形 (簡体字)	形 (繁体字)	音・読み	義
類似の程度を 4 以上とした NCS の数と NCS 全体 (n=82) に占める割合	37 (45%)	75 (91%)	22 (27%)	32 (39%)
類似の程度を 4 以上とした non-NCS の数と non-NCS 全体 (n=38) に占める割合	19 (50%)	21 (55%)	5 (13%)	20 (53%)

　それに対し、non-NCS では、図 2-1、表 2-2 のどちらにおいても簡体字と繁体字の差がほとんどなく、両者の違いが意識されていない。NCS にとっては、簡体字と繁体字の違いは明白だが、non-NCS は、そもそも繁体字と簡体字について知らなかったり、その存在自体は知っていても両者を区別するための知識を持たないことが、これらの結果の背景にあると考えられる。

　このように、学習者は母語に関わらず、日中の漢字の「音・読み」の違いを意識しているが、「形」と「義」については「どちらかというと似ている」という意識で、日本語の漢字・漢字語彙学習を始めている。そこには、NCS が中国語の字体間の違いを認識しているという以外に、non-NCS との間に

大きな違いは見られない。しかし、日本語の漢字・漢字語彙の学習が進むにつれ、NCS の中ではこの「似ている」という意識が、より具体的で確信を持ったものに変わっていく。それまで漠然と捉えていた「似ている」という意識が、事実に即していたのか、あるいは思い込みに過ぎなかったのかを検証しながら、今度は推測ではなく自らが得た具体的な知識で裏付けされた意識へと発展する。その過程において、表記や語義用法の違いをしっかりと認識して学習できるか否かが、その後の漢字・漢字語彙学習に影響を与えていく。特に、「形（繁体字）」以外の項目では、類似の程度の平均値はそれほど高くない（図 2-1）が、いずれも標準偏差が高く回答にばらつきが見られること（表 2-1）、また「よく似ている」（類似の程度が 4 以上）と思っている学習者が少なくないこと（表 2-2）からも、NCS の意識には個人差が大きいということを、指導する側は念頭に置いておく必要がある。

▶2.3 漢字・漢字語彙学習に対する意識—学習開始後調査—

学習開始後調査では、漢字・漢字語彙を現在学習中の NCS が、何に注意を払い、どのような点を難しいと感じているか、また、学習開始前と比較して、漢字・漢字語彙学習に対する難易度のレベルに変化があったかどうかについて調べた。学習を継続する中で漢字・漢字語彙学習に対して感じている難しさは、学習に困難を覚えている点と関連している。それに対し、NCS が注意を払っていない、また難しいと感じていない漢字・漢字語彙の側面は、そこに学習が必要な日中の違いが存在していても NCS は気づいていない、あるいは気づかない可能性がある。

2.3.1　学習開始後調査の対象

調査は、学習開始前調査と同様、履修中のクラスの授業内で協力を依頼して行い、3 年分のデータ[7]を合わせて分析した。調査対象[8]、そのうちの有効回

---

[7] データを 3 年間続けて収集したことで、一人の学生が 2 年あるいは 3 年続けて調査に参加した可能性がある。今後同様の調査を実施する際には、そのようなケースへの対応策を用意しておく必要がある。

[8] 各クラスのレベルは、注 4（p. 25）を参照のこと。クラスで導入する学習漢字数は、初

答数⁹、調査時期の詳細は以下の通りである。

> 調査対象：T大学の日本語クラスを履修中の学生
> 　　　　　初級…初級前半クラスと後半クラスの学生
> 　　　　　中級…中級前半クラスと後半クラスの学生
> 有効回答数：初級 203（NCS：129、non-NCS：74）
> 　　　　　　中級 55（NCS：32、non-NCS：23）
> 調査時期：初級…2014年、2015年、2016年の5月
> 　　　　　中級…2013年12月、2014年と2015年のそれぞれ5月と12月、2016年の5月。調査時期のばらつきは、クラスの開講年度と開講時期の違いによる。初級、中級のいずれも2週間の回答期間を設け、期間内であればいつでも回答できるようにした。

2.3.2 学習開始後調査の内容

調査は、学習開始前調査と同様、オンライン上に用意したGoogle Formの質問に選択式で答えるもので、回答は任意とした。質問文の言語・表記についても学習開始前調査と同様、中国語（簡体字表記と繁体字表記）と英語から回答者が選べるようになっている。巻末の資料3に英語表記の質問文を示した。質問は大きく2つに分かれ、それぞれaとbの2つの問いから成っている。これらの問いを通して、(1) 学習時に最も注意を払っている点、(2) 学習が難しいと思っている点、(3) 学習の難しさの変化について学習者の意識を調べた。

まず、(1) の「学習時に最も注意を払っている点」では、漢字の「筆順」、「音・読み」、「送り仮名」、「義」、「形」¹⁰の中から、回答を一つ選ぶように指

級前半クラスで160字、後半クラスで246字。中級以降の学習漢字数は定まっていない。
9　調査年度による内訳は、初級では、1年目73名、2年目60名、3年目70名、中級では1年目19名、2年目17名、3年目19名であった。
10　これらの用語は、英語では、"Stroke order"、"Pronunciation/Reading"、"Okurigana or the hiragana portion which must be accompanied with kanji（Example: "い" of "短い"）"、"Meaning"、

示した（資料 3 の Question 5-a）。

次に (2) の「学習が難しいと思っている点」では、漢字・漢字語彙の、「書き（適切に文字を書くこと）」、「音・読み」、「義」、「送り仮名」[11] のうち、学習が難しいと感じている上位 2 項目を選ぶように指示した（資料 3 の Question 6 の a と b）。

最後に (3) の「学習の難しさの変化」（資料 3 の Question 5-b）は、まず、日本語の学習を開始する前の時点で漢字・漢字語彙の学習についてどう思っていたかを 5 段階（1 が "very easy"、5 が "very difficult"）で答え、次に現在感じている難しさを、同じ 5 段階で回答するよう指示した。学習者が感じる難しさの程度には個人差があるが、学習開始前に比べ、現在の難易度がプラスかマイナスのどちらに移行したかを調べることにより、漢字・漢字語彙学習に対して抱く難しさが、個々の学習者においてどう変化したかを見ることができる。

学習開始後調査では、中級の有効回答数が少なかったため、以下では初級の学習者の回答結果を中心に、結果の分析と考察を行う。

2.3.3　学習開始後調査の結果と考察
(1) 漢字の学習において最も注意を払っている点
学習時に漢字のどの側面に注意を払っているかという問いに対する回答結果は、表 2-3 のようになった。これを割合で表したのが図 2-2 である。

表 2-3　初級の NCS と non-NCS が最も注意を払っている点（単位：人）

	音・読み	送り仮名	義	筆順	形
初級 NCS (n=129)	69	30	21	6	3
初級 non-NCS (n=74)	9	7	28	12	18

"Shape"、中国語（簡体字版）では、〈笔画〉、〈读音〉、〈送假名（指一个日语词汇中，汉字后面跟随的假名）如：「短い」中的「い」〉、〈字义和词义〉、〈字形〉を用いた。

11　質問文には、英語では "Writing kanji (shapes) appropriately"、"Pronunciation/Reading"、"Meaning"、"Okurigana or the hiragana portion which must be accompanied with kanji (Example: "い" of "短い")"、中国語（簡体字版）では〈用笔正确书写〉、〈读音〉、〈送假名（指一个日语词汇中，汉字后面跟随的假名）如：「短い」中的「い」〉、〈字义和词义〉という用語を用いた。

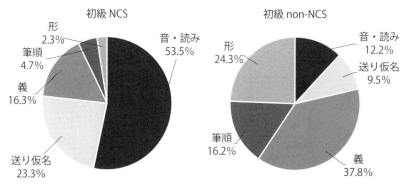

図 2-2　初級の NCS と non-NCS が最も注意を払っている点[12]

　注意を払って学習している漢字の側面は、初級 NCS と初級 non-NCS で対称的な結果となった。NCS の結果で最も上位に挙がったのは、漢字の「音・読み」で、これは学習開始前調査において NCS が中国語との違いを最も大きく感じていた項目である。次に高い「送り仮名」も、漢字部分をどう読むか、語のどの部分から送るかといったことが重要で、漢字の「音・読み」と密接に関わっている。このように NCS の場合、学習開始前から中国語の漢字との違いが最も意識されていた「音・読み」と、それに関連した「送り仮名」に最も注意を向けている学習者が多い（129 人中 99 人で全体の 76.7％）。それに対し、漢字の「義」、「筆順」、「形」、中でも、「筆順」と「形」に注意を払っている NCS はごくわずかで、これらの側面に注意を払っている学習者の多い non-NCS とは大きく異なっている。

(2) 漢字・漢字語彙の学習で難しいと思っている点

　漢字・漢字語彙学習で最も難しい側面については、表 2-4 のような結果となった。これを割合で表したのが図 2-3 である。

12　各項目の全体比は小数点以下 2 桁目を四捨五入しているため、初級 NCS については全項目の合計が 100％となっていない。

表2-4 初級のNCSとnon-NCSが最も難しいと思っている点（単位：人）

	音・読み	送り仮名	書き	義
初級NCS（n=129）	62	39	18	10
初級non-NCS（n=74）	26	7	32	9

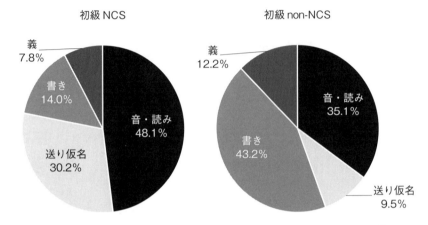

図2-3 初級のNCSとnon-NCSが最も難しいと思っている点[13]

漢字・漢字語彙の学習では、最も難しいものとして「音・読み」を挙げた者が多く、「義」を挙げた者が少ないという点で、初級NCSと初級non-NCSには共通点が見られるのに対し、「書き」に関しては両者の間に大きな開きがあり、母語の違いが表れる結果となった。この難易度に関する結果は、日本在住の「漢字系」[14]と「非漢字系」の学生を対象に行った石田（1984）の調査結果とも類似している。

NCSが覚える学習の難しさと、(1)の学習時に注意を向ける側面とを比べてみると、「音・読み」と「送り仮名」では同じように高い割合を示しており、学習時に注意を向けているが難しい、あるいは学習が難しいので注意を

---

[13] 初級NCSの全項目の合計が100%となっていないのは、図2-2と同じ理由（注12）による。

[14] 石田（1984）は「漢字系」に韓国からの学生を含んでいる。

向けている、といった実態が現れている。それに対し、「書き」に関わる「筆順」・「形」と「義」は、学習時にあまり注意が向けられていないだけでなく、NCSは「書き」と「義」の学習をそれほど難しいとも思っていない[15]。同じ傾向が、2番目に何を難しいと思っているかという問い(資料3のQuestion 6-b)に対する、表2-5の回答結果にも見られる[16]。

表2-5 初級のNCSとnon-NCSが2番目に難しいと思っている点

(単位：人)

	音・読み	送り仮名	書き	義
初級NCS (n=129)	36	51	21	21
初級non-NCS (n=74)	24	21	18	11

このように、NCSが漢字・漢字語彙を学習する際、漢字の「形」や「義」にあまり注意を払わず、その学習に対して難しさを意識していないのは、学習開始前から日本語の漢字の「形」や「義」は中国語と似ているという意識があり、そこに注意を払うべき点が存在していることに意識が及んでいないからではないだろうか。NCSが漢字の「義」に注意を向けていないことに対し、清水(1993)は日本語の語彙学習に対するNCSの「認識の甘さ」があるからだと述べているが、漢字の「形」、すなわち表記に対する学習についても同様のことが言える。

(3) 学習の難しさの変化

ここでは、漢字・漢字語彙学習に対し、学習開始前に思っていた難しさと、現在感じている難しさの差を調べた。その結果、表2-6に見られるよう

---

15 清水(1993)は、初級漢字クラスでは、NCS自身が日本語の漢字で問題があるのは「音」だと結論づけており、それを「訂正するのは難しい」と述べている。

16 なお、中級NCS(n=32)の調査でも同様の結果が見られた。最も注意を払っている点は、多い順に「音・読み」、「送り仮名」、「筆順」、「義」、「形」で、それぞれ18名、7名、3名、2名、2名。学習を最も難しいと思っている点は、多い順に「音・読み」、「送り仮名」、「書き」、「義」で、それぞれ17名、8名、6名、1名、次に難しいと思っている点は、「送り仮名」、「音・読み」、「義」、「書き」の順で、16名、8名、5名、3名であった。

に、初級の NCS は、現在感じている難しさから学習開始前の難しさを差し引いた平均値がプラスになり、学習を始める前に思っていたより学習開始後の方が難しいと感じていることが明らかとなった。一方、漢字の知識を持たずに学習を始めた non-NCS では平均値がマイナスとなり、学習開始後の方がより易しいと感じていることがわかった。この2群の平均値差を両側検定で検定すると、$t(201)=10.004$、$p<.001$ となり、NCS と non-NCS の平均値には有意差のあることが示された[17]。

表2-6 初級の NCS と non-NCS が感じている漢字・漢字語彙学習の難しさ

	初級 NCS	初級 non-NCS
現在感じている難しさの平均値から学習開始前に感じていた難しさの平均値を差し引いた値	0.50	−1.01
標準偏差	0.977	1.129

　学習開始前調査の結果に見たように、NCS は、日中の漢字は、「形」や「義」には似ている側面が多く、「音・読み」には違いがあるがまったく異なってはいないという意識で学習に臨む。だが、実際に学習を始めてみると、母語の漢字とは異なる「音・読み」や母語にはない「送り仮名」等の学習に困難を覚え、その結果、漢字・漢字語彙学習は思っていたほど簡単ではないと思い始めるのではないだろうか。これは、non-NCS が、漢字・漢字語彙の「書き」と「音・読み」には学習の難しさを感じながらも、漢字・漢字語彙学習を全体的に見れば、思っていたほど難しくはないと感じているのとは対照的である。

▶2.4　NCS の気づきを促す漢字語彙教育のために

　本章では、NCS の漢字・漢字語彙に関する意識の実態と傾向を知るため

17　中級の NCS と non-NCS の調査でも同様の平均値に有意差 ($t(53)=7.131$、$p<0.01$、両側検定) が見られ、初級の学習者と同じように感じていることが明らかとなった。現在感じている難しさの平均値から学習開始前に感じていた難しさの平均値を差し引いた値は、中級の NCS、non-NCS の順に 0.75 (標準偏差 1.047)、-1.30 (標準偏差 1.063) であった。

に行った2種類の調査について述べた。一つは、日本語の漢字・漢字語彙の学習を開始する前段階において、NCSが日本語の漢字をどう捉えているかを調べる「学習開始前調査」、もう一つは、現在の漢字・漢字語彙学習を通して感じている学習者の意識を調べる「学習開始後調査」である。

調査の結果、NCSには以下のような傾向のあることが明らかとなった。

(1) 漢字（文字）に対する学習開始前の意識（日中の漢字の類似度について）
　　1) 形：どちらかというと似ている。特に繁体字とはよく似ていると思っている。
　　2) 音・読み：どちらかというと似ていないと思っている。
　　3) 義：どちらかというと似ていると思っている。
(2) 漢字・漢字語彙学習に対する学習開始後の意識
　　1) 学習時に最も注意を払っている側面：音・読み、送り仮名
　　2) 学習が最も難しい側面：音・読み、送り仮名
　　3) 難易度の変化：学習開始前に思っていたより、開始後は難しいと感じている。

NCSは、日中の漢字には、その「形」と「義」において似ている部分が多分にあるが、異なる側面も存在すると思いながら、日本語の漢字・漢字語彙学習を始めている。しかし、いざ学習が始まると、NCSの意識は「送り仮名」を含んだ漢字の「音・読み」に偏り、「形」や「義」にはあまり注意が向けられていない。初級段階で導入される漢字の中には、中国語においても基本的で日本語と字義が共通しているものが多く、学習開始前には日中の漢字に異なる点があると思っていても、それを実感する機会が少ないことで、そこに注意を向ける必要があるという意識が徐々に薄れていくのではないだろうか。

それに対し、漢字・漢字語彙の「音・読み」については、学習前から中国語との違いを意識し、学習にも難しさを感じている。学習開始前に思っていたほど漢字・漢字語彙学習は簡単ではないと感じている背景にあるのは、「音・読み」の学習に対する苦手意識であり、「形」や「義」の学習に対しては大きな困難は見られない。

清水 (1993) は、初級段階の NCS への指導を通して、彼らには漢字学習における問題点を分析する力がなく、その原因として、NCS には分析するための日本語の知識が十分でないことに加え、教師側が学習に自己分析を盛り込むことが少ないからではないかと考察している。分析する力は、日中の類似点や相違点が現れている用例に多く触れ、そこから両言語の特徴を具体的に学ぶことによって培われる。漢字語彙の学習を始める初級段階で語を分析的に見る習慣が確立されれば、新しい語に出合った時に、日中の違いに敏感に気づくことができるようになる。一方、漢字・漢字語彙の読みについては、NCS が漠然と抱いている苦手意識を取り払うために、NCS が注意すべき点は何かを明確に示し、中国語とは異なる日本語の読みの特徴が把握できるように漢字語彙を整理することが、NCS の読みの学習を助けることにつながる。

第3章

漢字語彙分析の概要

　本章では、第1章の先行研究と第2章の調査結果を踏まえ、NCSに対する日本語教育のために本研究が行う漢字語彙分析の概要を述べ、分析対象とする漢字語彙の一覧を示す。

　まず、3.1で日本語教育のための漢字語彙分析において重要な点を整理し、本研究で行う分析の概要を述べる。次に、3.2で分析対象語彙を特定するための方法と語彙リストを示す。3.3では、単漢字語と複漢字語との違いについて説明し、本分析でこれらをどのように一緒に扱っていくかについて述べる。

▶3.1　日本語教育のための漢字語彙分析

　本研究の目的は、NCSへの効果的な漢字・漢字語彙教育を考えるために、漢字語彙の分析方法を提示して、NCSにとって何が問題となりうるかを初級レベルの語彙について具体的に特定することにある。第1章の先行研究と第2章のNCSに対する意識調査の結果により、分析には以下の4点が重要であることが明らかとなった。

（1）分析対象は、漢字ではなく漢字語彙とすること
（2）漢字語彙は、いわゆる漢語だけでなく和語や単漢字語を含むこと
（3）古い言葉やかたい書き言葉ではなく、日中で日常使用されている現代

　　　　語における、漢字語彙の表記、読み、語義用法を扱い、表記と語義用
　　　　法についてはその日中対照を行うこと
　　（4）NCSの語の理解と産出の両側面に現れる問題点を考察すること

　（1）と（2）は分析対象の選定に、（3）は分析方法に、（4）は分析結果の考察に関わる。（1）と（2）は本章で、（3）と（4）は第4章から第7章で、語の表記、読み、語義用法の分析方法と分析結果を述べるところで扱っていく。
　本研究では、漢字を用いて表記する漢字語彙を分析対象とし、漢字（文字）については語の表記の問題として取り上げる。ここでの「漢字語彙」は、日中対照研究が主に扱っている漢語だけでなく、漢字表記の和語を含む。語源や語の歴史的な変遷が問題となる場合は、漢語と和語の区別が意味を持ちうるが、NCSにとっては、《切手》等の和製漢語や《町》のような和語は、同形の語が中国語にあるか否かに関わらず、いずれも日本語の漢字語彙として学習が必要だからである。したがって、本研究においては、「漢字語彙」および「漢字語」を、「漢字で表記されることが一般的な語」と定義し、分析の中で漢語と和語の区別はしない。また、《休み》や《食べ物》のように語構成の一部に仮名が含まれる語も、NCSの母語知識が学習に影響を与えるため、本研究ではこれらも「漢字語彙」とし、分析対象に含む。
　本研究で扱う中国語は、大陸で使われている日常語レベルの〈普通话〉（〈话〉は《話》の簡体字）を指し、簡体字使用のNCS[1]の学習や彼らに対する指導を念頭に置いて進めるが、表記に関しては繁体字使用の学習者の問題点についても可能な限り取り上げる。
　日本語と中国語の、語句や漢字の表記は、例1のように日本語を《　》、中国語を〈　〉で括る。中国語や日本語で使われない語句の場合は、例2のように「*」を添える。

---

[1] 本書では便宜上、「簡体字使用のNCS」という用語を用いるが、厳密に言えば、これは「文字改革によって簡略化や異体字の整理が行われた文字を使用するNCS」を指している。中国で行われた文字改革については第4章で述べる。

> 例1：《図書館》…日本語
> 〈图书馆〉…中国語（大陸の表記）
> 例2：日本語の《映画》と同形の〈*映画〉という語は、中国語では使われない。

　日中の字体の対応関係は、日本字体との差異が大きく、対応する文字を特定しにくいと判断したものについては、例3のように示す。

> 例3：〈扫除〉（〈扫〉は《掃》の簡体字）

　語義は、文中では例4のように「　」で括り日本語を使って表すが、例5のように平易な英語を用いることもある。

> 例4：中国語の〈角〉には「曲がり角」の語義はない。
> 例5：日本語の《手》は文脈によりarmを含む場合もあるが、中国語の〈手〉にはそのような用法はない。

　分析は、漢字語彙の表記、読み、語義用法に分け、それぞれ漢字語彙の理解と産出に関わる側面について、NCSが母語知識を活用できる部分とそうでない部分を特定しながら、学習・指導に活用しやすいように類型化を行う。分析の観点と方法は、表記、読み、語義用法で異なるため、第4章以降のそれぞれの章で述べる。

▶3.2　分析対象語

　分析は、『日本語能力試験出題基準［改訂版］』（国際交流基金・日本国際教

育支援協会編 2002)（以下、『旧 JLPT 出題基準』）[2] にある 4 級語彙（727 語）[3]のうち、漢字で表記される名詞（以下、4 級漢字名詞）を対象とした。同資料には、語彙表とは別に 4 級から 1 級にレベル分けされた漢字表もあるが、本研究の対象は漢字（文字）ではなく漢字語彙であり、すでに母語で漢字を知る NCS に対しては、日本語教育における文字としての漢字のレベルや、学習漢字の数を制限する必要はない。したがって、分析対象には《駅》や《電気》といった 4 級漢字で成る語だけでなく、《夜》（3 級漢字）や《玄関》（《玄》は 1 級、《関》は 2 級漢字）といった 3 級以上の漢字で成る語も含んでいる。

語彙のレベルを初級にしたのは、1.3 で述べたように、初級の NCS は自分の力で日中の違いを分析するための知識や能力が十分でないこと、また、初級語彙は NCS が最初に学習する日本語の漢字語彙であり、その実態を明らかにすることが初級後半以降の漢字語彙指導を考える上で重要だからである。なお、初級段階の語彙は日常的な話し言葉で用いられる語であるため、語義用法が対応する中国語を特定する際にも、かたい書き言葉やある特定の地域や分野でしか使われないものは分析対象外とした。

また、対象語として名詞を選んだ背景には、語の用法面の特徴は、語が品詞別に整理されている方が NCS や教師にとってわかりやすいということ、語を品詞別に扱うことで、分析が困難とされる多義・他用法の語であっても一度に分析対象とする語義用法を限定できるということがある。4 級漢字語彙の中では、単漢字語（例：靴、町）と複漢字語（例：学校、写真）のいずれにおいても名詞の語数が最も多い（小室リー 2015）ことから、名詞を本分析の対象とした。

『旧 JLPT 出題基準』の 4 級語彙表では、語はすべて表 3-1 のように仮名で表記されている。丸括弧に漢字表記が併記されているが、語によってはないもの（例えば、表 3-1 の「あびる」）もあり、漢字併記の基準については明

---

[2] 2010 年から新しくなった日本語能力試験では、レベル別の語彙や漢字表は公開されておらず、「新しい「日本語能力試験」ガイドブック　概要版」(https://www.jlpt.jp/e/reference/pdf/guidebook_s_j.pdf, p. 9) では、参考資料として『旧 JLPT 出題基準』が挙げられているため、本研究ではこれを用いている。

[3] 『旧 JLPT 出題基準』では、4 級語彙は 728 語となっている (p. 14) が、筆者が数えたところ 727 語であったため、本研究では後者の数を用いる。

記されていない。同様に、品詞についても、感動詞、連体詞、指示詞、一部の副詞等は語に併記されている（例えば、表 3-1 の「ああ」）が、それ以外の品詞については記述が見られない。

そこで、本研究では、まず表記と品詞を特定する基準として以下の①と②を設定し、4 級語彙 727 語の中から 299 語の名詞を抽出した[4]。

表 3-1 『旧 JLPT 出題基準』4 級語彙表「あ行」（一部）

| ああ［感動詞］ |
| あう（会う） |
| あお（青） |
| あおい（青い） |
| （中略） |
| アパート |
| あびる |
| あぶない（危ない） |
| （後略） |

① 語の表記は、『旧 JLPT 出題基準』の 1 級漢字表、2 級漢字付表および「常用漢字表」（文化庁 2010b）とその付表に従う[5]。
② 語の品詞分類は『明鏡国語辞典［第二版］』(2010) に従う。

この 299 語の中で、表 3-2 の 3 語は複数の漢字表記が可能だが、②の資料で一つの見出し語になっていることから、語としてはそれぞれ一語として数えた。ただし、漢字の違いによる語義用法の違いは分析に含めた。また、4 級語彙表では、《兄》、《姉》、《父》、《母》と《お兄さん》、《お姉さん》、《お父さん》、《お母さん》は、それぞれ別の語として扱われているが、本分析の対象語リストでは表 3-3 のように漢字のみで成る語で代表させ、《(お)～さん》の語義用法は、各語の分析のところで扱った。

---

4 このうち、《明日》、《明後日》、《一昨日》、《一昨年》、《飴》、《石鹸》の 6 語は①を満たしていないが、日常生活の中で漢字表記を目にすることが多いと判断し、本分析の対象語に含めた。《石鹸》については、小木曽（2017）が、「現代日本語書き言葉均衡コーパス (BCCWJ)」において、《石鹸》という漢字表記が、《せっけん》や《セッケン》という仮名表記よりも、《石けん》に次いで数多く見られたことを明らかにしている。また、同コーパスを用いて筆者が調べたところ、《あめ》（他の同音異義語を含む）の 385 件に対し、《飴》では 535 件の事例が見られ、漢字表記の《飴》が日常的に使用されていることが確認された。

5 『旧 JLPT 出題基準』の 1 級漢字表には、第 1 水準漢字として旧常用漢字表から一部を除いた文字と、第 2 水準漢字を用いた 114 語が含まれており、「常用漢字表」掲載字とは、一部異なる。また、2 級漢字付表は、当て字や熟字訓のリストとなっている。

第3章 漢字語彙分析の概要

表3-2 複数の表記を併記する語

漢字語の読み	分析対象語
おじ	《伯父／叔父》
おば	《伯母／叔母》
はじめ	《初め／始め》

表3-3 複数の語を一語で代表させて表記する語

分析対象語として代表して表記	分析に追加
《兄》	《(お)兄さん》
《姉》	《(お)姉さん》
《父》	《(お)父さん》
《母》	《(お)母さん》

　4級語彙表で接頭辞を含む他の語については、《お菓子》、《お金》、《お酒》、《お皿》、《お茶》、《お弁当》、《お風呂》の「お」の使用は任意であるため、「お」を除いて表記した。それに対し、語の一部として「お」の省略ができない《お手洗い》と《お巡りさん》は、接辞を平仮名で残した。また、「ごはん」についても接辞の「ご」を仮名で表記し、《ご飯》とした。
　このようにして299語を整理し、分析対象語295語（表3-4）を特定した。

表3-4 本分析対象の4級漢字名詞295語（五十音順）

1	青	11	兄	21	今	31	絵	41	弟
2	赤	12	姉	22	意味	32	映画	42	男
3	秋	13	雨	23	妹	33	映画館	43	男の子
4	朝	14	飴[6]	24	入口	34	英語	44	一昨日（おととい）
5	朝御飯	15	家	25	色	35	駅	45	一昨年（おととし）
6	明後日（あさって）	16	池	26	上	36	鉛筆	46	大人
7	足	17	医者	27	後ろ	37	大勢	47	伯母／叔母
8	明日（あした）	18	椅子	28	歌	38	奥さん	48	お巡りさん
9	頭	19	一緒	29	海	39	伯父／叔父	49	音楽
10	後（あと）	20	犬	30	上着	40	お手洗い	50	女の子

---

6 「あめ」の漢字表記は、《飴》と《飴》が見られるが、本分析では他の食偏の常用漢字に倣い、《飴》を用いる。

51	女	75	体	99	曇り	123	先	147	新聞
52	外国	76	川	100	車	124	作文	148	水曜日
53	外国人	77	漢字	101	黒	125	酒	149	背
54	会社	78	木	102	警官	126	雑誌	150	生徒
55	階段	79	黄色	103	今朝	127	砂糖	151	石鹸
56	買物	80	北	104	結婚	128	皿	152	背広
57	顔	81	喫茶店	105	月曜日	129	再来年	153	先月
58	鍵	82	切手	106	玄関	130	散歩	154	先週
59	学生	83	切符	107	公園	131	塩	155	先生
60	傘	84	昨日(きのう)	108	交差点	132	時間	156	洗濯
61	菓子	85	牛肉	109	紅茶	133	仕事	157	全部
62	風	86	牛乳	110	交番	134	辞書	158	掃除
63	風邪	87	今日(きょう)	111	声	135	下	159	外(そと)
64	家族	88	教室	112	午後	136	質問	160	空(そら)
65	方(かた)	89	兄弟	113	午前	137	自転車	161	大学
66	片仮名	90	去年	114	今年(ことし)	138	自動車	162	大使館
67	学校	91	銀行	115	言葉	139	字引	163	台所
68	家庭	92	金曜日	116	子供	140	自分	164	縦
69	角(かど)	93	薬	117	ご飯	141	写真	165	建物
70	金(かね)	94	果物	118	今月	142	授業	166	食べ物
71	鞄[7]	95	口	119	今週	143	宿題	167	卵
72	花瓶	96	靴	120	今晩	144	醤油	168	誕生日
73	紙	97	靴下	121	財布	145	食堂	169	近く
74	火曜日	98	国	122	魚	146	白	170	地下鉄

---

[7] 「かばん」の漢字表記は、《鞄》と《鞄》が見られるが、「人名用漢字表」(法務省 2015)の字体に倣い、《鞄》を用いる。「かばん」の漢字は、「常用漢字表」にはないが、『旧JLPT出題基準』の1級漢字表に収録されている。

171	地図	196	夏	221	晩御飯	246	本棚	271	物
172	父	197	夏休み	222	半分	247	本当	272	門
173	茶	198	名前	223	東	248	毎朝	273	問題
174	茶色	199	肉	224	飛行機	249	毎月	274	八百屋
175	茶碗	200	西	225	左	250	毎週	275	野菜
176	机	201	日曜日	226	人	251	毎日	276	休み
177	手	202	荷物	227	病院	252	毎年	277	山
178	手紙	203	庭	228	病気	253	毎晩	278	夕方
179	出口	204	猫	229	平仮名	254	前	279	夕飯
180	天気	205	飲み物	230	昼	255	町	280	郵便局
181	電気	206	歯	231	昼御飯	256	窓	281	雪
182	電車	207	灰皿	232	封筒	257	万年筆	282	洋服
183	電話	208	葉書	233	服	258	右	283	横
184	戸	209	箱	234	豚肉	259	水	284	夜
185	動物	210	橋	235	冬	260	店	285	来月
186	時計	211	箸	236	風呂	261	道	286	来週
187	所	212	初め/始め	237	文章	262	緑	287	来年
188	年(とし)	213	花	238	部屋	263	皆さん	288	留学生
189	図書館	214	鼻	239	辺	264	南	289	両親
190	隣	215	話	240	勉強	265	耳	290	料理
191	友達	216	母	241	弁当	266	向こう	291	旅行
192	土曜日	217	春	242	方(ほう)	267	村	292	冷蔵庫
193	鳥	218	晴れ	243	帽子	268	目	293	練習
194	鳥肉	219	晩	244	他(ほか)	269	眼鏡	294	廊下
195	中	220	番号	245	本	270	木曜日	295	私

▶3.3 単漢字語と複漢字語

　第1章では、これまでの日中の語彙の対照研究において、単漢字語がほとんど分析対象として扱われていないことを指摘した。そして、そこには、単漢字語が日中同形語の研究対象にはならない（大河内 1997）ということや、単漢字語は同形の中国語との対比が容易ではない（文化庁 1978, 荒川 1979）ということが背景にあると述べた。

　ここでは、まず 3.3.1 で複漢字語には見られない単漢字語の特徴について言及する。3.3.2 では、その特徴が単漢字語の学習にどのような影響を及ぼしうるかについて考察し、本研究での語彙分析において単漢字語をどのように扱うかについて述べる。

3.3.1　「日本語と同形の中国語」が指すもの

　日中の語彙の対照研究は、日本語と同形の語[8]が、中国語にも存在するか否かを明らかにするところから始まる。例えば、日本語の《地図》には同形の中国語〈地图〉があり、この場合、両者の語義用法にどのような違いがあるかということが分析の焦点となる。それに対し、日本語の《地下鉄》は、同形の〈*地下铁〉という語が中国語にはない。よって、この場合は日本語の《地下鉄》と同じように使える中国語を特定する必要がある。そこで、この「日本語と同形の語が中国語でも使われる語か否か」という一見単純な問いに対する答えが、単漢字語においては簡単でない場合がある。

　図 3-1 は、単漢字語と複漢字語について、それぞれ同形の中国語が存在する場合を示している。複漢字語では、右の D という一つのタイプしかないのに対し、単漢字語では大きく A、B、C の 3 つのタイプが考えられる。

8　ここでの「同形」は、1.3 (p. 20) で定義したように「同じ漢字で表記される」という意味で使用する。「同じ漢字」というのは、現在使用している字体に違いがあっても、康熙字典体に遡れば同字だと判断される文字を指している。

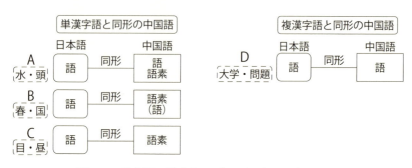

図3-1　日本語の漢字語と「同形の中国語」の関係

　まず、複漢字語のDのタイプは、日本語の漢字語に対し同形の中国語が存在する場合、それは中国語においても「語」であることを表している。点線の枠内はその語例で、日本語の《大学》や《問題》と同形の〈大学〉〈问题〉が、中国語でも使われる語であることを表す。それに対して、単漢字語の場合は、日本語と同形の中国語を考える際に、「語」に加えて「語素」という概念を用いる必要がある。「語素」というのは、中国語で漢字二字以上で成る語の構成単位（形態素）（香坂1983, 望月1997, 相原編2010, 荒川2018等）を指している[9]。

　単漢字語の一つ目のAタイプでは、日本語と同形の中国語が、語および語素として使われる。例えば、中国語の〈水〉や〈头〉（《頭》の簡体字）は、日本語の《水》や《頭》のように漢字一字で表記される語（単音節語）[10]であり、また〈海水〉や〈头脑〉（〈脑〉は《脳》の簡体字）のような漢字二字以上で表記される熟語（複音節語）の語素としても使われる。

　二つ目のBタイプでは、日本語と同形の中国語は、日本語のように語として単独で使われることもあるが、語素としての使用の方が一般的である。例えば、《春》や《国》と同形の〈春〉と〈国〉は、〈春节〉（〈节〉は《節》の簡体字）や〈外国〉のような複音節語の語素としての用法が多く見られる。単

9　荒川 (2018) では、「語素」と同じ意味で「語基」という用語を使用し、ここに日本語の漢語の形態素も含めている。

10　「単音節語」、「複音節語」という中国語の用語の定義は香坂 (1983) による。

に spring や country を表すには〈春天〉や〈国家〉という語が使われ、単音節語の〈春〉や〈国〉が使われることは、相対的に見て少ない。

三つ目のCタイプでは、日本語と同形の中国語は、現代語で一般的な「語」としては使われない。中国語の〈目〉や〈昼〉は、古くは日本語と同じように、漢字一字で成る語として使われていたが、現代語では〈盲目〉や〈昼夜〉のような複音節語の語素としての用法に限られる。

このように単漢字語には、同形の中国語が語であるAタイプ、語素であるCタイプ、また、語として使用されないことはないが語素としての使用がより一般的なBタイプがある。しかも、語によってはA、B、Cのどのタイプに属するかという判断が容易でなく[11]、常に「語」に対して「語」が対応するDタイプしかない複漢字語と大きく異なっている。

では、同形の中国語が語であるか語素であるかが、NCSの漢字語彙学習にもたらす違いは何だろうか。次節では、漢字語彙学習の観点から、同形の中国語が語素となるBとCタイプの特徴について見ていく。

3.3.2 同形の中国語が語素である単漢字語

日本語と同形の中国語が、現代語では語として単独では使用されないBとCタイプ（図 3-1）の場合、同形の中国語は、かつては日本語と同じ意味の単音節語であったのが、現代語の中では同じ意味を担う語素として使われ、日本語に語義用法が対応するのは別の語であるというケースが多い[12]。そのような場合、日本語の単漢字語《日X》と中国語との対応関係は、図 3-2 のように表すことができる。

---

[11] 相原編（2010）は、ある漢字一字が「語」として用いられるかどうかは、あくまで相対的なものであり、話し言葉と書き言葉のような文体の違いや、地域、個人による使用実態の差が大きく、語と語素の境界線は明確に引けるものではないと述べている。

[12] 単音節語としての使用については、現代語でも文学作品やかたい書き言葉等では目にするというものから、古い書物や古典でしか見られないというものまであり、産出に関しては個人差や年齢差、地域差等がある。

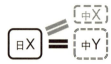

図 3-2　単漢字語《日 X》と中国語との関係
（日本語と同形の〈中 X〉が現代語で語素として使用される場合）

　図の四角い枠内の「日」と「中」は、"X" と "Y" という語が、それぞれ日本語と中国語であることを表している。X と Y は、互いに異なった文字または文字列で、四角い枠同士をつなぐ「＝（イコール）」は両者の関係が同義、またはよく似ていることを表す。「＝」や〈中 X/Y〉は、色の濃い方が現代語の中での両言語の結びつきが強く、NCS にとって、より想起されやすいことを表している。

　これを、図 3-3 の《朝》（C タイプ）を例に見てみよう。

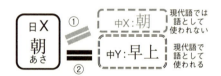

図 3-3　単漢字語《朝》と中国語との関係

　日本語の《日 X：朝》と同形の中国語〈中 X：朝〉は、古代中国語では日本語と同じ morning の意味で使われる「語」であったが、現代語では、morning を表すのは〈中 Y：早上〉という別の語で、〈中 X：朝〉は morning を表す語として単独では使われない。しかし、morning の意味は、現代中国語でも〈朝阳〉（〈阳〉は《陽》の簡体字）や〈一朝一夕〉のような語句の語素〈朝〉には残っている。そのため、NCS は日本語の《朝》が morning を表す語だと学ぶと、「既に知っている」、「中国語でも同じだ」という反応を示し[13]、

13　荒川 (2018) は、中国語母語話者にとって古代中国語の意味が想起される語素（荒川では「語基」）を「意味喚起性」が高いと形容し、「意味喚起性」が高いものは、現代中国語の中で「多くの複合語に用いられているか、よく使われる語に用いられている場合である」(p. 325) と述べている。

それを聞いた日本語教師は「中国語でも morning は〈朝〉で、日本語と同じなのだ」と認識することになる。ここでは図 3-3 の①の関係に焦点が当たり、中国語の知識がなければ、教師は②の関係、すなわち《朝》に対する〈早上〉の存在には気づかない。他方、NCS は日本語の《朝》が中国語と同じ意味だと知ると、《朝》に対応する中国語が、実は〈朝〉と〈早上〉という、①と②の二層を成しているということを、特に意識せずに済んでしまう。

　これが問題となるのが、NCS が日本語で morning を産出しようとした時である。日本語の《朝》の学習時に、《朝》は中国語の〈朝〉と同じ意味だという認識（図 3-3 の①）に加えて、《朝》は〈早上〉と対応している（図 3-3 の②）ということ、そして日本語には中国語と同形の《*早上》という語がないということを意識的に学習していなければ、morning を表現したい時に、以下の事例①の a) に見られるように《朝》が適切に使えないということが起こりうる[14]。同じような NCS の誤りが、事例①の b) の《昼》にも見られる。ここでは、〈昼〉が古代中国語でしか使われず、現代語では〈中午〉という別の語で noon を表すことが背景にある[15]。

事例① NCS への課題：
平仮名で書かれた語や文を適切な漢字やカタカナを使って書き直してください。

a) あさごはんは たまごの さんどいっちだった。
→ 早ご飯は卵のサンドイッチだった。

b) ひるごはん → 午ご飯

14　本書で挙げる NCS の事例は、断りのない場合を除き、日本語教育現場で筆者が収集したものである。
15　中国語では〈早〉や〈午〉のみでも「朝」や「昼」の概念を表す。また、breakfast や lunch は中国語でそれぞれ〈早饭〉、〈午饭〉であることも、この誤用の一因になっていると推測される。

このような単漢字語は、NCS が語を見て語義を理解しようとする際には問題となりにくい。日本語と中国語で字体が異なり、もとを同じくする文字だという認識が困難な場合を除けば、NCS は〈中 X〉の母語知識から《日 X》がおおむね何を意味するかがわかり、日本語と中国語は「同じだ」と認識する。ただ、そこでは、《日 X》の理解に〈中 Y〉という別の語を介さないために、《日 X》と〈中 Y〉の関係が意識されない恐れがある。その結果、NCS が〈中 Y〉に相当する日本語を使おうとする際、《日 X》が容易に想起されなかったり、事例①の a) や b) のように〈中 Y〉を日本語として使用したりするということが起こってしまう。このような特徴を持つのが、図 3-1 の B と C タイプの単漢字語である。

したがって、本研究で行う語義用法の分析では、単漢字語と複漢字語を以下のように扱う。まず、複漢字語については、同形の中国語〈中 X〉と語義用法が共通しているか、共通していない場合は、語義用法が対応する中国語〈中 Y〉を特定する。それに対し、単漢字語については、まず同形の中国語との関係が A タイプか否かを明らかにし、B あるいは C タイプの場合は、日本語と同形の語素〈中 X〉と、日本語に語義用法が対応する語〈中 Y〉との両方の関係を分析する。そして NCS が語の理解時と産出時に、母語知識をどのように活用できるか、語のどういった特徴に注意する必要があるかについて見ていく。

次の第 4 章以降では、本章で述べた分析の観点に基づいて、4 級漢字名詞 295 語の表記、読み、語義用法の分析方法と分析結果について述べる。

第4章

表記に関する分析と分析結果

　語彙の日中対照分析については、1.1.2 (pp. 6-9) で主に日本語と同形の語の分析が活発に行われてきたことを述べたが、そこでの「同形」は語を構成する文字が本来同じであることを指し、現代語の中で実際に読み書きをする文字が両言語で視覚的に大きく違っていても、それは問題とされてこなかった。しかし、日本語教育で漢字語彙を扱う際には、康熙字典体に遡って同じ文字だと認められる場合でも、NCSや教師が同じ文字だと認識できなければ、NCSの母語知識を漢字語彙指導に活かすことができない。言い換えれば、漢字語彙指導では語を構成する文字がNCSにとって「わかる」文字か否かが問題となる。では、NCSにとって日本語の漢字が「わかる」、あるいは「わからない」というのは、どういうことを表しているのだろう。

　NCSが日本語の漢字を見て「わかる」、または「わからない」という場合、図4-1の①〜⑤のケースが考えられる。この場合の「わかる」、「わからない」は、文字として認識でき、その文字の具体的な意味が言えたり、その文字を使った語が想起できたりするということを意味している。端的に言えば、NCSが「この漢字は中国語にもある」と判断するか、「これは中国語の漢字ではない。中国語では使わない」と判断するかということを指す。

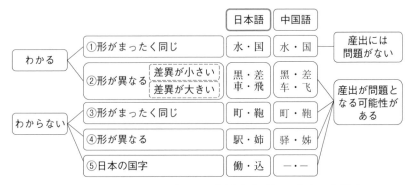

図 4-1　NCS にとって「わかる」漢字と「わからない」漢字

「わかる」文字は、現代中国語において、NCS が日本語と同形の文字を目にする機会がある①と②の場合が考えられる。②の場合、NCS は日本語の文字を見て、同形の中国語の文字が特定できる。

一方、「わからない」文字は、③～⑤の場合が考えられる。③は中国語に同じ漢字があっても現代中国語の語彙の中で使用される文字でないため NCS にとって馴染みのない場合、④は字体が異なるため対応する中国語の文字がわからない場合、そして、⑤は中国語では使われない日本の国字の場合である。

これを、NCS が日本語の漢字を産出できるか否かで見ると、①はおそらく問題がないのに対し、②～⑤では文字によって産出が問題となる可能性がある。特に②と④では、手書きの際に細部を誤ったり、また、簡体字や繁体字を使ってしまったりすることが観察されている（大北 2001, 向井 2014）。

このように、NCS が「わかる」という文字の中には、②のように認識はできても産出時に問題となりうる文字がある。それに対し、「わからない」文字の場合は、字体が異なる、あるいは中国語に対応する文字がないといった、日中の文字の対応関係から見えてくる特徴と、現代中国語の中での使用頻度が低いといった文字の対応関係には現れてこない特徴があり、NCS が日本語の漢字を認識・産出できない理由や背景は一様ではない。

そこで、本書では表記の違いや特徴が漢字語彙学習に及ぼす影響を明らかにするために、まず、4.1 で日中の文字の字体の特徴を概観し、4.2 でその

特徴に沿って類型化を行い、文字の認識時と産出時に問題となる諸点について述べる。4.3 では、文字の対応関係からは見えてこない側面を取り上げ、4.4 で全体のまとめを行う。

▶4.1　日本語と中国語の字体の差異

　日本と中国では、漢字の数の多さと複雑さに対応するために、戦後、それまで使用していた文字の使用を制限したり、文字自体を簡略化するという方法で文字改革が実施された。しかし、それぞれが独自に改革を行ったため、かつて康熙字典体を主とした字体の使用ということで共通していた日中の漢字使用に、大きな変化をもたらした。

　使用する文字の制限は、どちらの言語においても、規範となる文字を特定し異体字を整理したり、それまで複数の文字で使い分けられていたものを同音の別の文字で代用させたりといった形で行われた。「代用」というのは、例えば日本語では、本来《障碍》と書いていたものを《障害》に、《活潑》を《活発》に書き換える（文化庁 1956）というもので、中国語においても、〈機〉を〈机〉で、〈葉〉を〈叶〉で代用するということが行われた。

　また、文字の一部、または全体の点画を変えてしまう簡略化は、日本では「当用漢字表」（文化庁 1946）において行われ、567 の字体に新字体が採用された（芝田・鳥井 1985）[1]。例えば、《國→国》、《學→学》、《黒→黒》、《轉→転》等がそれに当たる。

　一方、中国における簡略化は、日本とは比較にならないほど大掛かりなもので、1956 年から段階的に進められ、現在では 2200 字以上の簡体字が使用されている（芝田・鳥井 1985）。この中には、〈國→国〉や〈學→学〉のように日本と同じ簡略化が行われたものもあれば、〈轉→转〉のように異なるものもある。一方で、〈黒〉など日本では簡略化が行われたが、中国では簡略化の対象とならなかった文字もある。簡略化が行われた文字のもととなった

---

[1]　ただし、芝田・鳥井 (1985) は、日本では簡略化された当用漢字のうち 4.6% の文字は繁体字より総画数が 1 画増え、30.2% は総画数に増減がなかったことを指摘して、日本の文字改革の主目的は字形の簡略化、すなわち総画数を減らすことではなく、書きやすさや見た目の美しさ、字形全体の調和に重点が置かれていたと考察している。

繁体字は基本的に使用されなくなり、簡略化が行われなかった文字は、現在も繁体字が使用されている。よく知られているように、香港や台湾では、現在も簡体字ではなく繁体字[2]が使われており、NCS の中には、両方の字体の読み書きができる者もいれば、一方の字体しか使えない者もいる。

このような日中の異なった文字改革の結果もたらされた、日本の（新）字体、大陸で使用されている中国の字体、台湾・香港で使用されている繁体字[3]の形の異同は、以下の a～e の 5 つのタイプに分類できる[4]。なお、「日」、「中」、「繁」はそれぞれ、日本字体、大陸で使用されている字体（以下、大陸の字体）、台湾・香港で使用されている繁体字（以下、繁体字）を表す[5]。また、「＝」は字体が共通、「≠」は両者が異なっていることを示す。

a) 日＝中・繁　　　　例：日《赤》＝ 中・繁〈赤〉
b) 日＝中≠繁　　　　例：日《国》＝ 中〈国〉≠ 繁〈國〉
c) 日≠中、日＝繁　　例：日《頭》≠ 中〈头〉、日《頭》＝ 繁〈頭〉
d) 日≠中・繁　　　　例：日《歩》≠ 中・繁〈步〉
e) 日≠中≠繁　　　　例：日《塩》≠ 中〈盐〉≠ 繁〈鹽〉

この a～e の違いは、大陸の簡体字使用の NCS が、日本語の漢字を認識・産出しようとする際に、表 4-1 のような違いとなって現れる。

2　台湾では「繁体字」ではなく「正體字」という名称が使用されることも多いが、ここでは便宜上「繁体字」を用いる。また、台湾では、印刷物には繁体字を用いるが、日常生活の中での筆写には、「時間節約のために、人それぞれ適当に簡体字を使って」おり、大陸の簡体字、台湾特有の簡体字、日本漢字に由来する簡体字の 3 種類が用いられている（林 2002a）。

3　台湾と香港で使用されている繁体字には共通するものが多いため、本書では両者の字体に顕著な違いがない文字については、台湾で使用されている印刷字体で提示する。また、大陸の字体と繁体字が共通する場合は、大陸の印刷字体を用いて示す。

4　本書における分類は日中の文字の形の異同に焦点を当てたものだが、日中で行われた「簡略化の動き」に焦点を当て、簡略化がどちらの言語でどう行われたかによって分類しているものには、中川（1991）がある。

5　表記には、リュウミン（日本字体）、Fangsong（大陸の字体）、PMingLiU（台湾・香港の繁体字）を用いる。

4.1 日本語と中国語の字体の差異 57

表 4-1　日中の字体の対応関係と
簡体字使用の NCS にとっての問題の有無

日中の字体の対応関係	a) 日＝ 中・繁	b) 日＝ 中≠繁	c) 日≠中 日＝繁	d) 日≠ 中・繁	e) 日≠ 中≠繁
簡体字使用の NCS にとっての問題の有無	① 認識：問題なし 産出：問題なし		② 認識：大陸の字体と似ているものは認識可能。また、繁体字の知識があれば問題がない。 産出：問題となりうる	③ 認識：大陸の字体と似ているものは認識可能。また、繁体字の知識があり、かつ繁体字と似ているものは問題がない。 産出：問題となりうる	

まず、文字の認識について見てみよう。

a と b のタイプ（①）の日本字体は大陸の字体と同じなので、NCS にとって文字の認識には問題がない。

一方、c ～ e のタイプ（②と③）は大陸の字体とは異なっているが、表 4-2 のような、文字の図形的なデザインがよく似ているものについては認識可能だと考えられる。これらの文字は、いずれも茅本の設定基準（2004: 44）を用いると異形度 2 以下[6]（異形度 0 は「全く同形」）となる。さらに、繁体字の知識があれば、NCS が認識できる日本字体は、e タイプの中で繁体字とよく似た文字と c タイプの文字にまで広がる。

6　異形度 2 は、日本語の字体と比較した際に「2 つの構成部分のうち少画数の方が画数が省略されている。または、2 つの構成要素のうち少画数の方が違う造りになる。または、3 つの構成部分のうち 1 つが画数省略または欠落している」（茅本 2004: 44）場合を指す。

表 4-2　日中の字体の図形的なデザインが似ている文字の例

c) 日≠中、日＝繁			d) 日≠中・繁			e) 日≠中≠繁		
	日・繁	中		日	中・繁		日	中	繁
1	角	角	1	真	真	1	結	结	結
2	魚	鱼	2	毎	每	2	戸	户	戶

　では、産出についてはどうだろう。文字を認識する際には、文字全体の構図をイメージで捉えている[7]ことが多いのに対し、産出には文字の点画について細部まで記憶していなければならない。したがって、①は問題がないが、②と③では問題となる可能性がある。日中の字体間の差異は、その程度と種類によって以下のように類型化できる。

(1) 文字の図形的なデザインが大きく異なるもの
(2) 文字の図形的なデザインに大差がないもの
　　(2-1) 偏旁に差異が規則的に現れているもの
　　(2-2) 点画の差異が微細なもの

　(1) は、文字を視覚的に捉えた際の印象が大きく異なるために、NCSにとっては、日本語の漢字の一部分あるいは全体を正確に産出できないといったことが起こりうる。それに対して (2) は、文字全体の構図は問題ないが、細部の違いが正確に産出できない恐れがある。(2) の場合の差異は、偏旁に規則的なものと、点画の違いが微細なものとに大別できる。(1) と (2) に該当する文字については、筆者が茅本 (2004: 44) の設定基準を用いて判定を行い、異形度が 3 以上[8]のものを (1)、2 以下のものを (2) とした。
　次節では、日中の字体の対応関係と、字体間の差異について、4 級漢字名詞の漢字を対象にその特徴を明らかにしていく。

7　心理学でいう「ゲシュタルト」(河上 1996) に当たる。
8　異形度 3 は、日本語の字体と比較した際に「3 つの構成部分のうち多画数の方が違う要素になる。または、2 つの構成部分に共に画数省略がある。または、2 つの構成部分のうち 1 つが欠落している」(茅本 2004: 44) 場合を指す。

▶4.2　字体の日中対応関係に見られる問題点

ここでは、4級漢字名詞の漢字を対象に4.1で挙げたa〜eの5分類を行い、中国語との字体の対応関係を明らかにする。さらに、日中で字体が異なる文字については、字体間の差異の特徴ごとに分けて整理する。

分析対象は、表4-3に挙げた4級漢字名詞295語の漢字、308字である。

表4-3　4級漢字名詞295語に含まれる漢字308字[9]

1	飴	23	仮	45	間	67	近	89	広	111	山	133	車	155	醤
2	医	24	花	46	漢	68	金	90	交	112	傘	134	者	156	上
3	椅	25	果	47	関	69	銀	91	向	113	散	135	邪	157	色
4	意	26	夏	48	館	70	空	92	行	114	子	136	手	158	食
5	一	27	家	49	眼	71	兄	93	紅	115	仕	137	酒	159	真
6	引	28	荷	50	顔	72	計	94	校	116	私	138	授	160	新
7	院	29	菓	51	机	73	警	95	黄	117	使	139	秋	161	親
8	飲	30	靴	52	気	74	結	96	号	118	始	140	習	162	人
9	右	31	歌	53	機	75	月	97	国	119	姉	141	週	163	図
10	雨	32	画	54	喫	76	犬	98	黒	120	紙	142	縦	164	水
11	英	33	灰	55	休	77	建	99	今	121	歯	143	叔	165	生
12	映	34	会	56	牛	78	鍵	100	婚	122	誌	144	宿	166	西
13	駅	35	海	57	去	79	験	101	左	123	字	145	出	167	声
14	園	36	皆	58	魚	80	玄	102	砂	124	耳	146	春	168	青
15	鉛	37	絵	59	御	81	言	103	差	125	自	147	巡	169	晴
16	塩	38	階	60	供	82	戸	104	再	126	事	148	初	170	勢
17	奥	39	外	61	強	83	庫	105	菜	127	時	149	所	171	夕
18	横	40	角	62	教	84	午	106	財	128	辞	150	書	172	石
19	屋	41	学	63	橋	85	後	107	作	129	室	151	緒	173	赤
20	音	42	楽	64	鏡	86	語	108	昨	130	質	152	女	174	切
21	下	43	鞄	65	業	87	口	109	雑	131	写	153	除	175	雪
22	火	44	官	66	局	88	公	110	皿	132	社	154	章	176	川

---

9 「常用漢字表」（文化庁 2010b）掲載順。表外漢字は同音漢字の末尾に記載。

177	先	195	誕	213	転	231	入	249	病	267	便	285	夜	303	冷
178	洗	196	男	214	電	232	乳	250	猫	268	勉	286	野	304	練
179	全	197	段	215	徒	233	年	251	瓶	269	歩	287	薬	305	呂
180	前	198	地	216	土	234	背	252	布	270	母	288	油	306	廊
181	掃	199	池	217	冬	235	買	253	符	271	方	289	友	307	話
182	窓	200	茶	218	当	236	白	254	父	272	帽	290	郵	308	碗
183	蔵	201	着	219	東	237	伯	255	部	273	北	291	洋		
184	足	202	中	220	筒	238	箱	256	封	274	木	292	葉		
185	族	203	昼	221	糖	239	箸	257	風	275	本	293	曜		
186	村	204	町	222	頭	240	八	258	服	276	毎	294	来		
187	他	205	鳥	223	動	241	半	259	物	277	妹	295	卵		
188	体	206	朝	224	堂	242	飯	260	分	278	万	296	理		
189	大	207	弟	225	道	243	晩	261	文	279	味	297	留		
190	台	208	庭	226	豚	244	番	262	聞	280	名	298	旅		
191	題	209	鉄	227	曇	245	飛	263	平	281	明	299	両		
192	灌	210	天	228	南	246	鼻	264	片	282	目	300	料		
193	達	211	店	229	肉	247	筆	265	辺	283	門	301	緑		
194	棚	212	点	230	日	248	百	266	弁	284	問	302	隣		

4.2.1 分析の手順

字体の日中対応関係と字体間の差異を調べるための分析は、以下の (1) 〜 (3) の手順で行った。

(1) 4 級漢字名詞の漢字に対応する中国語の文字を特定する
(2) 日本、中国（大陸）、台湾・香港で使用される字体の対応関係に基づいて、4 級漢字名詞の漢字を a 〜 e のタイプに分類する
(3) 4 級漢字名詞の漢字のうち、字体が異なる文字については、差異の特徴に基づいて分類する

以下、それぞれについて説明する。

4.2 字体の日中対応関係に見られる問題点　61

(1) 4級漢字名詞の漢字に対応する中国語の文字の特定

日本語の漢字に対応する中国語の漢字は、以下の①〜⑥の資料を用いて大陸、台湾、香港で、それぞれ規範あるいは常用とされている字種と印刷字体を特定した。

① 日本の漢字について
「常用漢字表」（文化庁 2010b）
「人名用漢字表」（法務省 2015）
② 中国の漢字について
「通用规范汉字表」（中华人民共和国教育部・国家语言文字工作委员会 2013）[10]
③ 台湾の漢字について[11]
「標準字與簡化字對照手冊」（中華民國教育部 2011）
「常用國字標準字體筆順學習綱」（中華民國教育部）
④ 香港の漢字について[12]
「香港小學學習字詞表」（香港特別行政区政府教育局課程發展處中國語文教育組）
⑤ 「日本・中国・台湾・香港・韓国の常用漢字と漢字コード」（安岡・安岡 2017）
⑥ 『漢語大字典』第一巻〜第八巻（1986-1990）

②は、日本の「常用漢字表」に相当する中国（大陸）の文字資料で、大陸の規範漢字（簡体字で〈规范汉字〉）のリストに加え、台湾や香港等の地域で

10　中国の正書法の規範となる漢字表で、現在中国語で使用されている文字が、一級字（日常生活で使用）、二級字（印刷物等で使用）、三級字（人名、地名、科学技術用語、文語等で使用）に分類されている。

11　台湾の漢字教育の根幹をなすのは「常用國字標準字體表」(4,808 字) で、それに次ぐものとして「次常用國字標準字體表」(6,341 字) がある（安岡・安岡 2017）。常用国字の字種と印刷字体については③と⑤の漢字表、次常用国字については⑤の漢字表を用いて確認した。

12　香港では、「常用字字形表」(4,762 字) が漢字教育の根幹をなしている（安岡・安岡 2017）。常用字の字種と字体の確認は、④と⑤の漢字表を用いて行った。

使用されている繁体字や異体字との対照表が含まれている。③の「手冊」（ハンドブック）では、台湾の常用国字（標準字）と大陸の規範漢字との対照が行われており、③の「學習綱」では台湾の常用国字の筆写体や筆順が示されている。④は香港の初等教育のための文字資料で、常用字の筆写体や筆順がわかる。⑤では、日本、中国（大陸）、台湾、香港、韓国で常用とされる文字の印刷字体とその対応関係が示されている。台湾・香港で使用されている字体については、資料②と資料③～⑤の記述に相違が見られる場合、後者の資料に基づいて特定を行った[13]。⑥は現存する最も大きな字典で、古い字体や繁体字、異体字等が収録されている。

(2) 日本、中国（大陸）、台湾・香港の字体の対応関係に基づいた漢字の分類

　日中で使用する文字の字体の差異については、第1章の先行研究で天沼（1981）の指摘にあるように、何を、またどの程度までを字体の差と認めるかについて共通理解を得るのは難しい。しかし、向井（2014）は、日本語母語話者は簡体字の混じる文章には違和感を覚え、特に公的な場面では中国語の漢字使用に対する許容度が下がること、一方NCS自身は、日本語の漢字を正確に書けるようになりたいと望んでいるが、授業では十分な指導を受けてきていないという実態のあることを指摘しており、NCSに対する漢字語彙教育においては、字体間の違いを指導項目として扱う必要性がある。

　そこで本分析では、NCSや教師が学習や指導時に参照でき、どの文字のどこが異なっているかがわかるよう、日中の字体に見られる違いを可能な限り取り上げることとし、以下のような基準を設けて4級漢字名詞の漢字の比較を行った。

1) 日本語は明朝体、中国（大陸）と台湾、香港は(1)の資料②～⑤の印刷字体を比較対照し、それぞれの字体で分析結果を表記する。原則として、日本字体と大陸の字体、あるいは日本字体と台湾・香港の繁体字が共通している場合は日本字体で、大陸の字体と繁体字が共通して

13　例えば、②では大陸の字体〈顔〉に対し、繁体字として〈顔〉が挙げられているが、③～⑤では、台湾・香港で使用される字体は〈顔〉となっている。このように②と③～⑤の資料に違いが見られる場合、本分析では後者の資料をもとに台湾・香港の字体を特定した。

いる場合は大陸の字体で表記する。印刷字体とは異なる手書き文字の字形の特徴[14]については、4.3.2の「手書きの際に現れる日中の文字の相違点」で別に扱う。
2) 本書では、視覚的に捉えられる点画の違いを、差異の大小に関わらず挙げる。したがって、そのうちどの文字のどういった特徴を指導や学習対象とするかは、現場の方針やNCSのニーズに合わせて検討する必要がある。
3) 以下については日中間に見られる印刷字体のデザイン差とし、字体差として扱わない。
  i. 文化庁編（2017）の「明朝体に特徴的な表現の仕方があるもの」(p. 33-37)に該当する部位を含む漢字
    例1：《階》と〈階〉(繁)に見られる「比」の違い
    例2：《道》と〈道〉(繁)に見られるしんにゅうの違い
  ii. その他
    a.《夏・後》と〈夏・後〉(台湾・繁)に見られる、最後の筆画の始筆位置の違い
    b.《外》と〈外(中)・外(繁)〉の最後の筆画の始筆位置の違い
    c.《西》と〈西(中)・西(繁)〉の5画目の終筆の違い。
    d.《段》と〈段(中)・段(繁)〉の「殳」の2画目の終筆の違い

(3) 字体間の差異の特徴に基づいた漢字の分類

日中の字体間の差異は簡体字使用のNCSにとって問題となりうる文字に焦点を当て、まず、茅本（2004: 44）の異形度の設定基準で3以上のものを図形的なデザインに大きな違いが見られるものとして取り出す。そして、残りの文字については、違いが規則的に現れているものと違いが小さいものに分け、さらに後者は点画の配置等の特徴に基づいて類型化を行う。中国語の文字の簡略化の規則については、以下の⑦、⑧の資料を用いて確認する。

---

14 大陸や台湾、香港の字体の中には、印刷字体では日本字体との間に差異が認められる場合でも、日本語の手書き文字と比較すると、差異が見られないものがある。

⑦『新しい中国語・古い中国語（中国語研究学習双書4）』（芝田・鳥井 1985）
⑧『简化字总表（1986年新版）』（国家语言文字工作委员会 1986）

4.2.2　分析結果と考察
4.2.2.1　字体の日中対応関係

4級漢字名詞の漢字308字を前掲のa〜eの5つのタイプに分類した結果は、表4-4から表4-8のようになった[15]。以下に、a〜eのタイプを再掲しておく。「日」、「中」、「繁」はそれぞれ、日本字体、大陸の字体、台湾・香港で使用されている繁体字を表している。

a)　日＝中・繁　　　例：日《赤》＝中〈赤〉
b)　日＝中≠繁　　　例：日《国》＝中〈国〉≠繁〈國〉
c)　日≠中、日＝繁　例：日《頭》≠中〈头〉、日《頭》＝繁〈頭〉
d)　日≠中・繁　　　例：日《歩》≠中・繁〈步〉
e)　日≠中≠繁　　　例：日《塩》≠中〈盐〉≠繁〈鹽〉

表4-4　a)「日＝中・繁」タイプの4級漢字名詞の漢字（156字）

1	椅	10	下	19	官	28	金	37	公	46	作
2	意	11	火	20	眼	29	兄	38	交	47	昨
3	一	12	果	21	休	30	警	39	向	48	皿
4	引	13	夏	22	牛	31	月	40	行	49	山
5	院	14	家	23	去	32	犬	41	校	50	子
6	右	15	歌	24	供	33	建	42	婚	51	仕
7	映	16	皆	25	教	34	玄	43	左	52	私
8	屋	17	外	26	局	35	午	44	砂	53	使
9	音	18	鞄	27	近	36	口	45	再	54	始

15　台湾と香港の繁体字に差異が見られる場合、「台湾字体・香港字体」の順で併記する。また、表中で▲、◆が付いている繁体字は、それぞれ台湾の「常用國字標準字體表」と香港の「常用字字形表」には収録がないため、他の文字と比較して一般的な中国語母語話者にとって馴染みの薄い文字である可能性が高い。

4.2 字体の日中対応関係に見られる問題点

55	字	72	除	89	前	106	冬	123	病	140	本
56	耳	73	章	90	足	107	筒	124	瓶	141	妹
57	自	74	上	91	族	108	堂	125	布	142	味
58	事	75	色	92	村	109	道	126	符	143	名
59	室	76	人	93	大	110	南	127	父	144	明
60	社	77	水	94	台[16]	111	肉	128	部	145	目
61	者	78	生	95	棚	112	日	129	封	146	夜
62	手	79	西	96	男	113	入	130	服	147	野
63	授	80	青	97	段	114	乳	131	物	148	油
64	秋	81	晴	98	中	115	年	132	分	149	友
65	叔	82	夕	99	町	116	白	133	文	150	洋
66	宿	83	石	100	朝	117	伯	134	平	151	卵
67	出	84	赤	101	弟	118	箱	135	弁[17]	152	理
68	春	85	川	102	庭	119	八	136	便	153	留
69	巡	86	先	103	店	120	半	137	母	154	料
70	初	87	洗	104	徒	121	番	138	方	155	廊
71	女	88	全	105	土	122	百	139	木	156	碗

表4-5 b)「日＝中≠繁」タイプの4級漢字名詞の漢字（33字）

	日	中	繁		日	中	繁		日	中	繁
1	医	医	醫	7	会	会	會	13	国	国	國
2	雨	雨	雨	8	学	学	學	14	菜	菜	菜
3	英	英	英	9	机	机	機	15	散	散	散/散
4	奥	奥	奥	10	御	御	御[18]	16	辞	辞	辭
5	横	横	横/橫	11	黄	黄	黃/黄	17	酒	酒	酒
6	荷	荷	荷	12	号	号	號	18	声	声	聲

16　日本語の《台》に対して、台湾では〈台〉、〈臺〉、〈颱〉の3字を、香港では〈台〉、〈颱〉の2字を意味の違いによって使い分ける。

17　日本語の《弁》に対して、中国では〈弁〉、〈瓣〉、〈辨〉、〈辯〉の4字を、台湾と香港では〈弁〉、〈瓣〉、〈辨〉、〈辯〉の4字を意味の違いによって使い分ける。

18　日本語の《御》に対して、台湾と香港では、意味の違いによって〈御〉と〈禦〉と〈馭〉の3字を使い分ける。また、台湾と香港では「卸」の6画目と7画目を1画で続けて書く。

19	雪	雪	雪	24	昼	昼	晝	29	猫	猫	猫
20	他	他	他	25	点	点	點	30	片	片	片/片
21	体	体	體/體	26	当	当	當	31	北	北	北
22	地	地	地	27	豚	豚	豚	32	万	万	萬
23	池	池	池	28	背	背	背/背	33	来	来	來

表4-6　c)「日≠中、日＝繁」タイプの4級漢字名詞の漢字（36字）

	日	中	繁		日	中	繁		日	中	繁
1	靴	靴	靴	13	庫	库	庫	25	達	达	達
2	階	阶	階	14	後	后	後	26	東	东	東
3	角	角	角	15	今	今	今	27	頭	头	頭
4	間	间	間	16	差	差	差	28	動	动	動
5	機	机	機	17	財	财	財	29	買	买	買
6	魚	鱼	魚	18	傘	伞	傘	30	飛	飞	飛
7	強	强	強	19	質	质	質	31	筆	笔	筆
8	橋	桥	橋	20	車	车	車	32	風	风	風
9	鏡	镜	鏡	21	習	习	習	33	聞	闻	聞
10	銀	银	銀	22	書	书	書	34	門	门	門
11	空	空	空	23	勢	势	勢	35	問	问	問
12	鍵	键	鍵	24	題	题	題	36	呂	吕	呂

表4-7　d)「日≠中・繁」タイプの4級漢字名詞の漢字（23字）

	日	中・繁		日	中・繁		日	中・繁
1	仮	假	9	所	所	17	鼻	鼻
2	菓	果	10	真	真	18	勉	勉
3	灰	灰	11	切	切	19	歩	步
4	海	海	12	濯	濯	20	帽	帽
5	言	言	13	天	天	21	毎	每
6	黒	黑	14	糖	糖▲◆	22	曜	曜▲◆
7	姉	姉	15	箸	箸▲◆	23	旅	旅
8	邪	邪	16	晩	晩			

表 4-8　e)「日≠中≠繁」タイプの 4 級漢字名詞の漢字 (60 字)

	日	中	繁		日	中	繁		日	中	繁
1	飴	饴	飴	21	戸	户	戶/户	41	蔵	藏	藏
2	飲	饮	飲	22	語	语	語	42	誕	诞	誕
3	駅	驿	驛	23	広	广	廣/廣	43	茶	茶	茶/茶
4	園	园	園	24	紅	红	紅	44	着	着	著/着[19]
5	鉛	铅	鉛	25	雑	杂	雜	45	鳥	鸟	鳥/鳥
6	塩	盐	鹽	26	紙	纸	紙	46	鉄	铁	鐵
7	花	花	花	27	歯	齿	齒	47	転	转	轉
8	画	画	畫	28	誌	志	誌	48	電	电	電/電
9	絵	绘	繪	29	時	时	時/時	49	曇	昙	曇◆
10	楽	乐	樂	30	写	写	寫	50	飯	饭	飯/飯
11	漢	汉	漢	31	週	周	週/週	51	辺	边	邊
12	関	关	關	32	縦	纵	縱	52	薬	药	藥
13	館	馆	館	33	緒	绪	緒	53	郵	邮	郵
14	顔	颜	顏	34	醤	酱	醬	54	葉	叶	葉
15	気	气	氣	35	食	食	食	55	両[20]	两	兩
16	喫	吃	喫◆	36	新	新	新	56	緑	绿	綠
17	業	业	業	37	親	亲	親	57	隣	邻	鄰
18	計	计	計	38	図	图	圖	58	冷	冷	冷
19	結	结	結	39	掃	扫	掃	59	練	练	練
20	鹹	碱	鹹	40	窓	窗	窗/窗	60	話	话	話

a～e の各タイプに分類される文字数は表 4-9 に示した通りである。

19　台湾では〈着〉と〈著〉が同字で、〈著〉のみが用いられる。
20　日本語の《両》に対して、中国では〈两〉と〈辆〉、台湾と香港では〈兩〉と〈輛〉を、意味の違いによって使い分ける。

表 4-9 日中の字体の対応関係による 4 級漢字名詞の漢字の分類

日中の字体の対応関係	a) 日＝中・繁 ① 日本字体と大陸の字体が同じ	b) 日＝中≠繁 	c) 日≠中 日＝繁 ② 日本字体と繁体字が同じ	d) 日≠中・繁 ③ 日本字体が大陸の字体とも繁体字とも異なる	e) 日≠中≠繁 	合計
文字数 (単位：字)	156	33	36	23	60	308

　まず、a と b のタイプを合わせた①は、日本と大陸の字体が同じ文字群で、これが 4 級漢字名詞の漢字では 189 字（全体の 61.4％）ある。次に、c タイプの②は、日本と大陸の字体は異なり、日本字体と繁体字が同じという文字群で、これが 36 字（全体の 11.7％）ある。残る d と e タイプを合わせた③は、日本字体が大陸の字体、さらに繁体字とも異なるという文字群で、これが 83 字（全体の 26.9％）という結果となった。この結果を表 4-1（p. 57）の内容と合わせ、簡体字使用の NCS にとって文字の認識面と産出面で問題となりうる文字がどの程度あるかについて見ていく。

　まず、文字の認識面について①から③の分類結果を整理すると図 4-2 のようになる。

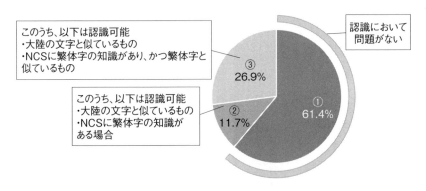

図 4-2　簡体字使用の NCS にとっての 4 級漢字名詞の漢字の認識（1）

4.2 字体の日中対応関係に見られる問題点　69

　仮に、簡体字使用の NCS に繁体字の知識がまったくなく、かつ、大陸の字体や繁体字と似ていても日本字体の類推が不可能だとすれば、NCS にとって認識可能な文字は、図 4-2 の①（リング部分。189 字、全体の 61.4%）に限られる。しかし、簡体字使用の NCS に繁体字の知識があり、日中の字体間の差異が小さな文字の認識が可能だと仮定すると、NCS にとって②と、③の字体差の小さな文字についても、①と同様、認識が可能だということになる。そこで、茅本（2004: 44）の異形度の設定基準を用い、③の中で大陸の字体とも繁体字とも図形的なデザインが大きく異なる文字（異形度 3 以上）として、表 4-10 の 12 字を特定した[21]。

表 4-10　③（d と e タイプ）の中で日中の字体の
図形的なデザインの違いが大きい漢字（12 字）

③の d タイプ（日≠中・繁）		③の e タイプ（日≠中≠繁）						
日	中		日	中	繁		日	中	繁
1 仮	假	4	駅	驿	驛	9	図	图	圖
2 菓	果	5	塩	盐	鹽	10	窓	窗	窗/窻
3 姉	姉	6	関	关	關	11	転	转	轉
		7	気	气	氣	12	隣	邻	鄰
		8	広	广	廣/廣				

　そこで、この 12 字を新たに⑤とし、③（83 字）から⑤を除いた文字群を④（71 字）とすると、前掲の図 4-2 は、以下の図 4-3 のようになる。繁体字の知識と、中国語の文字からの類推により認識が可能だと考えられる文字（②と④）を①に加えると、図 4-3 のように、4 級漢字名詞の漢字全体の 96.1%（296 字。二本のリングを合わせた部分）が NCS にとって認識可能な文字となる[22]。

21　茅本（2004）では教育漢字 1,006 字について大陸の字体との異形度が示されているが、筆者は茅本の設定基準を用いて、日本字体と、大陸の字体および繁体字との違いを合わせて異形度を判定しているため、茅本の判定結果とは一部異なっている。
22　図 4-3 の②（11.7%）と④（23.1%）に①（61.4%）を加えた合計は 96.2% となるが、②、

70　第 4 章　表記に関する分析と分析結果

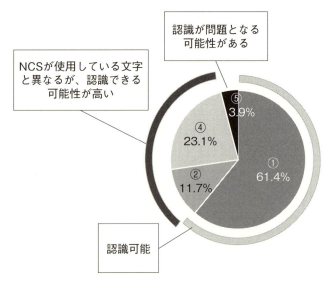

図 4-3　簡体字使用の NCS にとっての 4 級漢字名詞の漢字の認識（2）

　それに対し、産出面は少し異なる。簡体字使用の NCS が産出に困難を伴わない可能性が高いのは、図 4-4 のように、大陸の字体と形がまったく同じ①（189 字、61.4％）に限られる。日本字体と異なる②と③の文字（119 字、38.6％）の産出のためには、NCS は大陸の字体や繁体字との違いに注意を向けて学習する必要がある。
　ただ、②の文字には大陸の字体とは異なっているが両者の違いが小さいものが少なくない[23]。また、繁体字とは同じ字体であるため、繁体字の知識を持つ NCS にとって、繁体字と同じだと学習できていれば産出は難しくない。したがって、NCS は、②に該当する文字がどれかを学習すれば、母語知識を活かした学習が可能になる。

---

④、①の全体比はそれぞれ小数点以下 2 桁目の四捨五入の結果であるため、②、④、①に分類される文字の総数（296 字）から割り出した全体比（96.1％）とに誤差が生じている。

23　②の 36 字のうち半数の 18 字は、茅本（2004: 44）の設定基準で大陸の字体との異形度が 2 以下である。

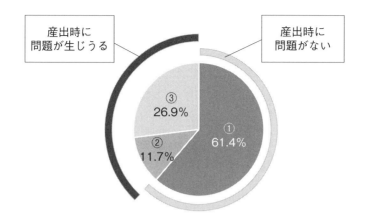

図4-4　簡体字使用のNCSにとっての4級漢字名詞の漢字の産出

　同様に、③は、大陸の文字や繁体字とは異なっているが、この中にも、日中の違いが比較的小さなものが多い。したがって、これらについては、③の中のどの文字が中国語の字体とよく似ているか、そしてどの部分が異なっているかを学習すれば、母語知識を適切な産出に活かすことができる。
　このように見ていくと、日本語教師にとって大切なのは、NCSにとって認識できる文字が必ずしも産出できる文字ではないということを念頭に置いた指導だと言える。指導時にどの漢字も同じように扱うのではなく、文字の認識時と産出時に問題となりうる漢字を分け、そのうえでNCSに対して、何に気を付ければよいかを丁寧かつ具体的に示すことが重要となる。次の4.2.2.2では、日中の文字の違いの程度や種類が共通するものを整理して提示していくが、その前に、図形的なデザイン以外に問題となりうる日中の字体間の差異について述べておく。
　日中の文字改革では、文字（漢字）の簡略化に加え、複数の漢字を1つの漢字で代用させるということが行われたが、その結果、日中の文字の対応関係が複雑になってしまったものがある。例えば、日本語の《後》と同形の漢字は、中国では〈后〉になる。かつては中国でも〈後〉と〈后〉は異なった文字として使い分けがなされていたが、現代語では〈後〉は〈后〉に代わり、

〈後〉が使われることはない。すなわち、日本語の《後》＝中国語の〈后〉であり、かつ、日本語の《后》＝中国語の〈后〉という関係にある[24]。4 級漢字名詞の漢字の中には、《後》のような文字が、他に 6 字ある（表 4-11）。

表 4-11　複数の文字が 1 字で代用された結果、日中の字体の対応関係が複雑になった 4 級漢字名詞の漢字（7 字）

	1	2	3	4	5	6	7
日本字体	菓	機	喫	後	誌	週	葉
対応する大陸の字体	果	机	吃	后	志	周	叶
大陸では使われない文字	菓	機	喫	後	誌	週	葉

　簡体字使用の NCS に対する指導では、このような中国で使い分けをしない文字が、日本語ではそれぞれ異なった文字であるということを、これらの漢字の特徴として伝える必要がある。例えば、日本語の《週》と《周》は、中国語ではいずれも〈周〉となるため、《週末》と《周期》はどちらも〈周〉を用いて〈周末〉、〈周期〉と表記される。それに対し、日本語では《週》と《周》はそれぞれ異なった字義用法を持ち、一方を他方で代用することはできないが、NCS にとってそれは自明のことではないからである。

4.2.2.2　字体間の差異による漢字分類

　簡体字使用の NCS にとって、日本語の字体が大陸の字体と異なる図 4-4（p. 71）の②と③の文字（c ～ e タイプ）は、産出時に字体差が問題となりうる。そこで、これらの文字を、以下のように（1）と（2）、さらに（2）を（2-1）と（2-2）に分け、指導の際の留意点が具体的にわかるように整理する。

（1）文字の図形的なデザインが大きく異なるもの
（2）文字の図形的なデザインに大差がないもの
　　（2-1）偏旁に差異が規則的に現れているもの

24　ここで示すのは字体の対応関係であり、字義の対応関係は文字によって異なる。

(2-2) 点画の差異が微細なもの

(1) 文字の図形的なデザインが大きく異なるもの

c～eタイプの漢字の中には、文字を構成する部位や点画の配置の違いによって文字の全体的な印象が異なり、同じ文字であると判断するのが難しいものがある。

まず、cタイプ（日≠中、日＝繁）の文字は、簡体字使用のNCSに繁体字の知識がなければ、文字全体あるいは一部を適切に産出することができなかったり、また、教師にとっては、NCSが誤って簡体字を書いている場合どのような文字を書こうとしているのか類推が難しいものがある。これに該当するのが、表4-12の18字である。いずれも、茅本（2004: 44）の設定基準で大陸の字体が異形度3以上の文字である。

表4-12　c)「日≠中、日＝繁」タイプのうち、
日本と大陸の字体で大きく異なる文字（18字）

	日	中	繁		日	中	繁
1	階	阶	階	10	書	书	書
2	機	机	機	11	達	达	達
3	橋	桥	橋	12	東	东	東
4	庫	库	庫	13	頭	头	頭
5	後	后	後	14	動	动	動
6	傘	伞	傘	15	買	买	買
7	質	质	質	16	飛	飞	飛
8	車	车	車	17	筆	笔	筆
9	習	习	習	18	風	风	風

dタイプ（日≠中・繁）では、文字全体の図形的なデザインが大きく異なるものは少なく、表4-13の3字しかない。

表 4-13　d)「日≠中・繁」タイプのうち、
日本と中国の字体で大きく異なる文字（3字）

	日	中・繁
1	仮	假
2	菓	果
3	姉	姊

eタイプ（日≠中≠繁）は、日本と大陸の字体、そして繁体字がすべて異なっているが、3つの字体が互いに大きく異なるものは9字（表4-14の最も左の列《駅》から始まる1～9）、大陸の字体とは大きく異なるが、繁体字とはよく似ている日本の漢字は24字（表4-14の《園》から始まる1～24）ある。

表 4-14　e)「日≠中≠繁」タイプのうち、
日本と大陸の字体で大きく異なる文字（33字）

日、中、繁が互いに大きく異なっている				日と中が大きく異なっている						
	日	中	繁		日	中	繁		日	中	繁
1	駅	驿	驛	1	園	园	園	13	親	亲	親
2	塩	盐	鹽	2	楽	乐	樂	14	掃	扫	掃
3	関	关	關	3	漢	汉	漢	15	蔵	藏	藏
4	気	气	氣	4	喫	吃	喫◆	16	鳥	鸟	鳥/鳥
5	広	广	廣/廣	5	業	业	業	17	電	电	電/電
6	図	图	圖	6	鹸	碱	鹸	18	曇	昙	曇◆
7	窓	窗	窗/窗	7	雑	杂	雜	19	薬	药	藥
8	転	转	轉	8	歯	齿	齒	20	郵	邮	郵
9	隣	邻	鄰	9	時	时	時/時	21	葉	叶	葉
				10	週	周	週/週	22	両	两	兩
				11	縦	纵	縱	23	冷[25]	冷	冷
				12	醤	酱	醬	24	練	练	練

25　日本語の《冷》は印刷字体と筆写の字体に大きな違いがある。手書きでは様々な字形が

以下は、筆者が日本語教育現場で収集した NCS による誤字や点画の配置が不適切な文字である。問題の箇所がわかりにくいものには枠囲みで説明を加える。

・c タイプ（日≠中、日＝繁）
　（i）《後》　（ii）《友達》　《達》の右側の横線が一本足りない

　（iii）《発達》　《達》が簡体字の〈达〉になっている　（iv）《飛》

　（v）《買いに行きます》 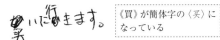 《買》が簡体字の〈买〉になっている

・d タイプ（日≠中・繁）
　（i）《お菓子》　（ii）《姉》　右側の縦線が一画で書かれている

　（iii）《初めて姉と…》　《姉》が、《姉》と異体字の関係にある〈姉〉になっている

・e タイプ（日≠中≠繁）
　（i）《駅》　馬偏に、簡体字の〈马〉の影響が見られる　（ii）《鳥》

　（iii）《地図》　（iv）《古い地図》　どちらの《図》も 3 画目と 4 画目が上下に並んでいる

あり（文化庁編 2017）、その中には中国の字体や繁体字と似たものも含まれているが、ここでは、印刷字体の違いに着眼して e タイプに分類している。手書き文字の特徴については、4.3.2.2 で扱う。

(v)《隣》 [図] 《隣》が簡体字の〈邻〉になっている

(2) 文字の図形的なデザインに大差がないもの

　日本語と中国語の字体・字形には、文字の全体的な構図がよく似ていて、両者が、字体の異なる同じ文字だと判断できる可能性の高いものがある。その特徴として、偏旁に差異が規則的に現れているものと、差異自体が比較的微細なものとに分けることができる。

(2-1) 偏旁に差異が規則的に現れているもの

　中国での文字の簡略化は、繁体字の偏旁に規則的に行われたものがある。ここでは、c（日≠中、日＝繁）とe（日≠中≠繁）のタイプで複数の文字に共通して現れている特徴を挙げ、表4-15で①〜⑧のグループに分けて示す[26]。グループごとの通し番号に後続するcとeはそれぞれのタイプを表している。また、感嘆符（!）が付いている文字は、偏旁に規則的に現れる違い以外にも日本の字体と異なる箇所があるため、その部分にも注意が必要である。

　4級漢字名詞の漢字で、規則的な簡略化が見られる偏旁には以下のようなものがある。

① 金偏　　　② 言偏　　　③ 食偏　　　④ 門構え
⑤ 車・車偏　⑥ 貝・頁　　⑦ 魚・鳥の最後の4画　⑧ 糸偏

26　①〜⑧にリストした漢字のうち、⑤《車》、《庫》、《転》、⑦《鳥》、⑧《縦》、《練》は、日本と大陸の字体との図形的なデザインの違いが大きいため、「(1) 文字の図形的なデザインが大きく異なるもの」（表4-12と表4-14）に分類しているが、偏旁に規則的な違いも見られるため、ここでも取り上げている。

4.2 字体の日中対応関係に見られる問題点　77

表 4-15　日本と大陸の字体の偏旁に規則的な違いが見られる文字

①金偏				②言偏				③食偏			
	日	中	繁		日	中	繁		日	中	繁
1c	鏡	镜	鏡	1e	計	计	計	1e	飴	饴	飴
2c	銀	银	銀	2e	語	语	語	2e	飲	饮	飲
3c	鍵	键	鍵	3e	誌	志	誌	3e	館	馆	館
4e	鉛	铅!	鉛	4e	誕	诞	誕	4e	飯	饭!	飯/飯
5e	鉄	铁	鐵	5e	話	话	話				

④門構え				⑤車・車偏				⑥貝・頁			
	日	中	繁		日	中	繁		日	中	繁
1c	間	间	間	1c	車	车	車	1c	財	财	財
2c	聞	闻	聞	2c	庫	库	庫	2c	題	题	題
3c	門	门	門	3e	転	转!	轉	3e	顔	颜	顔
4c	問	问	問								

⑦魚・鳥の最後の 4 画				⑧糸偏							
	日	中	繁		日	中	繁		日	中	繁
1c	魚	鱼	魚	1e	絵	绘	繪	5e	緒	绪	緒
2e	鳥	鸟	鳥/鳥	2e	結	结	結	6e	縦	纵!	縦
				3e	紅	红	紅	7e	緑	绿	綠
				4e	紙	纸	紙	8e	練	练!	練

このうち、⑧の糸偏は、図 4-5 のように日本と大陸の字体と繁体字がそれぞれ少しずつ異なっている。

figure 4-5 糸偏の字体差（左から、日本、大陸、台湾・香港の字体）

このような簡略化は、同じ偏旁を持つ別の文字にも見られるため、パターンを把握しておけば、NCS が犯しやすい間違いや部位を予測して指導に活

かすことができる[27]。

簡体字使用のNCSにとって、このように規則的に簡略化された部位のもとの形を認識するのは難しくないため、もとの形が日本字体と同じであったりよく似ている場合、NCSは日本字体の認識には困難を伴わない。しかし、実際に文字を手書きしようとすると、以下の事例のように細部がうまく産出できないことがある。

(i)《話》　　　言偏の横画の長さが不均衡

(ii)《宿題》　　《題》が簡体字の〈题〉になっている

(iii)《練習》　　《練》の「東」の部位に、簡体字の〈练〉や繁体字の〈練〉の影響が見られる

(2-2) 点画の差異が微細なもの

字体間に見られる点画の差異が大きくないものは、以下の①〜④の特徴に分けられる。

① 画数が一画多いか少ないか
② 線と線が交わるか交わらないか
③ 線と線が接するか離れているか
④ 線の向きや長短、あるいは、曲げ方や止め方が異なるか

NCSは、日中の字体間に見られるこれらの違いを意識せずに、普段書き慣れている字体・字形を書いてしまうことがある。以下では、日本と大陸の字体に見られる違いを中心に、①〜④の特徴を持つ文字をc〜eタイプの順に挙げる[28]。eタイプ（日≠中≠繁）の中で日本字体と繁体字がよく似ている文字については、日本字体、大陸の字体、繁体字の3つの字体をすべて記

27　例えば、NCSは《鮮》や《組》を《˚鮮》や《˚组》のように書いてしまうのではないかという予測が立てられる。

28　ここに挙げる《鉛》、《飯》、《顔》は、偏旁に差異が規則的に現れるという特徴もあるため、(2-1)の「偏旁に差異が規則的に現れているもの」でも取り上げている。

4.2 字体の日中対応関係に見られる問題点　79

す。文字は、左に日本字体、その右に大陸の字体を書き、差異の箇所を矢印で示して[29]、筆者が日本語教育現場で収集した事例を挙げる。日本語の「手書き文字のバリエーション」（文化庁編 2017）として大陸の字体や繁体字のように書くことがある文字については、中国語の文字の右下に㋳を添え、再度 4.3.2.2 で取り上げる。

①画数が一画多いか少ないか
［日本の方が一画多い］
・c タイプ（日≠中、日＝繁）

・d タイプ（日≠中・繁）

・e タイプ（日≠中≠繁）

着 → 着　着着く

［中国の方が一画多い］
・c タイプ（日≠中、日＝繁）

29　日中の差異がわかりにくい文字については、脚注で説明を加える。
30　《邪》は、日本では左側を 5 画で書くが、大陸では、日本語で 2 画と 3 画に離して書くところを 1 画で続けて〈牙〉のように書く。

80　第4章　表記に関する分析と分析結果

・dタイプ（日≠中・繁）

毎　毎　毎朝　　　海　海　海外　　　黒 黑

・eタイプ（日≠中≠繁）

漢³¹　汉(中)　漢(繁)　漢　　　郵　邮(中)　郵(繁)　郵

②線と線が交わるか交わらないか
［日本は交わる、中国は交わらない］
・dタイプ（日≠中・繁）　　　・eタイプ（日≠中≠繁）

鼻　鼻　鼻　　　　画　画　映画　　写　写　写真

［日本は交わらない、中国は交わる］
・cタイプ（日≠中、日＝繁）

靴　靴(中)　靴　　　角　角　角

・dタイプ（日≠中・繁）

灰　灰　灰　　糖　糖　砂糖

31　《漢》には②の特徴（繁体字では線と線が交わる）もある。

4.2 字体の日中対応関係に見られる問題点　81

・eタイプ（日≠中≠繁）

③線と線が接するか離れているか
[日本は接する、中国は離れている]
・dタイプ（日≠中・繁）

・eタイプ（日≠中≠繁）

新[33] →新(中)㊥ →新(繁)㊥ 新しい　　親 亲(中) →親(繁)㊥ 親

業 业(中) →業(繁)㊥ 卒業[34]

[日本は離れている、中国は接する]
・dタイプ（日≠中・繁）　　　　　・eタイプ（日≠中≠繁）

真 真 写真　　所 所 高い所　　戸 戸(中)㊥ 戸(繁) 戸 戸

32　繁体字では、日本字体の5画目の縦線が、一番下の横線と交わっている。
33　《新》には④の特徴（線の止め方が異なる）もある。
34　《業》については、NCSが繁体字や繁体字に似た字体を書いてしまう事例が収集されていないため、ここでは簡体字を書いている事例を挙げている。

④ 線の向きや長短、あるいは、曲げ方や止め方が異なる
[線の向きや角度が異なる]
・cタイプ（日≠中、日＝繁）　　・dタイプ（日≠中・繁）

今　今㊥　今　　　　濯　濯㊥　曜　曜㊥　火曜日

言　言㊥　言

・eタイプ（日≠中≠繁）　　　食　食(中)　食(繁)㊥　食事

飯　飯(中)　飯(香港の繁体字)　飯　　電　电(中)　電(台湾の繁体字)　電

曇　昙(中)　曇(繁)㊥　　　　冷　冷(中)㊥　冷(繁)㊥　冷　冷

[線の長短が異なる]
・dタイプ（日≠中・繁）　　・eタイプ（日≠中≠繁）

天　天㊥　天気　　　　時　时(中)　時(台湾の繁体字)㊥　時

[線の曲げ方が異なる]
・cタイプ（日≠中、日＝繁）　　・dタイプ（日≠中・繁）

空　空㊥　空港　　　　切　切㊥　大切

・eタイプ（日≠中≠繁）
鉛　铅(中)　鉛(繁)　鉛笔

［線の止め方が異なる］
・eタイプ（日≠中≠繁）

園　园(中)　園(繁)(手)　新　新(手)　茶　茶(手)

［線と線の接し方が異なる］
・dタイプ（日≠中・繁）　　旅　旅(手)　旅行

　本節では、日中の字体の対応関係と、そこで視覚的に捉えられる違いを分析し類型化を行った。次節では、日中の対応関係には現れてこない文字の特徴について取り上げる。

▶4.3　字体の日中対応関係に現れない問題点

　本章では初めに、NCSが日本語の漢字を見て、「わかる」あるいは「わからない」と言った場合、それはどのような漢字を指しているのかを図4-1 (p.54) を用いて示し、NCSにとっては日中で字体がまったく同じでも「わからない」文字（図4-1の③）があり、反対に字体が違っていても「わかる」文字（図4-1②）のあることを述べた。そして、4.2では、日中の字体の対応関係を分析し、共通の特徴を持つ文字を分類することにより、NCSが認識・産出に困難を覚える可能性のある文字を特定して、視覚的に捉えられる字体間の差異を整理した。

　本節では、視覚的に捉えられる字体間の差異には現れない特徴として、まず4.3.1でNCSにとって馴染みの薄い文字について述べる。次に、中国語母語話者を対象に行った調査結果をもとに、4級漢字名詞の中で実際どの文字がNCSにとって「わからない」文字で、反対に、どの文字が日中で字体が違っていても「わかる」文字であるかを見ていく。4.3.2では、手書きの際に現れる日中の違いとして、漢字の筆順と手書き文字の字形について取り上げる。

4.3.1 NCSにとって馴染みの薄い文字

中国語で使用される漢字の総数は日本語より多い。しかし、日本語で常用とされる漢字がすべてそこに含まれ、現代中国語で使用されているわけではなく、日本語で日常的に使用される文字の中には、現代中国語でほとんど目にすることのない文字が含まれている。

菱沼（1983）は、中国語で常用とされる文字（菱沼の用語で「常用字彙」）と旧常用漢字を照らし合わせ、表4-16の37字[35]は中国語で使用される頻度が極めて低い文字であり、そのうちB〜Dから《畑》を除いた7字は、現代中国語の通用字彙の中に、対応する文字がないと特定した。すなわち、NCSにとってAの文字は馴染みの薄い文字、B〜Dはさらに馴染みのない文字だということになる。

表4-16 中国語の「常用字彙」に含まれない旧常用漢字37字（菱沼1983）

```
A： 酢 邸 町 銅 篤 扉 妃 紺 劾 詰 瀬 戻 寮 滝 魅 俳
    癖 憩 繰 曇 璽 潟 曜 謁 駅 朕 祉 塚 濯（29字）
B： 扱（1字）
C： 働 畑（2字）
D： 峠 匁 込 塀 枠（5字）
```

しかし、菱沼が中国語の「常用字彙」と日本語の旧常用漢字とを対応させた「日中字彙対照表」には、表4-16の37字には含まれていないが、NCSが、認識に困難を覚える文字がある。

例えば、《お菓子》の《菓》は「日中字彙対照表」では中国語の〈果〉に対応する文字として収録されている。〈菓〉は、〈果〉と異体字の関係にあり、古くは中国語でも使われることがあったが、現代語の中でこの文字を見ることはない。そのため、一般的なNCSにとって《菓》は馴染みの薄い文字で、《菓》に対応する文字として〈果〉が想起されないことがある。ほかにも、中国語の〈笑〉に対して日本語の《咲》、中国語の〈姉〉に対して日本語の《姉》等が菱沼の対照表には挙げられている。しかし、いずれも《菓》と同じよう

---

35 この37字の中で、Dの《匁》は「常用漢字表」で削除されている。

に現代語で使用される文字と異体字の関係にある《咲》や《姉》は、NCS にとって馴染みが薄く、認識に困難が伴うことが教育現場では観察される。

そこで、筆者は、NCS にとって馴染みの薄い文字は、菱沼の 37 字より多く存在しているのではないかと考え、中国語母語話者を対象に認識が困難な文字を調べる調査を行った。

以下、4.3.1.1 で調査の手順を、4.3.1.2 で調査結果と考察を述べる。

4.3.1.1 調査の手順

本調査は、日本語学習歴のない中国語母語話者が、日本語の字体で表記された漢字語彙を見て、どの語あるいは文字の認識が困難であるかを調べることを目的とし、4 級漢字名詞の 295 語 (p. 44, 表 3-4) の 308 の漢字 (p. 59, 表 4-3) を対象に行った。

調査のためのインフォーマントは、大陸出身の中国語母語話者 7 名で、いずれも調査時に北米の大学に在学、あるいは博士研究員をしている[36]。出身地や年齢等の詳細は表 4-17 にまとめた。

表 4-17 日本語学習歴のない中国語を母語とするインフォーマント

ID	性別	出身地	調査時の ステータス	調査時の年齢 （調査年度）	中国 滞在年	日本語 学習歴
ZL	女	北京	大学学部生	18-20 歳 (2016, 2017)	18 歳まで	なし
YL	女	山西	大学学部生	23 歳 (2016)	20 歳まで	なし
GP	男	貴州・北京	博士研究員	41 歳 (2016)	28 歳まで	なし
JW	女	北京	大学院生	22-23 歳 (2015, 2016)	22 歳まで	なし
YZ	女	西安	大学院生	40 歳 (2010)	39 歳まで	なし
LY	女	上海	大学学部生	22 歳 (2009)	18 歳まで	なし
KR	男	西安	大学学部生	23-24 歳 (2007, 2008)	16 歳まで	なし

36　インフォーマントは、北米での生活において中国語〈普通话〉の会話や読み書きを行う環境が生活の大部分を占めること、調査に必要な英語能力を有すること等、研究助手としての条件を満たしている。

調査は、日本字体で表記された4級漢字名詞（3.1の表3-4の語彙表と同じ）を見て、以下のQ1～Q3の3つの問いに対し中国語あるいは英語で回答する（Excelファイルに直接入力する）という形式で、入力後、必要に応じて回答内容を確認するために、フォローアップインタビューを行った。回答に制限時間は設けなかった。

〈日本語の漢字語彙の認識に関する質問〉

Q1: Do you recognize the Japanese *kanji*（or Chinese characters）? Please write the simplified Chinese character and/or the traditional one which you think is/are equivalent to the Japanese one if you think they are not the same.
（次の語に見られる日本語の漢字が認識できますか。対応する簡体字あるいは繁体字（またはその両方）がわかる場合は、その文字を書いてください。）

Q2: What do you know or understand as the primary or core meaning of the word? If you believe that there is more than one definition, you may list them all. Please note down if you have no idea of the meaning of the word. Please also write down if you guessed the meaning.
（この日本語の言葉の意味がわかりますか。まったくわからない場合は、その旨記入してください。また、自分の書いた意味が類推による場合は、その旨明記してください。）

Q3: Was it hard for you to recognize the Japanese *kanji*? Was it hard for you to answer Question 2? Please explain.
（Q1で日本語の漢字に対応する中国語の文字を挙げるのは難しかったですか。また、Q2で言葉の意味を考えるのは難しかったですか。説明してください。）

　Q1では、漢字語彙を見て、日本語の漢字に対応する中国語の文字がわかるかどうかを調べた。現代語で使用されない文字や、中国の字体と形が大きく異なる文字は認識が難しく、回答に困難を覚えるだろうと予測した。
　Q2では、日本語の漢字語彙を見て語義の類推が可能か否かを調べた。中国語に日本語と同形の語があると判断すれば、中国語の語義を記入し、中国語に同形の語がなければ、語を構成する文字から語義の類推を行うだろうと予測した。

4.3 字体の日中対応関係に現れない問題点

Q3 では、文字や語義の認識が容易であったか否かを尋ねた。同形の中国語の特定や語義の類推が困難であった場合は、その理由として、文字に馴染みがなかったからか、あるいは、文字や語の認識はできたが現代語の中で日常的に使用されないため自分の回答に確信が持てなかったからか等、"Hard" と回答した背景について説明を加えるよう指示した。

表 4-18 にインフォーマント 7 名の回答の一部を抜粋して載せる。

表 4-18 《駅》、《新聞》、《財布》の調査回答（抜粋）

漢字語	被調査者	Q1 対応する字体		Q2 語義	Q3 難易度	被調査者本人による補足説明（任意）
		簡体字	繁体字			
駅	ZL	尺？	呎？	a kind of measurement?	Easy	
	YL	？	？	？	Hard	I have never seen this word.
	GP	驿	驛	shelter	Hard	Seen in classical text.
	JW	尺？	？	foot (for measurement, 1 feet, 2 feet, etc.)	Hard	I guessed the meaning.
	YZ	？	？	？	Hard	I have no idea with this word.
	LY	？	？	？	Hard	I have no idea.
	KR	驿	？	A length unit: One foot, or one mile (尺 in simplified Chinese)	Hard	I kind of guessed the meaning because I have seen such a character in reading materials from Taiwan, but I do not expect a general mandarin born chinese to recognize it with ease.
新聞	ZL	新闻	新聞	news	Easy	Both characters are written different in Chinese.
	YL	新闻	新聞	news	Easy	
	GP	新闻	新聞	news	Easy	It is also a word in Chinese.
	JW	新闻	新聞	news	Easy	
	YZ	新闻	新聞	news	Easy	I think this word is actually came into Chinese language from Japanese in the late 19th or the early 20th century.
	LY	新闻	新聞	news	Easy	
	KR	新闻	新聞	news	Easy	The same word exists in Chinese.

財布	ZL	財布	財布	money/ property/ treasure; 1. cloth 2. lay out	Easy	We use the characters individually.
	YL	財布	財布	no idea（The characters are recognizable）	Hard	
	GP	財布	財布	钱包	Easy	Not used in Chinese.
	JW	財布	財布	something related to finance or money（guessed）	Hard	It is not a Chinese word, and it is difficult to guess the meaning.
	YZ	財布	財布	?	Hard	Does this mean "clothes that as gift for some social events"? Just a guess.
	LY	財布	財布	?? No idea	Hard	
	KR	財布	財布	?? Money??	Easy	Individual characters are used. 財 means wealth, money. 布 means cloth.

＊（Q1とQ2の回答枠の「?」は答えられない、あるいは回答に確信が持てないことを表している）

　これらの語のうち、《駅》は、ほとんどのインフォーマントが、対応する中国語の字体を正確に挙げることができず[37]、語義の類推にも困難を覚えている。この結果から、NCS にとって《駅》は、母語知識では認識が難しい文字（語）であることが示唆される。

　それに対して《新聞》は、すべてのインフォーマントが日本語の文字に対応する簡体字と繁体字を挙げることができ、認識が容易であったことを示している。しかし、語義（Q2）については、いずれのインフォーマントの解答も newspaper ではなく、中国語の〈新闻〉の語義である news となっている。

　三つ目の《財布》は、現代中国語にはない語（文字の組み合わせ）[38] だが、どのインフォーマントも文字の認識には問題がなく、Q3 に見られる "Hard" は語義の類推が困難であったことを表している[39]。

37　《駅》の簡体字は〈驿〉、繁体字は〈驛〉。
38　『汉语大词典』（汉语大词典编辑委员会・汉语大词典编纂处编纂 1986～1993）には、明時代の文献において〈財布〉が布製の貨幣の一種を表していた事例が見られる。
39　インフォーマントの GP が類推した語義〈钱包〉は、中国語で wallet の意味。

4.3 字体の日中対応関係に現れない問題点

　このようにして4級漢字名詞295語について調査結果を分析し、NCSにとって認識が問題となりうる文字を調べた。

4.3.1.2　調査結果と考察

　調査の結果、日本語と同形の語が中国語に存在するか否かに関わらず、インフォーマント全員が、多くの語について同形の中国語の文字を特定することができた。しかし、中には《駅》のように、対応する中国語の文字がわからない、あるいは間違っている、また具体的な字義がわからない等、インフォーマントによる揺れが見られ、彼らの母語知識の違いが回答に現れる結果となった。字体の対応関係と文字の認識・産出の特徴を表した表4-1に、本調査で回答に揺れが見られた文字を加えると表4-19のようになる。

表4-19　簡体字使用の中国語母語話者の認識に揺れが見られた文字

字体の 日中対応関係	a) 日＝ 中・繁	b) 日＝ 中≠繁	c) 日≠中 日＝繁	d) 日≠ 中・繁	e) 日≠中≠繁
認識に揺れが見られた文字 (28字)	鞄　町 弁 (3字)	なし	達　買 (2字)	仮　菓 灰　姉 (4字)	駅　塩　関　気 喫　鹸　広　歯 週　縦　図　窓 転　曇　辺　薬 郵　両　隣 (19字)
簡体字使用のNCSにとっての問題の有無	① 認識：問題なし 産出：問題なし		② 認識：大陸の文字と似ているものは認識可能。また、繁体字の知識があれば問題がない。 産出：問題となりうる	③ 認識：大陸の文字と似ているものは認識可能。また、繁体字の知識があり、かつ繁体字と似ているものは問題がない。 産出：問題となりうる	

この中で、《町》、《駅》、《曇》の3字は、菱沼（1983）の挙げる馴染みの薄い37字に含まれている[40]。以下、①～③のグループごとに調査結果の分析と考察を行う。

① aタイプ：日＝中・繁、bタイプ：日＝中≠繁
　①は、簡体字使用のNCSが使用する文字と日本字体が同じであるため、認識・産出のどちらにおいても問題がないと予想したグループである。しかし、本調査の結果、ここに分類される文字の中にもNCSにとって認識が容易でない文字が存在する可能性が示された。本調査の回答結果に揺れが見られたのは、以下の3字である。丸括弧には、その文字を構成要素に含む4級複漢字名詞をすべて挙げる。

　　　　　　　　鞄[41]（鞄）　　　　町（町）　　　　弁（弁当）

　これらは、いずれも現代中国語において、単音節語としては使われず、複音節語の語素としても見ることがまれな文字[42]で、NCSには具体的な意味が想起されにくく、この文字の学習に母語知識が活かせない可能性が高い。古代中国語の知識の有無によって認識の可否には揺れが生じるが、グループ①の他の文字とは異なり、学習者によって認識に違いが現れる文字だと考えることができる。

40　菱沼（1983）の37字のうち、今回の調査でインフォーマントが認識に困難を覚えなかったものには、《灌》と《曜》がある。どちらの文字も「通用規範漢字表」の二級字で、日常レベルでの使用頻度は高くない。インフォーマントの回答は、文字の認識は可能だがどちらも現代の日常の話し言葉で使用される語には使われないという点で共通していた。

41　日本語の《鞄》は明治期に日本人によって作られた文字で、古い文献に見られる中国語の〈鞄〉と衝突した（本来由来も用法も異なっている文字が、同じ表記で存在する現象を指す）と考えられている（笹原他2003）。中国語母語話者は、この字を構成する部位から「革のかばん」や「袋」の字義を思い浮かべるが、あくまで推測であって、彼らには、これが中国語にも存在する文字であるとの認識は薄い。

42　中国の「通用規範漢字表」において〈鞄〉は収録がなく、〈町〉と〈弁〉は二級字に収録されており、ここからもこれらの文字が日常的に使用される文字でないことがわかる。

② c タイプ：日≠中、日＝繁

②の漢字は、日本字体と繁体字が同じだが、大陸の字体のみが異なる文字群で、簡体字使用の NCS であっても繁体字の知識があれば、認識には問題がないと予測した。本調査のインフォーマントはいずれも簡体字を使用する地域の出身で、常時、繁体字を使用していない。しかし、②のほとんどの漢字について、インフォーマント全員が繁体字と共通する日本語の漢字を認識することができた。この結果は、簡体字を使用する NCS にとって繁体字の認識は難しくないという日本語教育現場で共有されている認識とも一致している。また、台湾や香港など繁体字を使用する地域のメディアや印刷物に触れる頻度やそのコンテンツによって、認識可能な繁体字の数や種類に個人差が見られた。さらに、繁体字のテキストで古代中国語に触れる機会のあるインフォーマント（YZ と GP）は、他のインフォーマントより認識できる文字や語義（字義）が多かった。②で調査回答に揺れがあったのは、以下の 2 字である。

達（友達）　　　買（買物）

日本語の《達》、《買》は、どちらも大陸の字体〈达〉、〈买〉との差異が大きく、母語話者によって認識できるか否かに差が見られた。これらの文字を含む《友達》、《買物》と同形の〈*友达〉、〈*买物〉という語が中国語に存在しないことも、《達》や《買》の認識を困難にした理由の一つだと考えられる。

このように本調査の結果からは、簡体字使用の NCS にとって、繁体字の多くは認識可能であるということが明らかとなったが、同時に、簡体字と図形的なデザインが大きく異なる文字については、認識に困難を覚える NCS のいる可能性が示された。

③ d タイプ：日≠中・繁、e タイプ：日≠中≠繁

③の漢字は、日本の字体が大陸の字体とも繁体字とも異なるタイプで、この中には、その差異が非常に大きなものから小さなものまである。前節では、図形的なデザインの差が大きくない文字を④、大きいものを⑤とし、④については簡体字使用の NCS にとって日本語の字体の認識はおおむね可

能、それに対し、⑤については困難だろうと考えた。

　本調査の結果、インフォーマントの中に、まったく認識できない、または自分の認識に確信が持てないという者がいた文字は、23字あった。この中には、図形的なデザインの差が大きく認識が困難だろうと予想した⑤の12字がすべて含まれている。残りの11字は主に繁体字とのデザインの相似から認識が可能だろうと予想していた（④）が、図形的なデザインが日中で似ていても、日本語の文字が類推できるか否かについては個人差があるということが示された。本調査結果を、図形的なデザインの差が小さい文字（④）と大きい文字（⑤）に分けて示したのが表4-20である。

表4-20　簡体字使用の中国語母語話者の認識に揺れが見られた③の文字

簡体字使用のNCSが認識に困難を覚えた文字	③ 日本の字体が大陸の字体とも繁体字とも異なる文字	
	④ 大陸の字体あるいは繁体字と図形的なデザインが似ている文字（11字）	⑤ 大陸の字体あるいは繁体字と図形的なデザインの差が大きい文字（12字）
dタイプ（日≠中・繁）	灰〈灰〉（灰皿）	仮〈假〉（平仮名・片仮名） 菓〈果〉（菓子） 姉〈姊〉（姉）
eタイプ（日≠中≠繁）	喫〈吃・喫〉（喫茶店） 鹸〈碱・鹼〉（石鹸） 歯〈齿・齒〉（歯） 週〈周・週/週〉 　（今週、来週、先週、毎週） 縦〈纵・縱〉（縦） 曇〈昙・曇〉（曇り） 辺〈边・邊〉（辺　例：この辺） 薬〈药・藥〉（薬） 郵〈邮・郵〉（郵便局） 両〈两・兩〉（両親）	駅〈驿・驛〉（駅） 塩〈盐・鹽〉（塩） 関〈关・關〉（玄関） 気〈气・氣〉（天気） 広〈广・廣/廣〉（背広） 図〈图・圖〉（図書館・地図） 窓〈窗・窗/窗〉（窓） 転〈转・轉〉（自転車） 隣〈邻・鄰〉（隣）

　このうち、④のeタイプの《喫》と《週》は、同形の〈喫〉と〈週〉が現代中国語で使われず、代わりに異体字の関係にある〈吃〉と〈周〉が使用されているということ、さらに、両者が異体字の関係にある同字だということは中国語母語話者に共通する知識ではないことが、この文字を「わからない」とし

たインフォーマントのいた背景にある。

　また、同じ④のeタイプの《曇》の場合、同形の〈昙・曇〉は日本語と同じ字義であり、なおかつ日本字体と繁体字はよく似ている。しかし、現代中国語でcloudyは〈阴天〉という別の語で表され、この文字は〈昙花〉[43]という花の名称以外にほとんど使われておらず、荒川(2018)の言う「意味喚起性」が低い文字に当たる。このように日常生活の中で目にする機会が限られていることが、文字認識を困難にする要因となっている。

　一方、このように現代語における文字の使用頻度が文字の認識に影響を及ぼすケースとは異なるものとして、④のdタイプの《灰》やeタイプの《边》がある。いずれも文字の図形的なデザインは、大陸の字体の〈灰〉、〈边〉とよく似ている[44]ため認識には問題がないと予測したが、本調査では認識に困難を覚える者がいた。例えば、《灰》と〈灰〉を結びつけられなかったインフォーマントは、フォローアップインタビューで文字の全体的な印象が違って見えたことを理由に挙げ、また、別のインフォーマントは、《边》は〈边〉のことではないかと思ったが、義も音も異なる「刀」と「力」という部位が「同じ」とは思えなかったと述べている[45]。このような事例から、一見図形的なデザインが似ていると思える文字でも、漢字の部位が担う意味や音、全体として与える印象の違いが、文字認識に影響を与えることが示唆された。

　以上、本節では、日本語学習歴のない中国語母語話者のインフォーマントを用い、4級漢字名詞の中で、認識に困難を覚える文字と容易に認識できる文字を調べた。その結果明らかとなったのが、次の1)～3)である。

1)　中国語にまったく同形の文字があっても、NCSが日本語の文字を認

43　日本語では「月下美人」や「クジャクサボテン」と訳される。
44　いずれも茅本(2004: 168)の設定基準では異形度1(線や点が1ヵ所(1画)違っている。または、線の長さや交じりが明らかに違っている)。
45　中国での文字の簡略化には、画数の多い部位を、その文字と発音が似ている同音字で置き換えられたものがある。(芝田・鳥井1985: 82)。例えば、da2と読む〈達〉は、簡略化されて〈大〉da4を部位とする〈达〉となっている。〈刀〉と〈力〉は、それぞれ中国語ではdao1、li4と発音され両者に音の共通点がないことから、このインフォーマントの場合、《边》と〈边〉を結びつけることができなかった。

識できるとは限らない。
2) 日本語と繁体字の形が同じ文字は、簡体字使用の NCS にとって認識可能なものが多い。
3) 日中の字体間に差異がある場合、文字の図形的なデザインに及ぶほど違いが大きい文字は認識が難しく、微細なものは認識されやすい。ただし、差異が大きくない場合でも認識の可否には個人差が見られる。

本調査は、インフォーマントの数が少なく、彼らの年齢や出身地域、調査時の言語環境等も偏っているため、多様な NCS の実態を明らかにするにはさらに多くのデータが必要である。本調査の結果からは、文字の対応関係に現れない特徴を知るには、このような母語話者を対象とした調査が不可欠であることが示唆された。

次節では、字体の対応関係には現れない問題点として、手書きの際に現れる日中の文字の相違点について述べる。

4.3.2　手書きの際に現れる日中の文字の相違点

日本語と中国語の文字には、印刷字体では見られない違いが手書きの際に現れるものがある。文字の認識に影響のない程度であれば取り立てて問題にしなくてもよいが、ある特定の文字に特徴的な違いを教師が把握できていれば、NCS が不自然な文字を書いたり、教師や日本語母語話者の書く文字が認識できなかったりした場合に、何が問題となっているかに気づくことができる。ここでは、手書きの際に現れる違いとして、漢字の筆順と手書き特有の書き方について取り上げる。

4.3.2.1　日中で異なる筆順

日本語と中国語の漢字は、上から下へ、左から右へ、といった基本的な筆順の規則は共通しているが、縦線と横線が交差する場合どちらを先に書くかで違いが現れる。筆順が異なると、図4-6（筆者収集）のように崩して書いた場合につながるはずのな

図4-6　NCS による《男》と《国》

い線がつながり[46]、字体は同じでもどこか違って見えることがある。学習者が文字をバランスよく書くことができない時に、その原因が筆順にある場合も考えられる。また、日本語教育の現場で、漢字の総画数や、ある点画が何画目に書かれるかを学習者に問うといった活動を行う場合は、日中間に見られる違いを把握していることが望ましい。そこで、本節では4級漢字名詞の漢字の中から、日中で筆順が異なる文字と部位を取り出し整理した。筆順を調べる資料には、以下の①〜④を用いた。

① 『新しい国語表記ハンドブック [第七版]』(2015)
② 『講談社　中日辞典 [第三版]』(2010)
③ 「常用國字標準字體筆順學習綱」
④ 「香港小學學習字詞表」

まず、日中で筆順が異なる文字[47]には、《右》、《出》、《卵》、《耳》、《母》がある。

| 日本語 | 中国語 | | 日本語 | 中国語 |

右　ノナ右　　一ナ右　　耳　￢Ｆ耳　　￢Π耳
出　｜屮出　　凵屮出　　母　𠃜𠙹母　　𠃜𠙹母母
卵　𠂎𠂎卵　　𠂎卵卵

一方、漢字の構成部位の筆順が日中で異なっているものには、「田」、「由」、「王」、「隹」、「丯」がある。

46　NCSが書いた《男》は、日本語で3画目と5画目に書く線がつながり、その部分が「七」のように見える。また、《国》も、日本語では4、6、7画目に書く線がつながっており、文字中央の垂直の線の下部を「ム」で括って終えたような形になっている。
47　《出》と《母》は、日本、台湾、香港の筆順は同じ。

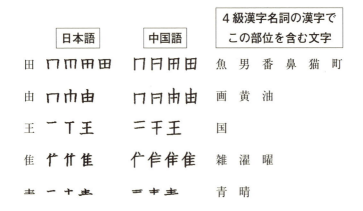

このような筆順の違いが、字体の違いとも関連している文字がある。《着》、《差》、《晚》、《勉》は、いずれも同形の中国語の総画数が日本語より1画少なく、日本語では2画で書くところを中国語では1画で書く。NCSの書くこれらの文字には、中国語の書き方の影響が見られることが多い。

例えば、《着》と《差》は、以下のように日本語では上部の6画分を書いてから、上部の中央線の付け根あたりから左にはらう線を7画目に書く。上部と下部は接しているが、つながってはいない。一方、中国語の〈着〉と〈差〉では、上部の横線を3本続けて書いた後、それらを貫く線を上から左下に向けて一画で書く。NCSが書く《着》や《差》には、その影響と見られる図4-7のようなものが散見される。

図4-7 NCSによる《着》と《差》

同じように、《晚》と《勉》の場合も、日本語では以下のように「免」の部

位の上部と下部を分けて書くのに対して、中国語ではつなげて書くため、NCS が書く《晚》や《勉》には、図 4-8 のようなものが散見される。

| 日本語 | 中国語 | 日本語 | 中国語 |

晚 晚 晚 晚　晚 晚 晚 晚　勉 勉 勉 勉　勉 勉 勉 勉

図 4-8　NCS による《晚》と《勉》

　本節の初めに述べたように、このような筆順の違いは NCS の書いた文字の認識に支障がないのであれば、取り立てて問題にする必要はないであろう。しかし、NCS の書いた文字のバランスが悪かったり、点画の配置が異なっているような場合は、筆順が異なる可能性を調べてみることで効果的な指導の糸口が見つかる可能性がある。

4.3.2.2　手書き特有の書き方

　本章では、印刷字体を基準とした日中の文字の対照分析を行い、そこに見られる点画の差異を取り上げたが、日本語の文字の中には、印刷文字と手書き文字との間に違いが見られるものが多く、慣習的に活字のようには書かない文字や、手書きの際に許容される字形のバリエーションがいくつも存在する文字がある。日本語教育の現場では印刷文字と教師が書く文字との間に見られる差異に敏感に気づく学習者がいたり、印刷文字のような字形を書く学習者に手書きの場合は異なると指導したりすることがある。だが、その一方で日本語母語話者の間では、近年、手書き文字と印刷文字の間に存在する違いが理解されず印刷文字のように書くのが適切だといった認識も見られ、手書きの際に日本語母語話者自身が印刷字体に現れる点画の位置に必要以上の注意を向けているといった現状が報告されている（文化庁編 2017）。

　そこで、本節では、手書きの指導時に印刷字体との間にどのような違いがあるかが参照できるように、まず、(1) で印刷文字（特に明朝体）とは異なっているが、「手書き文字のバリエーション」（文化庁編 2017）とみなすことが

できる字形のうち、中国語の字体とよく似ているものを整理して示す。(2)では、日本の印刷字体と手書きの字形との差異が、現場で問題となることがある文字について述べる。

(1)「手書き文字のバリエーション」が中国語の字体とよく似ている文字

　文化庁編（2017）は、「常用漢字表の字体・字形に関する指針（報告）」（文化審議会国語分科会）の概要において、「手書き文字と印刷文字の表し方には、習慣の違いがあり、一方だけが正しいのではない」、「字の細部に違いがあっても、その漢字の骨組みが同じであれば、誤っているとはみなされない」(p. 199) という指針を示し、「手書き文字のバリエーション」を例示している。そのバリエーションの中には、中国語の字体とよく似たものがあり、4.2.2 で日本語とは字体が異なるとした文字の中には、NCS が中国語の字体のように書いても、それを問題としなくてもよいものが含まれている。

　そこで、以下では、4級漢字名詞の漢字の中で「手書き文字のバリエーション」が、大陸の字体あるいは繁体字とよく似ており、手書きの際には印刷字体との違いを必ずしも意識する必要がない文字を、その特徴ごとに分けて挙げる。

表 4-21 「手書き文字のバリエーション」が大陸の字体
あるいは繁体字と似ている文字

日本字体	大陸の字体 (繁)は繁体字	「手書き文字のバリエーション」が見られる部位
1) 長短に関するもの		
天	天	2本の横画
時	時(繁)	「土」の2本の横画
2) 方向に関するもの		
雨	雨(繁)	6画目と7画目
今	今	3画目
言	言	1画目
切	切	2画目
濯	濯	「ヨ」と「隹」（《曜》も同じ）

4.3 字体の日中対応関係に現れない問題点

飲	飲(繁)	食偏の 3 画目（《飴》《館》《飯》も同じ）
計	計(繁)	1 画目（《語》《誌》《誕》《話》も同じ）
結	結(繁)	糸偏の 4～6 画目（《紅》《紙》《緒》も同じ）
戸	戶	1 画目[48]
食	食・食(繁)	3 画目

3) つけるか**離**すかに関するもの

酒	酒(繁)	9 画目と左右の縦画
業	業(繁)	12 画目と 13 画目
新	新・新(繁)	「木」の 3 画目と 4 画目・「木」の 2 画目の終筆のはね
親	親(繁)	「木」の 3 画目と 4 画目

4) はねるか止めるかに関するもの

西	西	5 画目の終筆（《酒》も同じ）
勢	勢(繁)	5 画目の終筆
段	段	「殳」の 2 画目の終筆
地	地(繁)	「也」の 1 画目の終筆（《池》《他》も同じ）
空	空・空(繁)	5 画目の終筆
園	園(繁)	10 画目の終筆
茶	茶	7 画目の終筆

5) その他

北	北(繁)	左側の部位（《背》も同じ）[49]
靴	靴	「化」の 3 画目（《花》も同じ）
箸	箸	点のある「者」とない「者」
冷	冷・冷(繁)	「令」の部位[50]

---

48 ただし、文化庁文化部国語課（2015）の世論調査では、46.5％の人が、中国の字体のような書き方を許容しないという結果が報告されている（pp. 59-60）。

49 《北》や《背》は、手書きの際には印刷字体と異なる字形が慣習的に使用されている。これについては、次の (2) で取り上げる。

50 日本の小学校では、《冷》のように書くと指導され、手書きの楷書では《冷》のように書かれるのが一般的だが、近年、役所の窓口業務等では印刷字体のように書くよう求められることがある（文化庁編 2017: 10, 92-93）。

(2) 手書き文字と印刷字体が大きく異なる文字

　日本語の文字の中には、印刷字体（明朝体）のように書かないのが慣習となっている文字がある。例えば、《去》や《入》、《子》は、それぞれ《去》や《入》、《子》のように書かれる（文化庁編 2017: 204）ため、線の折れ方や筆押さえの有無、曲直等が手書きの際に問題となることがある。

　そこで、手書き文字が明朝体と異なり、かつ中国語の手書き文字との間にも顕著な違いが見られるものとして、4級漢字名詞の漢字から《北》と《背》、そして竹かんむりを取り上げ、これらに見られる日中の違いについて述べる[51]。

　まず、《北》と《背》の「北」の部位は、日本語では明朝体と異なり、《北》のように書く習慣[52]があり、初めの3画は、以下のように「横画、縦画、横画」の順に書く。最後の横画は、縦画に接し、さらに内側に少し伸びている。一方、大陸[53]の印刷字体は〈北〉と〈背〉で、手書き文字もこれとよく似ている。日本語で2画目に当たる縦画は長く下に伸び、下部の横画は縦画の途中で縦画に接して止まっている。筆順も「縦画、横画、横画」で、日本語とは異なる。

日本での書き方	大陸での書き方
ノ ┤ ┤ 北	┃ ┤ ┤ 北

　そのため、NCS の書く《北》には、しばしば図4-9のように《兆》に似た字形が観察される。

51　中国語の手書き文字については文化庁編（2017）のような資料がないため、ここでは筆者が日本語教育の現場で収集した事例に基づいて述べている。

52　《北》や次に挙げる竹かんむりについて、文化庁編（2017）は明朝体の通りに書いても誤りとまでは言えないとした上で、「手書きの習慣に従って書くのが一般的」と述べている。4級漢字名詞の漢字で同様のものには、《子》、《手》、《人》、《家》、《心》がある（文化庁編 2017: 101-102）。

53　台湾と香港では、「北」の部位の書き方は日本と同じで、印刷字体も日本語の手書き文字とほぼ同じである。

一方、竹かんむりの場合は、日本語では明朝体のように書かないことに加え、中国語の筆写の習慣とも異なっているために、両者の手書き文字が大きく違っていることがある。《符》を例に見てみよう。

まず、印刷字体を比較すると、図4-10のように明朝体と中国語の字体との間にはほとんど違いが見られない。

図4-9　NCSによる《北》
　　　（筆者収集）

符（日本）　符（大陸）　符（台湾・香港）

図4-10　竹かんむりの日中の印刷字体の比較

しかし、手書きの際、日本語は図4-11のように竹かんむりの3画目を2画目の中央あたりから右斜め下に向けて書き、6画目を左斜め下に向けて書くのが一般的であるのに対し、中国語では、竹かんむりの3画目と6画目が図4-12のように書かれることが多い[54]。

符（日本語の筆写字体）　　　　符 符 符

図4-11　日本語での竹かんむりの　　図4-12　中国語での竹かんむりの
　　　　書き方（教科書体）　　　　　　　　書き方（左から、大陸、台湾、香港）

日本語教育の現場では、NCSが書く文字には図4-13のようなものが散見され、日本語の《符》とは違った印象を与える文字になっている。4級漢字名詞の漢字の中で、竹かんむりを含む文字には、ほかに《箱》（図4-14にNCSの手書きの例）、《箸》、《封筒》の《筒》、《鉛筆》の《筆》がある。

54　大陸、台湾、香港の手書き字体は、それぞれ以下のサイトによる。大陸：汉程工具、台湾：常用國字標準字體筆順學習網、香港：香港小學學習字詞表（各URLはp. 277）

図4-13　NCSによる《符》　　図4-14　NCSによる《箱》
　　　（筆者収集）　　　　　　　　（筆者収集）

　日常生活で文具を使って文字を書くということが減り、パソコンや携帯電話で文字を「打って選ぶ」ことが増えた現代において、日本語学習者が文字を手で書くのは、もっぱら日本語のクラスの中という状況が珍しくなくなっている[55]。本書では、文字を手で書くことが文字習得に必要か否かといったような議論には踏み込まないが、NCSに限らず日本語学習者に正確に文字が書ける能力がどこまで求められるかといった問いに対しては、今後、日本語教師として考えていかなければならない。おそらく、もはや文字を手で書く指導は必要ないといった意見も中にはあるだろう。ただ、実生活においては、日本にいれば手書きでメモを取ったり、人が手で書いたメモを読んだりすることは多く、その際、相手が読めるように書いたり、人の書いたメモが読めなければ、コミュニケーションに支障を来すことになる。また、4.2.1「分析の手順」の (2) で述べたように、日本語母語話者は、簡体字の混じる文章を許容しながらも、公的な場や字体・字形の差が大きい文字についてはその許容度が低くなる（向井 2014）という点も、NCSと日本語母語話者との円滑なコミュニケーションを考えれば見過ごすことはできない。
　さらに、文字を正確に手で書くということは、日本人に対する文字教育において非常に重要視されていることを表す記述が文化庁（2010a）には見られる。そこでは、「パソコンや携帯電話等の情報機器使用が日常化し一般化する中で、（中略）手書きでは相手（＝読み手）に申し訳ないといった価値観も同時に生じている」（丸括弧内は筆者加筆）と認めつつ、「効率性が優先される実用の世界は別として、〈手で書くということは日本の文化としても極め

55　向井（2014）が日本在住で大学あるいは日本語学校に通うNCS 149人に行ったアンケート調査では、手書きをするのはほとんどが日本語学習を含む学習場面であり、公的場面やコミュニケーション上では少なかったとしている。ただし、その結果は調査の対象が学校に通う学習者であったことが大きな要因であろうとも述べている。

て大切なものである〉という考え方を社会全体に普及していくことが重要である」(pp. 5-6) と述べられている。また、平成24年度実施の文化庁「国語に関する世論調査」(文化庁文化部国語課 2013) の結果では、報告書やレポートの手書きが減少傾向にある一方で、手紙は今後もなるべく手で書くようにするべきであるという意見が根強い[56]。このように、日本社会では今後もある特定の場面や用途においては、手書きがより好まれる傾向が続く可能性があり、日本語教育においても、学習者のニーズや日本語使用の環境に応じて、漢字を手で適切に書くことができる能力の育成が求められる。

▶4.4　表記に関する分析と分析結果のまとめ

　本章では、NCS の母語知識を漢字語彙教育に活かすためには、漢字語彙の表記に関わる日中の漢字の違いや特徴を明らかにする必要があるとして、4級漢字名詞の漢字を対象に分析・調査を行い、字体の日中対応関係と、対応関係には現れない側面について考察を行った。

　NCS は4級漢字名詞の漢字の認識にはほとんど問題がないが、その中には産出時に問題となりうる文字があるため、日中の字体間に見られる差異に注意を向ける必要がある。ただ、何をどこまで差異として扱うかについては、研究者間で共通理解には至っていないため、本書では、NCS や教師が必要に応じて参照できるように、視覚的に認められる字体間の差異を可能な限り取り上げ、詳細を記述した。

　中国語母語話者をインフォーマントに行った調査では、日本語と同形の中国語の文字の中には、文字の図形的なデザインの違いや、現代語における使用頻度の違いから、NCS にとって認識が難しい文字のあることが明らかになった。また、手書き文字と印刷字体との間には違いがあり、日本語の文字

---

[56]　平成24年度と平成16年度の比較 (文化庁文化部国語課 2013: 36) では、「今後もなるべく手書きで手紙を書くようにすべきである」、「今後は手紙も手書きにこだわらないようにすべきである」、「どちらとも言えない」、「分からない」の割合が、それぞれ 50.2%・47.8%、25.8%・24.8%、23.4%・25.4%、0.7%・2.0% となっている。平成24年度調査委では、「今後もなるべく手書きで手紙を」を選んだ回答数は、他の3つの選択肢と比べて圧倒的に数が多いだけでなく、同項目の値が平成16年度よりも若干増え、過半数を超える結果となっている。

の中には中国語の字体のように書いても問題とならないものがある一方で、手書きの習慣の違いにより日中で大きく書き方が異なる文字については注意が必要であることを指摘した。

第5章

読みに関する分析と分析結果

　第2章では、漢字・漢字語彙学習に関する意識調査により、NCSは、日中の漢字の「音・読み」は似ている側面より異なる側面の方が多いと感じており、「音・読み」の学習が最も難しく、最も注意を払っているということがわかった。中国語との類似点が視覚的に捉えられる漢字の「形」と比べると、漢字の「音・読み」は違いの方がより意識されている。しかし、日本語の漢字語彙の読みは、それほど学習が難しいものなのだろうか。NCSが感じる読みの難しさはどこから来るのだろう。

　本章では、まず、5.1で日本語教育において漢字の読みがどう捉えられているかを概観する。そして、新しい漢字語彙の導入を通して複数に読み分けが必要な漢字を段階的に扱うことにより、NCSが漢字の読みの学習に対して感じている負担を軽減できる可能性のあることを主張する。5.2では、4級漢字名詞の中で複数に読み分ける必要のある漢字とそれを含む語彙がどの程度存在するかを調べた結果について述べる。5.3では、NCSに特徴的な漢字語彙の読みの問題点を取り上げ、5.4で全体のまとめを行う。

▶5.1　日本語教育における漢字の読みの扱い

　日本語教育では、日本語の漢字には原則として音訓2種類の読みがあり、中には3種類以上ある文字が存在すると言われることが多い。そして、その点が基本的に一字一音とされる中国語の漢字とは異なっており、そのため

母語で漢字を使用する NCS にとっても日本語の漢字の読みは複雑で難しい（林 1963, 武部 1986, 鈴木 1987 等）。これが、教師や研究者間で広く共通した認識となっており、漢字導入時にそのように説明されることが多い[1]。そのため、NCS は漢字一字につき複数の読みと複数の漢字語を一度に学習することが求められているという印象を受け、漢字の読みの学習に大きなストレスを感じている。しかし、このような見解が実際には以下の (1) と (2) であるということについて、まず見ていく。

(1) 日本語には、音訓合わせて読みが 1 つしかない漢字が、音訓合わせて読みが 2 つある漢字と、ほぼ同じぐらい存在する。
(2) 中国語の漢字にも複数に読み分ける文字は少なくなく、1 つの漢字に 2 種類の読みがあるということ自体は NCS にとって難しいことではない。

(1) 日本語の漢字の音訓

　日本語の漢字は、一般に音と訓の組み合わせが基本であると考えられているが、旧常用漢字 1,945 字の読みの異なり数を調べた長谷川 (1988) によれば、音か訓のいずれか一方しかない漢字は 776 字あり、そのうち 696 字（旧常用漢字全体の 35.8％）については、漢字一字につき読みが 1 つしかない。読みが 2 つある漢字は、音訓 1 つずつのものが 634 字、音しかなく、それが 2 つあるものが 70 字、訓しかなく、それが 2 つあるものが 7 字あり、合わせると 711 字（同 36.6％）となっている。こうして見ると、一字あたり読みが 1 つしかない漢字は、一字あたり読みが 2 つある漢字とほぼ同数存在していることになり、これは 3 種類以上に読み分けが必要な漢字の数（538 字）を大きく上回っている。しかし、日本語教育の現場では読みが 1 つしかない漢字の多さが強調されることはあまりない。

---

[1]　例えば、『ストーリーで覚える漢字 300』（ボイクマン総子他 2008）では、「漢字の読み方は「訓読み（日本式の読み方）」と「音読み（中国式の読み方）」があります。ですから、通常、一つの漢字には 2 つ以上の読み方があります」（別冊 p. 19）、『漢字たまご』（有山優樹他 2012）では、「漢字の読み方は 1 つではありません」(p. 4) とある。

そのような中、兒島（2000）[2]は、長谷川（1988）とは異なる基準で一字あたりの読みの異なり数を数え直し、日本語教育では漢字が多音であることが強調される傾向があるが、実際は、表5-1のように旧常用漢字1,945字のうち1,605字（82.5％）は音が1つか2つであり、全体的に見ると、複雑な一字多音（3音以上）の文字は多くない（340字）と指摘している[3]。

表 5-1　旧常用漢字の音訓の異なり数（兒島 2000）

一漢字の総音数	漢字数	漢字数(内訳)	字音と字訓の組み合わせ
1つ	700字	664字	字音1つ＋字訓0
		36字	字音0＋字訓1つ
2つ	905字	70字	字音2つ＋字訓0
		831字	字音1つ＋字訓1つ
		4字	字音0＋字訓2つ
3つ	257字		
4つ	69字		
5つ	8字		
6つ	3字		
7つ	1字		
8つ	2字		
合計	1,945字		

例えば、兒島は《下》という漢字の場合、「くだる」、「くだす」、「くださる」という3つの読みについては、「くだ」の部分が共通した1つの読みとして数えている。「くだ」の部分を取り出して、これを1つの「読み」と捉えることには異論があるかもしれない。ただ、「くだる」、「くだす」、「くださる」という3つの読みの学習は、厳密に言えば、異なった3つの漢字語

---

[2] 兒島（2000）の中の「読み」、「音読み」、「訓読み」、「一字一読」、「多読」といった用語は、本書では「音」、「字音」、「字訓」、「一字一音」、「多音」としている。

[3] 一方、鈴木（1987）は、《生》と《下》には13種の読み方があることに触れ、中国語にも読み方が複数ある文字はあるが、「13種もの読み違えをするものはないであろう」と述べて日本語の漢字の読みの多さを強調している。

彙の学習であり、いずれも漢字で表記される《下》の部分を「くだ」と読むことには相違ない。したがって、日本語教育の現場では、学習者は初級段階で《下さい》を学習する際に《下》を「くだ」と読むと覚えれば、中級以降の段階で《下る》や《下す》という語彙に出合った際に、これらの場合も《下》は《下さい》と同じように「くだ」と読むということを学習するだけで、《下》に対して新しい読みを覚える必要はない。このように、個々の漢字（文字）と読みを結びつけるのではなく、漢字語彙の指導の中で漢字の読みを扱うことにより、学習者が感じている漢字の読みの学習に対する負担を軽減することが可能になる。

(2) 中国語の漢字の音

中国語の漢字の音は、一字一音が原則だと言われることが多いが、複数に読み分けられる文字[4]も少なくない。ただ、中国語では意味の違いによって読み分けが行われるのに対し、日本語では、意味による読み分けがあるのは、《画》、《楽》、《率》等、少数であるという点が異なっている（阿久津 1991）。

日本語の字音と中国語の音の対応関係[5]については、古藤（1987）や三好（1993）等の研究があるが、そのルールは複雑で、中国語や音素の知識がない者にとっては難しく、阿久津（1991）は「対応法則を学んだとしても、それがどの程度有効であるか疑問である」と述べている。ただ、音符が共通する漢字の場合、字音がまったく同じ、あるいはよく似ているという法則は日中で共通している。例えば、日本語では《青》、《清》、《晴》、《請》が、いずれも音符「青」を含み「セイ」と読まれるように、中国語でも、声調の違いはあるが、これらは qing1、qing1、qing2、qing3 と読まれ qing の部分が共通している。このように、NCS は知らない文字の読みを音符から類推する術をすでに母語で習得しているため、日本語として学習する漢字が増えるに

---

4 例えば、中国語学習者が初級段階で学ぶ文字では、〈行〉〈降〉〈得〉〈着〉〈了〉〈乐〉（《楽》の簡体字）〈长〉（《長》の簡体字）等がある。

5 NCS が捉える日本語の漢字の音と中国語音の類似度を調べた茅本（1995, 2004）は、NCS を対象に行った調査で両言語の音が似ていると判定された文字（音）は、NCS 間でばらつきがあったと述べている。

つれ、NCSには音符から字音が類推できる漢字が増えていく。

　このように見ると、日本語の漢字の読みは、決して単純ではないが、複雑さや難しさをことさら強調する必要はないのではないかと思われる。字訓はその文字単独で表される語の意味と直結しているため、語の学習がそのまま漢字の読みの学習となる。一方、字音は単独で読まれることは少なく、多くは複漢字語を学習する際に初めてその読みが問題となる。したがって文字単位で異なった読みを網羅的に学習するのではなく、新しい語を覚えていく過程で、すでに学習した漢字の読みに新たな読みを加えていけばよいと考えれば、漢字の読みの学習に対するNCSの不安と労力を軽減することができるに違いない。

　日本語を母語とする多くの教師が受けてきた日本の国語教育では、1つの漢字が持つ字音と字訓を同時にすべて指導することをよしとする考え方（長谷川 1988）がある。しかし、こと日本語教育、それも漢字語彙に初めて触れる初級段階においては、新しい語の学習に応じて、必要な漢字の読みを扱っていけばよい。阿久津（1991）は、一字で何通りもの読み方をする場合も語のレベルになって初めて読み方が決まるのであり、字音も字訓も語のレベルで覚えることを提唱しているが、それは、漢字語彙学習の観点から漢字の読みを捉えようとしている本書の主張と共通している。

　では、初級の漢字語彙の中で異なった読みをする漢字はどの程度あり、それがどのような語彙に見られるのだろう。次節では、4級漢字名詞を対象に複数に読み分けられる漢字とそれを含む語彙を調べた結果について述べる。

▶5.2　語によって読み方が異なる漢字

　語によって異なる漢字の読みは、新しい漢字語彙の学習に沿ってその都度導入していくことによって、NCSは過度なストレスを感じずに漢字の読み分けを学習することができる。そのためには、例えば初級段階で学習する語彙の中に、語によって読み方が異なる漢字にはどのようなものがあり、その異なった読みがどういった語の中で現れるかが整理できていれば、学習や指導に活用させやすいだろう。ここでは、4級漢字名詞を対象に複数の読み分けを学ぶ必要のある漢字と、それを含む語彙を特定する。

5.2.1　調査対象と手順

分析対象は、4級漢字名詞295語（p. 44, 表3-4）とそれらの語を構成する308（p. 59, 表4-3）の漢字とした。

まず308の漢字のうち、295語の中で語によって読み方が異なる文字を抽出した。例えば《図》は、4級漢字名詞では《地図》と《図書館》に現れ、それぞれ「ズ」と「ト」と読むため、初級段階ではそれぞれの語の学習を通してこの2種類の読み方を学べばよい。読み方の異なりは、「常用漢字表」（文化庁2010b）にある音訓だけでなく、同表では異なる音として扱われていないが促音化や連濁で音訓が変化したもの、また、同表で付表にまとめられている《今日(きょう)》等の熟字訓[6]も取り上げた。

例えば、《学》という文字を含む4級漢字名詞は、《学生》、《大学》、《留学生》、《学校》があり、このうち《学》は、初めの3語では「ガク」、《学校》では「ガッ」と読む。また、《灰皿》の《皿》は「さら」ではなく「ざら」と読まれる。このような促音化や連濁は、それが生じる傾向というのはあるが絶対的なルールがないため、学習者はたとえルールを覚えたとしても、それをどの語にあてはめればよいかを学ばなければならない。熟字訓も、どの語が熟字訓で読まれる語で、それをどう読むかを学ぶ必要があり、異なる音訓の読みと同じように語によって一つ一つ学習していかなければならない。したがって、本書では、促音化や連濁によって変化した音や熟字訓も、その漢字語を構成する漢字の読みの特徴と捉え、異なる読みの一つとして数えた。このようにして、4級漢字名詞の中で語によって異なった読み方をする文字を特定し、読みの異なり数ごとに分類した。

5.2.2　調査結果と考察

複数に読み分ける4級漢字名詞の漢字を、読みの異なり数ごとに分類し、「常用漢字表」の順に並べたものが、表5-2から表5-6である。読み分けをする漢字は51字あり、順に、漢字の読み分けが2種類（38字）、3種類（9字）、4種類（2字）、5種類（1字）、7種類（1字）ある漢字とその文字を含

---

[6] 《明後日(あさって)》、《明日(あした)》、《一昨日(おととい)》、《一昨年(おととし)》の読みは、「常用漢字表」の付表にはないが、『明鏡国語辞典［第二版］』（2002）で熟字訓とされている。

む4級漢字名詞のリストになっている。音訓どちらの読みもある場合は、訓読みを先行させ、字訓は平仮名で、字音は片仮名で記述し、熟字訓は語頭に＊を付して最後に挙げた。

表5-2　2種類の読み分けをする漢字（38字）

漢字	読み方1	読み方2	漢字	読み方1	読み方2
一	イッ：一緒	＊おとといー昨日、＊おとといー昨年	下	した：下	カ：地下鉄、廊下
花	はな：花	カ：花瓶	家	いえ：家	カ：家族、家庭
仮	＊片仮名	＊平仮名	外	そと：外	ガイ：外国、外国人
学	ガク：学生、大学、留学生	ガッ：学校	金	かね：（お）金	キン：金曜日
月	つき：毎月	ゲツ：月曜日、今月、先月、毎月、来月	口	くち：口	ぐち：入口、出口
国	くに：国	コク：外国、外国人	昨	＊きのう昨日	＊おとといー昨日、＊おとといー昨年
皿	さら：皿	ざら：灰皿	私	わたし：私	わたくし：私
姉	あね：姉	＊姉さん	紙	かみ：紙	がみ：手紙
時	ジ：時間	＊時計	車	くるま：車	シャ：自転車、自動車、電車
所	ところ：所	どころ：台所	上	うえ：上	うわ：上着
食	た（べる）：食べ物	ショク：食堂	図	ズ：地図	ト：図書館
水	みず：水	スイ：水曜日	生	セイ：学生、生徒、留学生	ジョウ：誕生日
先	さき：先	セン：先生、先月、先週	前	まえ：前、名前	ゼン：午前
茶	チャ：紅茶、茶	サ：喫茶店	朝	あさ：朝、朝御飯	＊今朝
弟	おとうと：弟	ダイ：兄弟	庭	にわ：庭	テイ：家庭
店	みせ：店	テン：喫茶店	背	せ：背、背広	せい：背

筆	ヒツ：万年筆	ピツ：鉛筆	部	ブ：全部	*部屋
木	き：木	モク：木曜日	明	*明日（あした）	*明後日（あさって）
葉	は：葉書	ば：言葉	話	はなし：話	ワ：電話

表5-3　3種類の読み分けをする漢字（9字）

漢字	読み方1	読み方2	読み方3	漢字	読み方1	読み方2	読み方3
兄	あに：兄	*兄さん	キョウ：兄弟	子	こ：男の子、女の子、子供	シ：菓子、帽子	ス：椅子
人	ひと：人	ジン：外国人	*大人	年	とし：年、毎年	ネン：去年、再来年、毎年、万年筆、来年	*今年
父	ちち：父	*父さん	*伯父、*叔父	風	かぜ：風	フ：風呂	*風邪
物	もの：物、買い物、果物、建物、食べ物、飲み物	ブツ：動物	モツ：荷物	母	はは：母	*母さん	*伯母、*叔母
方	かた：方	がた：夕方	ホウ：方				

表5-4　4種類の読み分けをする漢字（2字）

漢字	読み方1	読み方2	読み方3	読み方4
後	あと：後	うしろ：後ろ	ゴ：午後	*明後日（あさって）
大	おお：大勢	ダイ：大学	タイ：大使館	*大人

表5-5 5種類の読み分けをする漢字（1字）

漢字	読み方1	読み方2	読み方3	読み方4	読み方5
今	いま：今	コン：今月、今週、今晩	*今日（きょう）	*今朝（けさ）	*今年（ことし）

表5-6 7種類の読み分けをする漢字（1字）

漢字	読み方1	読み方2	読み方3	読み方4	読み方5	読み方6	読み方7
日	び：日曜日、月曜日、火曜日、水曜日、木曜日、金曜日、土曜日	ニチ：日曜日、毎日	*明日（あした）	*明後日（あさって）	*一昨日（おととい）	*昨日（きのう）	*今日（きょう）

　4級漢字名詞の308字のうち、複数に読み分ける漢字は表5-2から表5-7に挙げた51字（全体の16.6％）と多くない。すなわち、残る257字については一字につき1つの読みを学習すればよいということになる。読み分けは2〜7種類あるが、その中では、2種類の読み分けをする文字が最も多く38字、次が3種類で9字である。4種類以上の読み分けをする漢字は4字で、読み分けが必要な漢字の総数と比較すると非常に少ない[7]。

▶5.3　NCSに特徴的な読みの問題点

　1つの漢字を語によって複数に読み分けるという日本語の漢字の特徴は、

7　読み分けの異なり数は、もし促音化や連濁により音が変化したものを異なる音と捉えず、また熟字訓を数に含めない場合、現在の2〜7種類から2種類（30字）と3種類（4字）のみとなる。2種類の読み分けをする漢字は《下、花、家、外、兄、金、月、国、今、私、車、上、食、人、図、水、生、先、前、茶、弟、庭、店、日、年、背、風、方、木、話》の30字、3種類は《後、子、大、物》の4字。

NCS に限らず多くの日本語学習者が、漢字語彙学習を難しいと捉えてしまう要因の一つだが、母語で漢字を使用する NCS にとっては、漢字語彙の読みに関して、さらに別の問題点を指摘することができる。

　NCS にとって、漢字語彙の読みを学習するということは、すでに中国語での「音」と「義」を学習している文字や語に対し、新たな音をあてる作業になる。そこで問題となるのが、表記（漢字）と「音」の結びつきの弱さである。阿久津（1991）は、「漢字圏の学生」は「（表記を）音と結びつけることをおろそかにしやす」く、そこに母語の干渉が起こりやすいと指摘している[8]。

　NCS の書く文には、しばしば中国語の語彙が使われているように見える時がある。同形の語が日本語にあってもその文脈での使用が不自然であったり、また日本語にはない「語」であったりすると、教師は、NCS が誤って中国語を使っているのだろうと推測する。しかし、表面的には中国語のようでも、NCS はそれに日本語の読みをあて、日本語として用いている場合がある。

　以下の事例①～③は、筆者が初級クラスで収集したものだが、いずれも中国語の「語」に日本語の読みがあてられており、日本語の漢字語の表記と読みの結びつきが弱いという共通した特徴を見ることができる。

　まず、事例①では、3 人の異なる NCS（a～c）がそれぞれ《今》を「きょう」と読んで使っている。

事例① NCS への課題：
平仮名で書かれた文を適切な漢字仮名混じりの文にしてください。
（a と b の漢字に振られたルビは NCS 自身によるもの）

a) きょうはさむい。　→　今は寒い

---

[8] 邱（2001, 2003, 2010, 2012）は、台湾の学習者を対象に行った一連の調査結果から、学習者は同形語（氏は「同根語」という語を用いている）の意味処理を行う際、音を介さずに形態情報に頼る傾向が見られることを指摘し、読みの学習がおろそかになる可能性について述べている。

5.3 NCS に特徴的な読みの問題点

b) きょうはべんきょうしなければなりません。
→ 今日は勉強しなければなりません。

c) きょうのひるのひこうきでおたわにいきます
→ 今の昼の機でおたわに行きます。

NCS にとって「きょう」と《今》が結びつく背景には、中国語で today は〈今天〉といい、〈今〉のみでも today という概念と強く結びついているということがある。現代中国語で now は〈今〉ではなく、〈現在〉という別の言葉で表される。NCS は、「きょう」を now と思って《今》と書いたのではなく、「きょう」が today であることはわかった上で、「きょう」という音に対して《今》をあてており、授業においても《今》と書かれた部分を NCS が「きょう」と読んでいることが散見される。

事例②では、「ひこうき」という語が、「飛」、「行」、「機」と分かれる3つの異なる文字から成り立つ語であることが、十分意識されていない。

事例② NCS への課題：
平仮名で書かれた文を適切な漢字仮名混じりの文にしてください。
(d と e の漢字に振られたルビは NCS 自身によるもの)

d) ひこうきは4時につくよていです。→ ひこうきは4時につくよていです。
飛機　　　着く　予定

e) (うちのよこは) くうこうで、まいにちひこうきがみえます。
→ 空港で、毎日飛機が見えます。

f) きょうのひるのひこうきでおたわにいきます。
→ 今の昼の機でおたわに行きます。

中国語で airplane は〈飞机〉(繁体字で〈飛機〉) と書き、〈机〉のみでも

airplane を表すことがある。この事例では、《˚飛機》や《˚機》が「ひこうき」という音の塊と結びついており、NCS には、「ひこうき」がそれぞれ「飛(ひ)」、「行(こう)」、「機(き)」という音を持つ3つの漢字から成る語だということが十分意識されていないことが見てとれる。

事例③ NCS への課題：
g-1) 平仮名で書かれた文を適切な漢字仮名混じりの文にしてください。
　　ぶんぽうをおぼえるのはたいへんです。
　→　文法を背えるのは大変です

g-2) 作文（一部抜粋）
もし「アンキパン」があったら使いたいと思います。テストで、教科書全部部覚えたいです。テストは難(難)しいから全部背えるのはたいへんです

　事例③では、NCS は《˚背える》と書いて「おぼえる」と読んでいる。この事例の g-1 と g-2 は同一の NCS によるもので、g-1 の約 2 ヵ月後に書かれた g-2 の中で、g-1 と同じ間違いが繰り返されている。中国語には日本語の《覚える》に相当する語がいくつかあり、〈背〉はその一つだが、日本語の《覚える》と同形の中国語〈覚〉は「感じる」等の意味で使われる語で、「覚える、記憶する」の意味はない。この NCS は g-1 を書いた後で間違いを指摘され、日本語の《背》には to memorize の意味はないこと、《背》は「せ(い)」と読み、《˚背える》と書いても「おぼえる」と読めないということを学んだ。しかし、2 ヵ月後に書いた作文 (g-2) では、1 文目で《覚える》を適切に使って、「覚えたい」と書くことができた (2 行目の行頭) にも関わらず、2 文目では《˚背える》という間違いを繰り返している。このように、日本語で to memorize は《覚える》と書くということを意識的に学習した後も、「おぼえる」という読みと《覚》という漢字の結びつきは弱く、最初の誤用が繰り返されており、ここでも母語の影響の強さが観察される。

　これらの事例に見られるように、漢字語彙の読みと語義に比べると、NCS にとって読みと表記との結びつきは弱く、漢字語彙学習の中で母語の影響が

色濃く表れている。NCS にとっては、漢字語彙の読み自体が難しいのではない。語を構成する文字と読みを結びつけることが難しいのである。したがって、NCS に対する漢字語彙教育では、語としての読みと、語を構成する個々の漢字の読みとの両方に注意を向け、中国語の音とは異なる日本語の漢字の読みを常に意識させることが重要である。

▶5.4　読みに関する分析と分析結果のまとめ

　日本語教育における漢字指導では、漢字に複数の読み方のあることが強調される傾向にある。そこで、本章では、漢字語彙指導の中で複数の読み方を学習する必要のある文字を学習段階に合わせて特定することによって、NCS にとって負担の少ない指導ができる可能性を、4 級漢字名詞の漢字について示した。

　4 級漢字名詞の漢字 308 字のうち、複数に読み分けられる漢字は 51 字と多くなく、そのうち 3 種類以上に読み分けが必要な漢字は 13 字に限られている。したがって、4 級漢字名詞ではいくつもの読みを学習する必要のある漢字は少なく、NCS は多くの漢字で一つの読み方を学習すればよいということが明らかとなった。ただ、NCS に見られる傾向として、日本語の漢字語彙を構成する個々の漢字とその読みとを対応させて学習していない事例が観察されるため、語の単位で漢字の読みを指導する一方で、語を構成する一つ一つの漢字の読みにも十分な注意を向ける必要のあることが示唆された。

　また、漢字語彙の読みに関する問題として本書で取り上げなかったものに、送り仮名の問題がある。送り仮名は、漢字語彙の表記と読みの両方に関わり、武部（1986）は学習者の母語に関わらず漢字教育において重要な学習要素であると指摘している。日本語では送り仮名が語や語の品詞を特定する重要な役割を担っているが、送り仮名に相当するものが母語にない NCS にとっては、第 2 章の意識調査の結果においても、苦手意識が強いことが明らかになっている。今後、分析対象を漢字表記の動詞や形容詞に広げる際には、送り仮名と読みに関わる問題についても扱っていく必要がある。

第6章

語義用法に関する分析方法

　第6章と第7章では、4級漢字名詞の語義用法に関して、NCSが母語知識を積極的に活用して学習できることは何か、それに対して母語知識だけでは処理できない場合、漢字語のどの部分に注意すべきかを明らかにするために行った分析について述べる。本分析での留意点は二つある。

　一つは、本分析は初級のNCSへの漢字語彙教育を念頭に置き初級前半の漢字語彙を分析対象としているため、日中で現在使用されている日常の言葉に限定して対照すること、もう一つは、NCSの漢字語彙の理解だけでなく、産出時に注意すべき点を特定するために、語義だけでなく語が使用される文体、語の品詞、語のコロケーションについても分析対象とするという点である。

　第6章で分析方法を説明し、分析結果とその考察は第7章で述べる。

▶6.1　分析対象とする語義用法

　分析対象は4級漢字名詞の295語とし、分析結果については単漢字名詞（122語）と複漢字名詞（173語）の特徴がわかるように、これらを分けて整理する。

　各語の語義用法は、本書の対象が初級前半レベルのNCSであるため、初級段階で扱われる可能性の高いものに絞った。具体的には、以下のa～cの総合教科書のうち1種類以上で扱われている語義用法を分析対象とし、a～

cに現れない語[1]については、d〜fの国語辞典で第一義に挙げられている語の定義を参考にして語義用法を特定した。

a) 『げんきⅠ[第二版]』(2011)、『げんきⅡ[第二版]』(2011)
b) 『みんなの日本語初級Ⅰ[第二版]』(2012)、
『みんなの日本語初級Ⅱ[第二版]』(2013)
c) 『みんなの日本語初級Ⅰ　翻訳・文法解説　中国語版[第二版]』(2012)、
『みんなの日本語初級Ⅱ　翻訳・文法解説　中国語版[第二版]』(2014)
d) 『明鏡国語辞典[第二版]』(2010)
e) 『広辞苑[第六版]』(2008)
f) 『大辞林[第二版]』(1995)

4級漢字名詞の295語のうち、分析対象の語義用法が一つの語は239語、二つ以上の語は表6-1の56語である。表では、複数の語義の違いを簡単に述べ、それが具体的にわかるような例(筆者による作例)を挙げた。

表6-1　分析対象の語義用法が複数ある4級漢字名詞(五十音順)

	4級漢字名詞	初級教科書に見られる語義用法	語義用法の違いを示す用例
1	足	足首より下の部位	足が大きい
		胴の付け根より先までの部位	足が長い
2	頭	体の部位	頭が痛い
		頭脳	頭がいい
3	後(あと)	副詞的用法	じゃ、また後で
		そののち(接続用法)	帰った後で電話する
		残り	後は私が片付けておきます
4	姉 / 姉さん	自分の姉・自分の姉の呼称	(お)姉さん、靴借りてもいい?
		自分以外の人の姉	山田さんのお姉さんはお元気ですか
5	兄 / 兄さん	自分の兄・自分の兄の呼称	(お)兄さん、車借りてもいい?
		自分以外の人の兄	山田さんのお兄さんはお元気ですか

1　《飴》《お巡りさん》《字引》《背広》《灰皿》《文章》《万年筆》《門》《夕飯》の9語。

6.1 分析対象とする語義用法

6	家	建造物	家を買う
		うち・家庭	家にいる
7	椅子	背もたれあり	—
		背もたれなし	—
8	今	今現在	父は今寝ている
		今から	今先生を呼んで来ます
		たった今	今帰ったところです
9	妹 妹さん	自分の妹	私の妹
		自分以外の人の妹	田中さんの妹さん
10	上	平面に接している上部	机の上に本がある
		平面に接しない上部	机の上に窓がある
		上の方	木の上に男の子がいる
		上の階	喫茶店はコンビニの上だ
11	後ろ	基準となる物の背部	車の後ろに猫がいる
		基準となる物の後方部	教室の後ろに座る
12	弟 弟さん	自分の弟	私の弟
		自分以外の人の弟	田中さんの弟さん
13	男	人	その男
		性別	男の店員
14	女	人	その女
		性別	女の先生
15	鍵	錠に差し込む道具	鍵をなくした
		錠	自転車の鍵をかける
16	木	生えている木	公園に木がある
		材料	木の椅子
17	教室	部屋	教室で弁当を食べる
		クラス	料理教室
18	国	国家	いろいろな国に行ったことがある
		生まれ育った土地	お国はどちらですか
19	午後	具体的な時間が後続する	午後3時
		具体的な時間が後続しない	午後はうちにいます

20	言葉	単語・語句	ニュースの言葉は難しい
		言語	ベルギーで話されている言葉は何ですか
21	ご飯	食事	毎日ご飯を作ります
		米飯	パンよりご飯の方が好きだ
22	酒	アルコール	お酒は飲みません
		日本酒	ビールよりお酒の方が好きだ
23	散歩	人が行くこと	父は散歩に出かけた
		ペット（犬）が行くこと	犬を散歩に連れて行く
24	時間	長さを持った時間	アルバイトをする時間がない
		スケジュール・時刻	バスの時間を調べる
25	仕事	しなければならないこと	仕事で中国に行く
		勤め	今仕事を探している
26	下	平面に接しない下部	机の下に鞄を置く
		下の階	コンビニは喫茶店の下だ
27	外	外側	電話はロビーの外にある
		屋外	子供が外で遊んでいる
28	卵	鶏卵	毎朝卵を食べます
		（鶏卵に限らない）卵 [2]	これは何の卵ですか
29	近く	〜の近く	窓の近くに座る
		近所	車で近くの病院に行った
30	父 父さん	自分の父親・自分の父親の呼称	うちの（お）父さんはゴルフが好きだ
		自分以外の人の父親	山田さんのお父さんはお元気ですか
31	茶	日本茶	コーヒーよりお茶の方が好きだ
		コーヒーや紅茶等の飲み物	どこかでお茶を飲みませんか
32	茶碗	ご飯をよそう器	お茶碗にご飯を入れる
		茶道で用いる茶器	お茶碗を回してから飲む
33	手	手首より先の部位	手が小さい
		腕まで含んだ部位	手が長い

2　a〜cの初級総合教科書に見られる《卵》の語義用法は「鶏卵」のみであったが、「（鶏卵に限らない）卵」が第一義であることを考慮し、この語義用法も分析対象とした。

34	電気	電灯	電気をつける
		電力	この車は電気で走る
35	時計	腕時計	時計をして出かける
		置時計・掛け時計	この部屋には時計がない
36	所	場所	静かな所で休みましょう
		点・箇所	この会社の好きな所はどこですか
37	年	時	新しい年が始まる
		年齢	年はいくつですか
38	隣	横	友達の隣に座る
		隣人	こんにちは、隣の山田です
39	中	空間の内側	冷蔵庫の中に水を入れる
		範囲	季節の中で、いつが一番好きですか
40	名前	人の名前（姓または姓名）	隣の人の名前を知らない
		人の名前（姓でない方）	子供の名前を考える
		物や場所の名称	店の名前を忘れた
41	荷物	持ち物	荷物は椅子の下に置いてください
		物	引っ越しの荷物を箱に入れる
		送る・送った物	郵便局に荷物を取りに行った
42	始め／初め	物事が始まった初期段階	初めは漢字が全然読めなかった
		時期（時の言葉＋のはじめ）	今年の初め／始めに仕事を辞めた
43	話	まとまりのある内容について述べること、またその内容	山田さんの話はおもしろい
		相談事・交渉事	両親に留学の話をした
		人に聞かせるための物語	「桃太郎」の話を知っている
44	母／母さん	自分の母親・自分の母親の呼称	うちの（お）母さんは掃除が好きだ
		自分以外の人の母親	山田さんのお母さんはお元気ですか
45	昼	昼間	昼の電車は空いている
		正午	昼ごろの電車に乗った
46	方(ほう)	比較・対比するものの一つ	夏と冬とどちらの方が好きですか
		方向	前の方に座る
47	他(ほか)	それではない別のもの・こと・人	月曜日は忙しいが、他の日は暇だ
		それ以外に類似のものを付加	お金の他にパスポートも取られた

48	前	基準となる物の正面・そのあたり	家の前に車を止める／家の前に公園がある
		基準となる物の前方部	教室の前に座る
		それ以前（接続用法）	寝る前に歯を磨く
		副詞的用法	前に犬を飼っていた
49	町	人家が多く集まっている所、都会	大阪はにぎやかな町だ
		「市」と「村」の中間（地方公共団体）	この町には高校がない
		商店等が並んでいるにぎやかな区域、街	町に買い物に行く
50	道	道路	日本の道は狭い
		道順	知らない人に道を聞いた
51	緑	色	緑のシャツを買った
		自然	この町（に）は緑が多い
52	向こう	遠くの方	向こうに富士山が見える
		向こう側（〜の向こう）	道の向こうにコンビニがある
53	問題	設問	問題の答えは鉛筆で書いてください
		解決・処理等が必要な課題	何か問題があれば言ってください
54	休み	休日・仕事や授業がない日	明日は子供の日で休みだ
		欠勤・欠席	山田さんは今日風邪で休みだ
		休館・休業等	図書館は今日休みだ
55	横	位置	ベッドの横に机がある
		向き	名前は横に書いてください
56	料理	食べ物	日本料理
		動作	料理は苦手だ

▶6.2 分析の手順

分析は二段階に分かれている。

第一段階では、(1) 日中・中日辞典、英中・中英辞典、日本語および中国語の辞書類と、(2) 中国語母語話者をインフォーマントとした調査結果を用いて分析を行い、語義用法の対応関係を整理して、4級漢字名詞の日中対照

語彙リストを作成する。第二段階では、第一段階で作成したリストをもとに、NCSが母語知識をどう活かせるかを基準にした枠組みに沿って、4級漢字名詞を分類し（p. 254「解説「日中対照語彙リスト」」参照）、分類ごとに考察を加える。分析の手順は以下の通りである。

〈第一段階〉語義用法に関する日中対照分析とリストの作成
 (1) 辞書の対訳や用例を対照し、日本語と、同形の中国語との対応関係、および日本語と同義同用法の中国語を特定する。
 (2) 中国語母語話者をインフォーマントとした調査を行い、それと(1)の結果を比較対照する。
 (3) 上記(1)と(2)をもとに、語義用法の対応関係を表す4級漢字名詞の日中対照語彙リストを作成する。
 (4) 先行研究と(3)のリストの内容を対照させ、必要であれば修正を加える。

〈第二段階〉4級漢字名詞の分類と考察
 (1) 4級漢字名詞を単漢字語と複漢字語に分け、第一段階で作成した日中対照語彙リストをもとに、NCSが母語知識をどう活かせるかを基準にした4分類を行う。分類カテゴリーは、転用プラス（PT: Positively Transferrable）語、転用注意（CT: Carefully Transferrable）語、転用マイナス（NT: Negatively Transferrable）語、転用不可（UT: Un-Transferrable）語の4つ。
 (2) 4級単漢字名詞と4級複漢字名詞の特徴を比較対照する。
 (3) 4級単漢字名詞と4級複漢字名詞について、分類カテゴリーごとに分析と考察を行う。

▶6.3 分析に用いる資料と分析方法

6.3.1 分析資料

4級漢字名詞の語義用法の分析には、以下の(1)日中・中日辞典、英中・中英辞典、日本語および中国語の辞書類と、(2)中国語母語話者をイン

フォーマントとした調査結果を用いる。

(1) 日中・中日辞典、英中・中英辞典、日本語および中国語の辞書類
  a) 『講談社　日中辞典』（2006）
  b) 『日中辞典［第三版］』（2015）
  c) 『講談社　中日辞典［第三版］』（2010）
  d) 『中日大辞典［第三版］』（2010）
  e) 『中日辞典［第二版］』（2003）
  f) 『岩波　中国語辞典　簡体字版』（1990）[3]
  g) 『現代中国語新語辞典』（2007）
  h) *ABC English-Chinese Chinese-English Dictionary*, version 3.2.60（2018）
  i) *Pleco Chinese Dictionary*（2017）
  j) 『现代汉语词典』第6版（2012）
  k) 『漢語大字典』第一巻～第八巻（1986～1990）
  l) 『康熙字典』第9次印刷（1997）
  m) 『汉语大词典』第一巻～第十二巻（1986～1993）
  n) 「北京语言大学汉语语料库」（北京語言大学現代漢語コーパス。略して「BCCコーパス」）[4]

(2) **中国語母語話者をインフォーマントとした調査結果**
　中国語母語話者をインフォーマントとした調査は、1) 4級漢字名詞の認識に関する調査と、2) 中国語の語彙の使用実態の調査の2つを行った。語義用法の分析は、(1) の辞書類の内容が主だが、NCSが日本語の漢字語彙をどの程度認識できるかということは、辞書からはわからない。また、辞書には、古い用法や日常語としては使用されにくい語義等、現在の日常の話し言

3　この辞書には、語が使用される文体差などが11段階の「硬度」で示されている（本書p. 8参照）。

4　このコーパスには、新聞雑誌、文学、マイクロブログ、科学技術、古代中国語の用例など150億字の資料が集められており、現代社会の言語生活を反映する大規模コーパスとされている。本書では、新聞雑誌、文学、古代中国語に見られる用例を分析し、書き言葉や、現代語には見られない古い語義用法を調べるのに用いた。

葉とは異なるものが含まれる。したがって、実際 NCS が日本語の漢字語彙を見てどう理解するか、また日本語と同形あるいは同義とされる中国語をどのように使用しているかといった語の使用実態を語彙リストに反映させるため、中国語母語話者をインフォーマントとした調査を行った。

6.3.2　分析方法
(1) 辞書の定義を中心とした語義用法の分析

辞書を用いた分析では、日本語と同義の中国語の分析と、日本語と同形の中国語の分析を並行して進め、両者の結果を照らし合わせた。《図書館》と《午前》を例に具体的な方法を説明する。

まず、《図書館》を辞書で見ると、表 6-2 のように、日中辞典と英中辞典の結果（左側の表）が、中日辞典の結果（右側の表）と対応しており、ここから、日本語の《図書館》と同形の〈图书馆〉は、中国語でも使用される語であり、かつ同義であることがわかる。

表 6-2　《図書館》と〈图书馆〉の辞書の定義

日本語と同義の中国語		
日→中	辞書 a	辞書 b
図書館	图书馆	图书馆

英→中	辞書 h
library	图书馆

日本語と同形の中国語の語義			
中→日	辞書 c	辞書 d	辞書 e
图书馆	図書館	図書館	図書館

表中の辞書 a～e と辞書 h は、6.3.1 (1) の辞書類を指す。

それに対し、表 6-3 の《午前》は、辞書によって定義が異なり、日本語の《午前》と、同形の中国語〈午前〉の対応関係がよくわからない。

表6-3 《午前》と〈午前〉の辞書の定義

日本語と同義の中国語		
日→中	辞書a	辞書b
午前	上午	上午 午前 早晨

英→中	辞書h	
a.m.	morning - 上午 a.m. - 午前	

日本語と同形の中国語の語義			
中→日	辞書c	辞書d	辞書e
午前	午前	収録なし	午前 〈上午〉に同じ

　そこで、〈午前〉については、中国語の国語辞典の記述やコーパスの事例等を確認すると同時に、分析対象を〈午前〉以外の〈上午〉や〈早晨〉という語に広げ、日本語との対応関係を調べた。その結果、日本語の《午前》と語義用法が共通するのは〈上午〉や〈早晨〉[5]であり、現代語では〈午前〉は使われない語であるということが明らかになった。

　このように、辞書による分析は6.3.1 (1) のa〜iの辞書を中心に進めながら、対訳だけでは日中の対応関係が十分にわからない場合は、j〜mの辞書・字典や、nのコーパスを用いて、より細かな分析を行った。

(2) 中国語母語話者をインフォーマントに用いた調査
［4級漢字名詞の認識に関する調査］
　一つ目の調査では、NCSが日本語の漢字語彙を見て、母語知識でどのように理解する可能性があるかを調べた。インフォーマントには、第4章の調査と同じ日本語学習歴のない7名の中国語母語話者 (p. 85, 表4-17) を用いた。
　調査は、4級漢字名詞295語を大陸の字体で表記したもの[6]をExcelで用意

5　厳密に言えば、中国語では、夜中や日の出前の暗い時間、また朝早い時間を指す語がそれぞれあり、日本語の《午前》の語義用法には複数の中国語が対応している (紹2004)。
6　《休み》や《お手洗い》、《男の子》のように送り仮名や接頭辞、助詞が構成要素の一部になっている語は、仮名を除いて、《休》、《手洗》、《男子》のように表記した。

し(巻末の資料4)、それぞれの語に対して以下のQ1とQ2の2つの問いに対する回答を英語と中国語で打ち込むというものである。回答に制限時間は設けず、終了後、必要に応じて回答内容を確認するためのフォローアップインタビューを行った。

〈4級漢字名詞の認識に関する質問〉

Q1: In Chinese, do you use the same word as the Japanese one, as long as it is written with Chinese character(s)? If the answer is "YES", please write a simple and short sentence using the word.
(次の語は、中国語の文字で表記した場合、中国語で使われますか。使われる場合は、その語を使った簡単な短い文を書いてください。)

Q2: If your answer is "YES" to Question 1, then is the word used in a daily conversation or is it only used in the formal written text? Do you only see it in classical text? Is it a technical term only used in a specific field? Is the word used more, or less often, or used differently, by those who live in different regions such as those in southern part of China or in Taiwan? Please write as much as you can in explaining based on what you think you know and/or understand.
(Q1で「使う」と答えた場合に答えてください。その語は日常の話し言葉で使われますか、それともかたい書き言葉ですか。または、現代では使われない古い言葉や専門語ですか。さらに、地域によって使われる頻度が異なる語ですか。自分の知識と理解の範囲で答えてください。)

調査対象の語を大陸の字体で示したのは、この調査は、NCSが4級漢字名詞を見て文字の認識ができた場合、どのような語だと理解する可能性があるかを調べるのが目的であるためと、個人差が現れる字体の認識の可否が回答に影響しないようにするためである。表6-4と表6-5に回答の一部を挙げる。

表6-4 〈机〉の回答結果（一部抜粋）

被調査者	Q1 中国語で使われる語か否か＆中国語での用例	Q2 語が使用される文体等について
ZL	we do not use it alone; we do use it in compounds such as 1. 飞机:plane 2. 机会:chance 3. 有机:organic 4. 机灵:smart	the compounds are used daily
YL	No. But use a lot in compounds: 1 machine: 飞机, 机器 2. the key: 机, 军机 3. the right moment: 机会, 时机	It is used as daily basis and in classical text it is used independently. The meanings of ancient 机 are much broader than modern mandarin but cover all usage of today. Eg. 成败之机，在于今日。—《资治通鉴》(The key of success or failure is about to-day-A General Reflection for Political--Administration)
GP	〈手机〉a cell phone	Daily
JW	〈机器人是由计算机程序控制的〉Robots are controlled by computer programs.	Daily. Usually used in compounds and can have different meanings, e.g. 〈飞机〉plane, 〈机会〉opportunity, 〈机智〉clever.
YZ	In compounds, eg.〈机器〉machine;〈机械〉machinery;〈机会〉opportunity;〈机场〉airport;〈机动〉flexible;	Daily
LY	1.[compounds]〈洗衣机〉washing machine 2.[compounds]〈机会〉chance;〈良机〉good chance	Daily
KR	In combination, eg.1.〈机器〉machine,〈飞机〉airplane; 2.〈机会〉opportunity	Daily

表6-5 〈午前〉の回答結果（一部抜粋）

被調査者	Q1 中国語で使われる語か否か＆中国語での用例	Q2 語が使用される文体等について
ZL	no, but we use the characters individually.	
YL	No	In classical texts, it is used to say morning, specifically refer to after 9am before 12pm. E.G "今以早饭前及饭后、午前、午后、晡前小食为点心。"—《辍耕录·点心》明陶宗仪 (now the snacks before and after breakfast, before noon and after noon, before evening are regarded as dim sum -- "Journal made in farming break·dim sum" Ming Dynasty Tao Zongyi)
GP	Not in modern Chinese.	Classical or literary contexts. Means "morning".
JW	The word is not used in Chinese language, but the direct translation is "before noon" so I just guessed the meaning.	
YZ	Not in modern Chinese.	In classical/written text or in some local area where traditional usage of the word has been kept.
LY	We use 〈上午〉 more often.	
KR	Not in this combination.	

表6-4の調査結果を見ると、《机》は、インフォーマント全員が共通して日本語と同形の〈机〉が、現代中国語では語ではなく語素であると認識し、語素の意味として「機械」や「飛行機」、「機会」等を挙げている。現代中国語では繁体字〈機〉の簡略化された文字だと認識されている〈机〉は、本来木の種類を表し、そこから「小さな机」という意味で使われていた。しかし、この調査結果からは、言語の専門家でない一般の中国語母語話者には、〈机〉

から desk の意味が想起される可能性は低いと見ることができる。
　それに対し、《午前》の場合は、古典の知識はインフォーマントによってばらつきが見られるが、〈午前〉が「(現代語では)使われない」という回答は共通しており、(1) で見た、辞書を用いた分析と同じ結果となっている。《午前》は、中国語母語話者にとって、その表記を見て理解する場合にはほとんど問題のない語であるが、現代語で使用される語ではないということが、この調査によっても確かめられた。
　このような観点で4級漢字名詞295語の回答結果を分析した。

［中国語の語彙の使用実態の調査］
　二つ目の調査は、4級漢字名詞295語に語義用法が対応する中国語の語彙を、中国語母語話者がどのように使用するかを調べるために行ったもので、翻訳テストの形態となっている。この調査によって、日中間の語義のずれ、語を使用する文体、語の品詞 (文や句の中で当該語をどのように使うか)、語のコロケーションの違い等、語義用法の類似点と相違点を調べた。
　例えば、《海》は、同形の中国語〈海〉と語義用法がよく似ている。ところが、「海に行く」や「海で泳ぐ」を中国語に訳すと、「海で泳ぐ」は日本語と同様、〈海〉を用いて〈在海里游泳〉となるが、「海に行く」の場合は〈海边〉や〈海滩〉のような「海辺、砂浜」を表す語を用いて〈去海边(*去海)〉となる。日本語の《海》は、海や海辺を含んだ広いエリアを指す語であるのに対し、中国語の〈海〉は水のある部分しか指さない。そのため、NCS にとって、「海で泳ぐ」は母語での〈海〉の用法と共通しているので、母語知識を活用して容易に産出できるのに対し、「海に行く」は母語にはないコロケーションであるため、母語知識だけでは、この文の産出は難しい。
　別の例として《結婚》を見てみよう。この場合は、語を使用する文法が関わってくる。同形の中国語〈結婚〉は一般に動詞として扱われるが、「弟は結婚に興味がない」、「結婚について考えたことがない」のような場合は〈弟弟对结婚没有兴趣〉、〈我没有考虑过结婚〉のように、〈結婚〉が動名詞的に用いられ、日本語とよく似た使い方がされる。しかし、「結婚式」や「兄の結婚」、「Xに結婚を申し込む」の場合、それぞれ〈婚礼〉、〈我哥哥的婚事〉、〈向X求婚〉となり、〈結婚〉という語は使われない。中国語の〈結婚〉が名

詞的に使用される範囲には日本語の《結婚》とずれがあり、NCSには、日本語で《結婚》が用いられる場で、必ずしも《結婚》が想起されない。

《海》や《結婚》に見られるこのような違いは、語の産出時に問題となりうる。そこで、辞書の定義を中心とした語義用法の分析の結果、日本語と対応していると判断した中国語の語彙が、様々な文脈で日本語と同じように使われる語であるか否かを、中国語母語話者の使用実態から把握しようと試みた。

インフォーマントには、表6-6の中国語母語話者4名を用いた。いずれも、中国在住期間に関わらず家庭での使用言語は中国語〈普通话〉で、本調査の遂行に必要な英語と日本語の能力を有している。

表6-6 中国語を母語とする翻訳テストのインフォーマント

ID	性別	出身地	調査時のステータス	調査時の年齢(調査年度)	中国在住期間	日本語能力試験
AY	女	日本・上海・シンガポール	大学学部生	21歳(2016)	8-13歳	受験経験なし・8歳まで日本で義務教育
YT	女	日本・上海	大学学部生	23歳(2015)	9-18歳	受験経験なし・9歳まで日本で義務教育
JW	女	上海・北京	大学院生	33歳(2015)	0-25歳	旧1級合格
SY	女	青島	大学学部生	20歳(2008)	0-13歳	旧2級合格

調査は、以下の手順で実施した。まず、4級漢字名詞295語について、分析対象とした語義用法を使って、筆者が日本語で文や句を作成した。次に、筆者がその英訳（巻末の資料5を参照）を行った後、インフォーマントがその英訳だけを見て中国語訳を行った。翻訳に制限時間は設けなかった。日本語から直接中国語に訳すのではなく、あえて英語を介したのは、日本語を見ることで、日本語の語彙の影響が中国語訳に出る可能性があると考えたからである。翻訳終了後、インフォーマントと筆者とが一緒にもとの日本語と中国語訳を対照し、日本語の内容や文体が中国語訳に正確に反映されているかを確認する作業を行った。その後、4名の回答を比較し、表6-7のように日

本語に対する中国語訳を一つに絞り込んだ。

表 6-7　翻訳テストの結果例：対象語《海》

	日本語の用例	英語訳	中国語訳 （下線は当該語に対応する部分）
1	海に行く	to go to the sea/beach	去<u>海</u>边
2	海で泳ぐ	to swim in the sea	在<u>海</u>里游泳
3	休みに家族と海に行った。	I went to the sea/beach with my family on the holiday.	我放假的时候和家人去了<u>海</u>滩。
4	海で泳いだことがある。	I have (ever) swam in the sea before.	我在<u>海</u>里游过泳。

　このようにして、4級漢字名詞295語に対し、語義用法の違いに応じた用例とその中国語訳を作成し、辞書の定義を中心とした語義用法の分析結果と比較対照を行った。中国語訳については、最終的に中国語を母語とする日本語教師のネイティブチェックを受け、中国語として自然な文や句になっているかを再度確認し、必要な加筆修正を行った。
　言語教育が対象とするのは、現在使用されている言葉である。そして、そこには常に変化する語の実態が反映されていなければならない[7]。中国語母語話者を対象にしたこれら二つの調査は、いずれもインフォーマントの数が少なく十分なデータを集めることはできなかったが、本調査の結果からは、辞書の対訳や定義からだけではわからない母語話者の持つ知識や言葉の使用実態を知るには、このような調査が必要であることが示唆された。

(3) 日中対照語彙リストの作成
　以上のような、辞書の記述を中心とした分析と中国語母語話者をインフォーマントとした調査の結果をもとに、表6-8のような語義用法の対応関係を表す4級漢字名詞の日中対照語彙リストを作成した。

---
[7] 李（2014）は、中国で使用されている教科書には母語話者がよく使うコロケーションの形で提示されていないものがあるだけでなく、母語話者があまり使わないコロケーションを大きく取り上げる傾向が見られるとの指摘がある。

6.3 分析に用いる資料と分析方法　135

表6-8　日中対照語彙リスト（一部）

漢字語	語義用法が対応する中国語	留意点・補足事項	用例	用例（中国語訳）	コロケーション	コロケーション（中国語）
箱	箱子；盒子	中国語では〈大きい段ボール箱のような箱〉を指す。小さな箱は〈盒子〉という。	①（私は）引っ越しの荷物を箱に入れました。②箱にいろいろなチョコレートが入っています。	①我把搬家的物品装进了箱子。②盒子里有有各种各样的巧克力。	①箱に雑誌を入れる②箱にお酒を入れる③箱からケーキを出す [数] 1箱／個／つ	①把杂志放到箱子里②把酒放到箱子里③从盒子里拿出蛋糕 [数] 一个
黒	黒色	中国語の〈黒〉は日本語の《黒い》に相当する形容詞で、暗さも表す。例：〈太黑了，什么也看不见〉＝暗くて何も見えない。	①（私が）好きな色は黒です。②（私は）黒（色）のシャツを買いました。	①我最喜欢的颜色是黑色。②我买了黑色的衬衫。	①黒のボールペン②白黒の写真	①黑色圆珠笔②黑白照片
両親	父母	日本語の《父母》と異なり、中国語の〈父母〉は話し言葉で用いる日常語。	①家族は両親と私の三人です。②（私は）誕生日に両親にお金をもらいました。	①我家有三口人，我父母和我。②我在生日的时候收到了父母给我的钱。	①両親がうちに来る②「ご両親はお元気ですか」③田中さんのご両親	①爸妈来我家②"您父母好吗？"③田中先生的父母

作成にあたっては、語義、品詞、語が使用される文体、コロケーションが具体的にわかる説明と用例を示し、NCSが母語と日本語との類似点と相違点を意識しながら、語の理解・産出に臨めるようにした。それぞれの留意点について順に説明する。

［語義］
　語彙リストでは、「語義用法が対応する中国語」として、日本語の語義用法に最も近い中国語を記述し、できる限り初級レベルの語彙と文型を用いて日中の対応関係を示す用例を挙げた。
　例えば、表6-8の一つ目の《箱》は、中国語ではboxのサイズによって2つの語で使い分ける。段ボール箱のような大きな箱は、中国語でも〈箱〉（よく使われるのは〈箱子〉）だが、鞄に入るようなサイズや菓子が入っているような大きさの箱は、〈盒子〉という別の語で表される。そのため、NCSは母語の〈箱（子）〉に対応するのが《箱》であるだけでなく、《箱》には〈盒子〉の語義用法もあることを学ぶ必要がある。このように日本語の漢字語に複数の中国語が対応している場合は、それぞれの違いがわかるように説明と用例を加えた。

［品詞］
　本分析は対象が名詞であるため、語彙リストでは日本語に対応する中国語やその用例は名詞用法のものに限ったが、NCSにとって品詞や語の用法が紛らわしい可能性が懸念される場合、表6-8の《黒》のように、品詞に関する説明を加えた。

［語が使用される文体］
　語彙リストでは、対応する中国語とその用例は、現代語の日常の話し言葉として適切なものを挙げた。
　例えば、表6-8の《両親》は、中国語に同形の語がなく、辞書では同義の語として〈父母〉と〈双亲〉（〈亲〉は《親》の簡体字）という2つの語が挙げられている。辞書の用例は、表6-9の①と⑤のように似ていて両者の違いがよくわからない。しかし、本調査で行った翻訳テストでは、表6-9の②～④の

ように日常の話し言葉では〈双亲〉は使われず〈父母〉が用いられ、〈双亲〉については、表6-9の⑥のようなかたい書き言葉の中での用例が観察されたため[8]、日本語の《両親》が使用される文体で同じように使われる中国語としては〈父母〉を選んだ。

表6-9 〈父母〉と〈双亲〉が使用される文体の違い

	中国語〈父母〉の用例	中国語〈双亲〉の用例
中国語	① 我父母亲虽然年事已高，但都健在。(『講談社　日中辞典』2005) ② 我父母住在大阪。 ③ 我家有三口人，我父母和我。 ④ "您父母好吗？"	⑤ 双亲健在。(『講談社　中日辞典』2010、『中日辞典』2002) ⑥ (前略)这老者竟然还双亲健在。(曹金洪編著『智慧背囊：心有多大，世界就有多大』2015 より)
対応する日本語訳	① 両親は高齢ながらともに健在だ。(『講談社　日中辞典』2005) ② 私の両親は大阪に住んでいる。 ③ 家族は、両親と私の三人です。 ④「ご両親はお元気ですか」	⑤ 両親ともに健在である。(『講談社 中日辞典』2010、『中日辞典』2002) ⑥ 驚いたことに、この老人の両親はいまだ健在である。(筆者訳)

＊出典のないものは筆者の作例（日本語）を中国語母語話者が中国語に訳したもの。

　語彙リストには、このような分析を通して日本語に対応する語を特定し、語が使用される文体の違いが、日本語に対応する中国語や用例からわかるように、必要な説明を加えた。

［コロケーション］

　語彙リストでは、表6-8のように語のコロケーションのバリエーションを記述した。コロケーションは、初級レベルのものを中心に短い文や句単位で挙げ、語と語の自然な組み合わせ[9]が学習できるようにした。

　Marton (1977) は、英語教育において上級の学習者がいつまでも自然な英語が産出できない背景には、語彙学習が十分でないことを大きな要因に挙

8　『岩波　中国語辞典　簡体字版』では、〈父母〉は硬度1（ラジオ・テレビ・講演などで話されることば）、〈双亲〉は硬度4（古典のなかのことばであるが、耳できくことばの中に混用されているもの）となっている。

9　Pawley & Syder (1983) の言う "nativelike selection" に当たる。

げ、中でも典型的な語と語の組み合わせが習得できていないことが問題で、これはどの言語教育においても共通していると述べている。そして、目標言語では典型的だが母語にないコロケーションは、受容時に大きな障害とならない限り、たとえ過去にテキストで目にしていても最終的な習得にはつながりにくく、容易に理解できる組み合わせほど、記憶し、産出に活かすことができないため、母語との違いを意識的に学ぶことが重要だと主張している。

NCSにとっての漢字語彙は、同形で語義や品詞に共通点が多く見られるものほど、中国語と同じように日本語でも使えると思ってしまい、指摘されない限り学習が必要な点が存在することに気づかない。日常語のコロケーションほど母語の影響が目標言語に出やすいというMartonの指摘を踏まえ、語彙リストでは、主に「雨がやむ」のような連語と「ご飯を食べる」のような語連結を、中国語との類似点と相違点がわかるように提示した。

(4) 先行研究の記述との異同の確認

作成した日中対照語彙リストの記述を先行研究と比較対照し、語義用法に違いが見られる場合には、検討を行い加筆修正を加えた。資料には、以下のo〜tに加え、荒川(1979)と飛田・呂(1986)で提示されている文化庁(1978)の修正案、ならびに張(2014)の分類サンプルを用いた。

- o) 『中国語と対応する漢語』(文化庁 1978)
- p) 『中日漢語対比辞典』(張 1987)
- q) 『同じ漢字でも—これだけ違う日本語と中国語—』(金 1987)
- r) 『中日汉字比较及用法』(樊 1993)
- s) 『おぼえておきたい日中同形異義語300』(上野・魯 1995)
- t) 『日汉同形异议词典』(黄・林 2004)

このように(1)〜(4)の手順で第一段階の分析を行い、第二段階では、基準を設けて語彙を分類し、考察を行った。

▶6.4 分類の枠組み

　語義用法に関する分析の第二段階では、母語転移を「学習ストラテジー」(Kellerman 1977, 1978, 1979) と捉え、NCS による意識的な母語知識の活用が漢字語彙の理解と産出において正の転移につながるか否かを分類基準として、4級漢字名詞の分類を行った。分類では、母語知識の意識的な活用を「転用」(to transfer) という語で表し、以下のように (1) 積極的に転用が促せる、(2) 転用には注意が必要、(3) 転用が負の結果をもたらす、(4) 転用が無理である、という4つのカテゴリーを設けた。(2) については、留意点の違いにより、さらに3つに下位分類を行った。

(1) 転用プラス (PT: Positively Transferrable) 語
(2) 転用注意 (CT: Carefully Transferrable) 語
　　1) CT-other 語
　　2) CT-gap 語
　　3) CT-other & gap 語
(3) 転用マイナス (NT: Negatively Transferrable) 語
(4) 転用不可 (UT: Un-Transferrable) 語

各類の特徴をまとめると、以下のようになる。

〈4級漢字名詞の4分類〉

(1) 転用プラス (PT: Positively Transferrable) 語：
　中国語に同形の語があり、日本語と同じように使える語

　　現代中国語に同形の語があり、その語義用法が日本語とおおむね共通するもの。当該語の理解と産出において、NCS が積極的に母語知識を活用することができる語群。すなわち、母語の正の転移が期待できるもの。

(2) 転用注意（CT: Carefully Transferrable）語：
 中国語に同形の語あるいは語素があり、日本語と同じように使える側面と使えない側面が共存している語

> 単漢字語：現代中国語に同形の語があり、その語義用法には日本語と共通する部分があるが、同時にずれも見られる。または、同形の中国語が日常の話し言葉で、語ではなく語素として使用される。
> 複漢字語：現代中国語に同形の語があり、その語義用法には日本語と共通する部分があるが、同時にずれも見られる。

CT 語は、当該語の理解と産出において、NCS が母語知識を活用できるが、その際問題の生じる恐れがある語群。すなわち、母語の転移には正と負の両方の可能性が存在するもの。留意点の違いによって、以下の 3 つに下位分類される。

1) CT-other 語：
   現代語の話し言葉では同形の中国語に代わる別語の使用が一般的な語群
2) CT-gap 語：
   同形の中国語との間に語義用法のずれがある語群
3) CT-other & gap 語：
   CT-other 語と CT-gap 語の両方の特徴を持つ語群

(3) 転用マイナス（NT: Negatively Transferrable）語：
 中国語に同形の語あるいは語素があるが、日本語と同じように使えない語

> 単漢字語：現代中国語に同形の語があるが、その語義用法が日本語と著しく異なる。または、同形の中国語が、日常の話し言葉で、語ではなく語素として使用され、語素の意味が日本語と大きく異なる。
> 複漢字語：現代中国語に同形の語があるが、その語義用法が日本語と著しく異なる。

NT 語は、当該語の理解と産出において、NCS の母語知識の活用が、語の誤った理解や産出を導く可能性がある語群。すなわち、母語の負の転移が予想されるもの。

(4) 転用不可（UT: Un-Transferrable）語：
中国語に同形の語あるいは語素がない語

> 中国語に同形の語、あるいは語素が存在しない、または過去の使用が文献では確認されても、現在では使用されることがまれである等の理由で、NCS の間に語に対する共通理解があるとは言い難いもの。当該語の理解と産出において、NCS が母語に存在する語あるいは語素の知識を活用することができない語群。

以下、PT（転用プラス）語から順に、それぞれの特徴について述べる。

6.4.1　転用プラス（PT: Positively Transferrable）語

　PT 語は、当該語の理解と産出において、NCS が積極的に母語知識を活用できる語群である。現代中国語に同形の語があり、その語義用法が日本語とおおむね共通するため、NCS が母語と同じように当該語を理解・使用しても大きな問題が生じない。例えば、日本語の《歌》や《毎週》は、中国語に同形の語があり、語義用法も日本語と共通しているため、PT 語に分類される。

　PT 語は、NCS に対して指導の必要がないのではなく、具体的にどの語が PT 語で、母語知識を最大限に活かせる語であるかを伝え、母語知識の積極的な活用を促すことが指導に効果的な語である。ただ、PT 語は語義用法が日本語とよく似ているために、他の語群に比べて、字体・字形差に意識が及びにくい。また、語義用法が共通していても、コロケーションに違いが見られる場合もあるため、日本語教育の現場では、こういった点に NCS が気づけるような指導が必要である。

6.4.2　転用注意（CT: Carefully Transferrable）語

　CT（転用注意）語は、当該語の理解と産出において NCS は母語知識を活用できるが、その際問題の生じる恐れがあるため注意を要する語群である。CT 語は日本語と同形の中国語との間に語義用法のずれが見られるため、日中で共通している点と異なる点の違いを意識しながら学習しなければならない。学習時の留意点の違いによって CT 語はさらに以下の 3 つに下位分類できる。

(1) CT-other 語：現代語の話し言葉では同形の中国語に代わる別語の使用が一般的な語群
(2) CT-gap 語：同形の中国語との間に語義用法のずれがある語群
(3) CT-other & gap 語：CT-other 語と CT-gap 語の両方の特徴を持つ語群

以下、(1) ～ (3) について説明する。

(1) CT-other 語：現代語の話し言葉では同形の中国語に代わる別語の使用が一般的な語群

　CT-other 語は、現代語の話し言葉では同形の中国語の使用が限られており、それに代わる別の語が日常的に使用されるという語である。3.3.2 で挙げた《朝》や 6.3.2 で見た《午前》は、この CT-other 語に分類される。中国語の〈朝〉や〈午前〉は、NCS にとって語義のわかる言葉だが、現代語の話し言葉では使われず、代わって〈早上〉や〈上午〉という別の語が使われる。このように、この語群は現代語の日常的な話し言葉での使用という点で、日中の間にずれが見られる[10]。日本語と、同形の中国語、語義が対応する別語の三者の対応関係は語によって異なり、4 級漢字名詞では複数のタイプに分けられる。これについては、第 7 章の分析結果で取り上げる。

(2) CT-gap 語：同形の中国語との間に語義用法のずれがある語群

　CT-gap 語は、語に文法、あるいは意味的なずれが見られる語群である。例えば、6.3.2 (2) で挙げた《黒》は、日本語では名詞だが、同形の中国語は形容詞であるため、用法面での注意が必要となる。それに対して、意味的なずれは、日本語と中国語に共有義と独自義がある場合と、語が表す概念には類似点が見られるが、実際の語の使用は日中で異なるという場合がある。
　例えば、前者の例としては《掃除》が挙げられる。日本語の《掃除》はその規模を問わず部屋等の日常の清掃を指すが、同形の中国語〈扫除〉（〈扫〉は《掃》の簡体字）は「大掃除」や「(悪習等を) 一掃する」の意味で用いられ、

10　小室リー (2016) では、CT-other 語を「「わかる語」と「使う語」が異なる語彙群」と呼び、日中で同形の語の死角であると述べている。本書での CT-other 語の分析は、小室リー (2016) をさらに発展させたものである。

日常レベルの「掃除」には〈打扫〉という語が使われる。したがって、文脈的に「大掃除」を指している場合は、NCS にとって《掃除》は想起されやすいものの、「日常の掃除」という文脈では、《掃除》は想起されにくい。一方、後者の例としては《家族》がある。日本語の《家族》は、一般的に親と子を中心とした生活を共にする小さな集団を指すが、中国語の〈家族〉は「一族」を表しており、《家族》と〈家族〉が使用される文脈は大きく異なっている。

(3) CT-other&gap 語：CT-other 語と CT-gap 語の両方の特徴を持つ語群

　CT-other&gap 語は、日本語と語義用法が対応する現代中国語が、同形の語ではなく別語であるという CT-other 語の特徴と、日本語と同形の中国語には、日本語の語義とまったく同じではないが、共通あるいは関連する部分があり母語知識が活用できるという CT-gap 語の特徴が見られる。

　例えば、日本語の《靴》は履物全般を指す語で、中国語では〈鞋(子)〉という語がこれに相当する。日本語と同形の中国語〈靴(子)〉は、丈の長いブーツ等を指し、日本語の語義とは異なっている。〈靴〉は、もともと丈の長いブーツのような履物を指していて、日本語の中で新しい語義が加わった。このように《靴》と〈靴(子)〉には違いがあるが、NCS は、「履物」という共通した概念の知識を《靴》の学習に活かすことができる。

　CT（転用注意）語は、CT-other 語、CT-gap 語、CT-other&gap 語のいずれであっても、NCS が語を見て理解する際には母語知識が活用できる場合が多く、問題となりにくい。しかし、産出の際には、日本語との間に存在する様々なずれにより、以下の事例[11]のような誤用や非用が見られる。

> 事例①　NCS の作文（抜粋）：
> 私は留学生です。一人でトロントに住んでいます。かぞくは<u>全部</u>中国に住んでいます。とてもさびしいです。

11　本節で挙げる①〜⑤の事例は、いずれも筆者が日本語教育の現場で収集したもので、事例①、② a、③は初級（N4/5 レベル）、② b、④、⑤は中級（N3/4 レベル）の学生による。

事例①では、CT-gap 語の《全部》の使い方が適当ではない。同形の中国語〈全部〉は、対象が物の場合も人の場合も使える語だが、日本語では人を指す場合には使えない。

事例②　NCS の作文（抜粋）：
a) 花火は声が大きくて、とても安全じゃない。
b) 中国人は静かに食べることは良い修養と思っていますが、日本人は大きい声を出して、特に麺を食べる時は良い行動と思っています。

事例②は CT-other&gap の例で、a は花火の sound、b は麺をすすって食べる sound のことを表そうとしているが、どちらも《音》ではなく《声》が使われている。日本語の《声》と同形の中国語〈声〉は、voice と sound の両方の語義を持つ語で、日本語のように sound《音》に対する voice《声》ではない。

〈声〉は、中国では古くから voice と sound の両方に使われていた語で、現代中国語ではその用法がそのまま残っているが、日本語では本来の字義とは異なった使われ方がなされている。そのため、現代語でのこのような日中間のずれが、NCS の誤用や、《音》が適切に使えないといった非用を生む要因となっている。

CT 語は、NCS の母語が語の産出にどのような影響を及ぼしている可能性があるかがわからなければ、教師には問題の本質が見えにくく、NCS にとって何が問題となるかがわからない。例えば、前掲の事例では、《全部》が人ではなく物を指していたり [12]、《声》が「人の声」を表していれば、教師は《全部》や《声》に存在する日中間の差異に気づくことができない。このように、CT 語は、語が使用される文脈によってはそこに潜む問題が表面化しないという特徴が、学習や指導の難しさにつながっている。

12　「宿題を全部やってから出かけた」や「先週習った漢字を全部忘れてしまった」のような場合は、日中の用法は共通している。

6.4.3　転用マイナス (NT: Negatively Transferrable) 語

　NT（転用マイナス）語は、同形の中国語が語や語素として使用されるが、その語義（あるいは語素の意味）が日本語とは大きく異なっている。したがって、NCS が当該語の理解や産出時に母語知識に頼ると、語の誤った理解や産出を導く恐れがある。

　例えば、日本語の《机》と《新聞》は、同形の中国語と大きな隔たりがある。中国語の〈机〉（《機》の簡体字）は desk ではなく、「機械」や「機会」、「飛行機」等の意味を表す語素であり、中国語の〈新闻〉は newspaper ではなく、「ニュース」そのものを表す。そのため、日本語教育の現場では、事例③や④のような誤用が散見される。

事例③　NCS への課題：
「机の上の新聞は、もう読みました」を仮名だけで書いてください。

ひこうき のうえの しんぶんは、もうよみました。

事例④　NCS への課題：
「関する」を用いて自由に文を作ってください。英訳も書いてください。

私はさいぼう生物学のせんこうしていますが、やっぱりバイオリンの音楽に関する新聞やクラスにいちばんきょうみがあります。
I'm majoring in cell biology, but after all I'm most interested in news and classes about violin.

　事例③では、NCS が《机》を「ひこうき」と読み、事例④では、日本語の《新聞》を「ニュース」という中国語の〈新闻〉の語義で使っている。

　ただ、日中の語義の隔たりが大きいこのような語は、習得には大きな困難を伴わないと考えられている。加藤（2005a）は、文化庁（1978）のD語（日中両国語における意味が著しく異なるもの）は、母語の語義用法との違いが大きいため学習の初期段階では負の転移が見られるが、学習が進むにつれて

適切な語義用法が定着する傾向があると述べており、D 語と共通点の多い、この転用マイナス（NT）語についても同様の特徴があると考えることができる。

6.4.4　転用不可（UT: Un-Transferrable）語

　UT（転用不可）語は、当該語の理解と産出において、NCS が中国語の語彙の知識を活かすことができない語群である。中国語に同形の語がない、あるいは、かつては使われていても、専門知識のない NCS にとってその事実が自明でないものがこれに相当する。単漢字語の場合、現代語の中でその文字が語素として使用されることがなく「意味喚起性」（荒川 2018）が低いため、特定の意味とも結びつきにくい。

　例えば、3.3.2 で挙げた《朝》と同形の中国語〈朝〉は、現代中国語で morning を表す語としては使われない。しかし、現代語の複音節語や特定の言い回し等に見られる〈朝〉が morning の意味であることを NCS は知っており、その知識を日本語の漢字語彙学習に活かすことができるため、本分類では CT-other 語に分類した。それに対して、日本語の《姉》は、中国語で使用される〈姊〉[13] の異体字だが、その知識を持つのは古典の知識がある者に限られる。〈姊〉は現代中国語の中で見ることはなく、古典においても使用例が限られる語で、NCS の母語知識が《姉》の理解や産出を助けるとは言い難い。そのため、《姉》のような語は UT（転用不可）語に分類した。

　複漢字語の場合は単漢字語と異なり、語を構成する個々の漢字は現代中国語で使われているが、その組み合わせでは使用しないというケースが多い。例えば、日本語の《映画》の場合、中国語では〈映〉も〈画〉も日常的に使用される漢字だが、これらを組み合わせた〈*映画〉という語はない。一方、《自転車》の場合は、中国語に〈自转〉（〈转〉は《転》の簡体字）と〈车〉（《車》の簡体字）という語はあるが、この 2 つを組み合わせた〈*自转车〉という語はない。

　UT 語の中には、NCS が、語を構成する漢字の個々の字義や、母語に存在

13　〈姊〉の字義は elder sister で《姉》と共通しているが、現代語で一般的に使用されるのは〈姊〉ではなく、〈姐〉という別の文字である。

する似た組み合わせの語の知識を駆使することで、語義の類推が可能な場合があり、加藤（2005a）は正の転移が起こりやすい語と転移自体が起こりにくい語があることを検証している[14]。しかし、類推には必ず個人差のあること、また類推の結果が正確であるとは限らないこと等を考えると、客観的に語義の類推の可能性を測るのは極めて難しい[15]。

一方、語の産出の場合は事例⑤のような間違いが観察される。aとbは、それぞれUT語の《両親》と《夏休み》が非用となっている。aのNCSは、《両親》の代わりに、中国語で同義の〈父母〉を使っている。bでは、《夏休み》の代わりに、中国語で同義の〈暑假〉（〈假〉は「休み」の意味）が想起され、《*暑休み》というNCS自身による造語が使用されている。

事例⑤　NCSの作文（抜粋）：
a）友達の父母は私に各皿を最初に食べさせました。
b）七年前に私は初めて日本語を勉強しました。その時、長い暑休みがあったので、新しい技能がありたいでした。

以上のような基準に沿って、分析の第一段階で作成した日中対照語彙リストの各語に、PT語、CT語、NT語、UT語のラベルを付け4類に分けた後、さらに単漢字名詞と複漢字名詞に分けて分類結果の分析と考察を行った。

第7章では、これらの結果を4級漢字名詞全体、単漢字名詞、複漢字名詞の順に見ていく。

14　同様に、陳（2003a）は語を構成する漢字の字義から語義が推測できるものは学習されやすいと述べている。

15　小川（2016, 2017, 2018）は、中国語を学習する日本語母語話者を対象に、日本語にない中国語（未習）の意味推測について調査・インタビューを行った結果、未知語の推測は、的確に行える者もいればそうでない者も見られ、個人差が大きいと述べている。

第7章

語義用法に関する分析結果

　日本語の漢字語彙には、中国語の語彙と同形で NCS が母語の知識を語義用法の学習に活かすことができる語と、母語の知識が誤った理解や産出に結びつく可能性のある語、さらに、母語知識では対応できない語がある。そこで、どの語彙にどういった特徴があり、NCS が何に注意しながら学習すればよいかが具体的にわかれば、NCS に対して効果的な漢字語彙教育を行うことができる。

　本章では、NCS が母語知識をどのように活用できるかという基準で行った4分類に沿って、4級漢字名詞の分析結果を見ていく。まず、7.1 では、分類結果の全体像を紹介し、単漢字名詞と複漢字名詞に見られる特徴について考察を行う。7.2 と 7.3 では、単漢字名詞と複漢字名詞のそれぞれの分析結果を述べる。7.4 では、分類に含まなかった語の分析結果を述べ、最後に 7.5 で語義用法に関する全体のまとめを行う。

▶7.1　4級漢字名詞の4分類の全体像

　語義用法に関する分析では、第一段階で4級漢字名詞 295 語について中国語との対照分析を行い、日中対照語彙リストを作成した。第二段階ではリストの語彙に、以下の基準で、(1) PT（転用プラス）語、(2) CT（転用注意）語、(3) NT（転用マイナス）語、(4) UT（転用不可）語のラベルを付け、分類を行った。

(1) 転用プラス（PT: Positively Transferrable）語：
中国語に同形の語があり、日本語と同じように使える語

現代中国語に同形の語があり、その語義用法が日本語とおおむね共通するもの。当該語の理解と産出において、NCS が積極的に母語知識を活用することができる語群。すなわち、母語の正の転移が期待できるもの。

(2) 転用注意（CT: Carefully Transferrable）語：
中国語に同形の語あるいは語素があり、日本語と同じように使える側面と使えない側面が共存している語

| 単漢字語 |：現代中国語に同形の語があり、その語義用法には日本語と共通する部分があるが、同時にずれも見られる。または、同形の中国語が日常の話し言葉で、語ではなく語素として使用される。

| 複漢字語 |：現代中国語に同形の語があり、その語義用法には日本語と共通する部分があるが、同時にずれも見られる。

CT 語は、当該語の理解と産出において、NCS が母語知識を活用できるが、その際問題の生じる恐れがある語群。すなわち、母語の転移には正と負の両方の可能性が存在するもの。ずれの特徴によって、以下の 3 つに下位分類される。

  1) CT-other 語：
     現代語の話し言葉では同形の中国語に代わる別語の使用が一般的な語群
  2) CT-gap 語：
     同形の中国語との間に語義用法のずれがある語群
  3) CT-other & gap 語：
     CT-other 語と CT-gap 語の両方の特徴を持つ語群

(3) 転用マイナス（NT: Negatively Transferrable）語：
中国語に同形の語あるいは語素があるが、日本語と同じように使えない語

| 単漢字語 |：現代中国語に同形の語があるが、その語義用法が日本語と著しく異なる。または、同形の中国語が、日常の話し

言葉で、語ではなく語素として使用され、語素の意味が日本語と大きく異なる。

複漢字語：現代中国語に同形の語があるが、その語義用法が日本語と著しく異なる。

NT 語は、当該語の理解と産出において、NCS の母語知識の活用が、語の誤った理解や産出を導く可能性がある語群。すなわち、母語の負の転移が予想されるもの。

(4) 転用不可（UT: Un-Transferrable）語：
中国語に同形の語あるいは語素がない語

中国語に同形の語、あるいは語素が存在しない、または過去の使用が文献では確認されても、現在では使用されることがまれである等の理由で、NCS の間に語に対する共通理解があるとは言い難いもの。当該語の理解と産出において、NCS が母語に存在する語あるいは語素の知識を活用することができない語群。

分類語は 4 級漢字名詞 295 語から以下の 12 語[1] を除いた 283 語とした[2]。

位置に関する語彙：上　下　前　後ろ　中（なか）　外　隣　横　近く　向こう
時に関する語彙　：前　後（あと）　始め／初め

位置・時に関するこれらの語は、語が使用される文型や文脈が語義用法と密接に関わっているため、実質的な人や物、事柄を表す名詞と異なり単語レベルで語の特徴を捉えることが難しい。したがって、これらの語は 7.4 で別に扱うこととし、分類には含んでいない。

4 級漢字名詞 283 語の、PT（転用プラス）語、CT（転用注意）語、NT（転用マイナス）語、UT（転用不可）語への分類結果は図 7-1 のようになった。

---

[1] 《前》には、位置に関する語彙と、時に関する語彙の双方に挙げているが、語としては一語として扱う。
[2] 小室リー（2015）では、分析対象語が 294 語、そのうち分類対象語が 273 語で、各類への分類も本書の結果と一部異なっている。

PT語とCT語とUT語の3類は、それぞれ全体の約30％を占めている。それに対し、NT語は全体の10.6％と多くない。NT語は、同形の中国語の語義用法が日本語と著しく異なっているという語群で、4類の中ではこの特徴を持つ語の数が最も少ない。

次の7.1.1では、この4分類の結果を語の理解面と産出面に分けて見ていく。

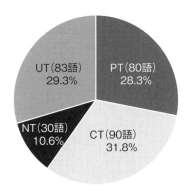

図7-1　4級漢字名詞の分類結果（283語）

7.1.1　NCSの理解と産出に関する4級漢字名詞全体の特徴

NCSが母語知識を活用して、ある程度語義が「理解可能」な語群と「産出に負の転移が予想される」語群を示すと図7-2のようになる。

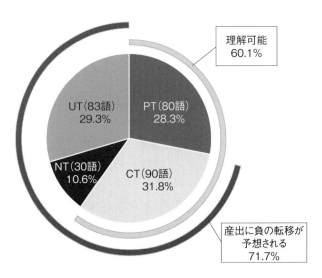

図7-2　4級漢字名詞（283語）において、NCSにとって「理解可能」な語群と「産出に負の転移が予想される」語群

NCS が母語知識を活用して、ある程度語義が「理解可能」な語群は、図 7-2 の内側の色の薄いリング部分で、PT（転用プラス）語と CT（転用注意）語を指している。PT 語は同形の語の語義用法が日本語と対応しているため、NCS が理解しようとした際に母語知識を活かして容易に語義が理解できる。CT 語は、注意して学習しなければならないが、語義用法に中国語との共通点が見られるため、語の理解にはおおむね問題ない。この PT 語と CT 語を合わせると、全体の 60.1％（170 語）の語が「理解可能」な語群となり、NCS は、4 級漢字名詞の半数以上の語彙を、母語知識を活用して理解することができる。

それに対し、「産出に負の転移が予想される」語群は、図 7-2 の外側の色の濃いリング部分で、CT（転用注意）語、NT（転用マイナス）語、UT（転用不可）語がここに含まれる。CT 語は同形の語と語義用法において相違点があり、NT 語は同形の語と語義用法が大きく異なり、UT 語は同形の語が存在しないという語群で、いずれも NCS が日中の違いを学習していなければ、適切な産出に結びつけることができない。このような中国語との違いに注意を向けて学習する必要のある語は、4 級漢字名詞全体の 71.7％（203 語）に及ぶ。

この結果を整理すると、表 7-1 のようになる。表中の色の濃い部分を見ると、理解面では、4 級漢字名詞全体の 60.1％（170 語）の語彙は、NCS にとっておおむね問題がないのに対して、産出面では、それを上回る割合（71.7％、203 語）の語に注意が必要であり、理解面と産出面の結果が対照的になっていることがわかる。

表 7-1　NCS にとっての 4 級漢字名詞の理解と産出（283 語）

	可能	負の転移が予想される
理解	PT 語・CT 語 60.1％（170 語）	NT 語・UT 語 39.9％（113 語）

	可能	負の転移が予想される
産出	PT 語 28.3％（80 語）	CT 語・NT 語・UT 語 71.7％（203 語）

この「理解可能」という特徴と「産出に負の転移が予想される」という特徴を持つのが、CT（転用注意）語で、図7-2では、内側の色の薄いリングと外側の色の濃いリングの重なっている部分に当たる。CT語は、語義はある程度理解できるが、日本語と、同形の中国語が共有する語義用法と、どちらか一方にしかない語義用法を、それぞれ正確に理解して記憶していなければ語が適切に使えない。しかし、類似している部分が大きいことで、両言語の違いに気づきにくく、学習が必要な部分に注意が向けられにくいため、4類の中で学習や指導時に最も気を付ける必要がある。このCT語は、4級漢字名詞全体の31.8％（90語）を占め、4類の中では最も数が多いが、PT（転用プラス）語とUT（転用不可）語も全体比は約30％で、他と比較してCT語の割合だけが特に高いというわけではない。

　では、このような4級漢字名詞に見られる特徴は、単漢字名詞と複漢字名詞にも共通した特徴なのだろうか。両者の間に違いはないのだろうか。次節では、4級漢字名詞を単漢字語と複漢字語に分け、4分類の結果を比較してみたい。

7.1.2　NCSの理解と産出に関する4級単漢字名詞と4級複漢字名詞の比較

　分類対象の4級漢字名詞283語は、単漢字語110語と複漢字語173語に分けられる。それぞれの4分類の結果は、図7-3と図7-4のようになった[3]。

3　各項目の全体比は小数点以下2桁目を四捨五入しているため、各項目の割合を合計して出した値と、対象となる語の総数を全体（173語）で割った値（PT語とCT語の合計、およびCT語とNT語とUT語の合計）には若干の誤差が生じている。同様の理由で、全項目の割合の合計値は100％となっていない。

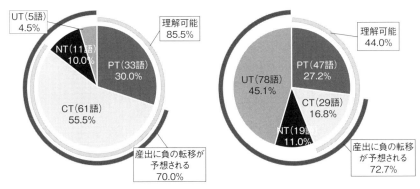

図 7-3　4級単漢字名詞（110 語）　　図 7-4　4級複漢字名詞（173 語）

　一瞥してわかるように、単漢字名詞と複漢字名詞の 4 分類では、各類の割合が双方で大きく異なるものがある。

　まず、両者の間にほとんど違いが見られないのは、同形の中国語と語義用法がよく似てる PT（転用プラス）語と同形の中国語の語義用法が著しく異なる NT（転用マイナス）語で、いずれも PT 語が約 30％、NT 語が約 10％を占めている。

　それに対し、CT（転用注意）語と UT（転用不可）語の割合は両者で大きく異なる。単漢字名詞では、CT 語の割合が過半数を占め、他の 3 類との違いが顕著だが、複漢字名詞では、CT 語は 4 類の中で最も数の少ない NT（転用マイナス）語に次いで、全体比が低い。一方、UT（転用不可）語は、単漢字名詞では 4 類の中で最も数が少なく、全体比は 5％にも満たないが、複漢字名詞では 4 類の中で最も数が多く、全体の半数近くを占めている。

　その結果、図 7-3 と図 7-4 のそれぞれ 2 本のリングが示すように、単漢字名詞では、理解可能な語の占める割合は非常に高いが、そのうち半数以上は産出に負の転移が予想される。それに対し、複漢字名詞では、理解可能な語の総数は単漢字名詞に比べると少ないが、そのうち産出に負の転移が予想される語も多くない。すなわち、4 級漢字名詞においては、複漢字語より単漢字語の方が、学習や指導時に注意の必要な語が多いということになる。単漢字名詞と複漢字名詞の特徴は、以下のようにまとめることができる。

［4級単漢字名詞の特徴］
① 理解面：理解可能な語は全体の85.5％（94語）を占めており、NCSにとって単漢字名詞の理解はほとんど問題がないと考えられる。
② 産出面：負の転移が予想される語は全体の70.0％（77語）で、NCSにとって多くの単漢字名詞の産出に問題が生じる可能性がある。
③ 単漢字名詞は、CT（転用注意）語の割合が55.5％で、4類の中で最も高い。CT語は、語の理解にはあまり問題がないが、産出時には注意が必要であり、CT語の多さが、単漢字名詞の学習や指導の難しさにつながっている。一方、UT（転用不可）語は複漢字名詞では最も数が多い語群だが、単漢字名詞では非常に少ない。

［4級複漢字名詞の特徴］
① 理解面：理解可能な語は全体の43.9％（76語）で、単漢字名詞と比べると少ない。複漢字名詞には、語の理解時にNCSが注意を向ける必要のある語が多い。
② 産出面：負の転移が予想される語は、全体の72.8％（126語）を占める。この割合は、単漢字名詞とほぼ共通しており、NCSにとって多くの複漢字名詞の産出に問題が生じる可能性がある。
③ 複漢字名詞は、同形の語が中国語にはないUT（転用不可）語の割合が最も高い。一方、単漢字名詞で最も数の多いCT（転用注意）語は、複漢字名詞ではそれほど多くない。

次節以降では、このような特徴を持つ4級単漢字名詞と4級複漢字名詞について、各分類カテゴリーに含まれる語とそれらの特徴を具体的に見ていく[4]。

▶7.2　4級単漢字名詞の分類結果

4級単漢字名詞110語の分類結果は、表7-2のようになった。分類結果を

---

[4] さらに詳しい分析結果や用例は「日中対照語彙リスト」（p.254, 巻末の解説）を参照。

示す表や図形内では、日本語と中国語との違いがわかるように、日本語はゴシック体、中国語はゴシック体と字体差の大きい FangSong を用いる。

表 7-2 4 級単漢字名詞の 4 分類（110 語）

分類	語数 （全体比）	4 級単漢字名詞								
PT 語 （転用 プラス語）	33 語 （30.0％）	頭	雨	歌	海	傘	風	紙	北	薬	車
		ご飯	魚	先	酒	塩	茶	手	鳥	肉	西
		猫	橋	花	東	左	人	窓	右	店	南
		村	山	雪							
CT 語 （転用 注意語）	61 語 （55.5％）	青	赤	秋	朝	足	兄	飴	家	池	犬
		今	妹	色	弟	男	女	顔	角(かど)	金(かね)	体
		川	木	口	靴	国	曇り	黒	声	皿	白
		空(そら)	縦	卵	父	所	年(とし)	夏	庭	歯	箱
		鼻	話	母	春	晴れ	晩	昼	服	冬	辺
		他(ほか)	本	水	道	緑	耳	目	物	門	休み
		夜									
NT 語 （転用 マイナス語）	11 語 （10.0％）	絵	奥さん	お巡り さん	鍵	方(かた)	背	机	戸	方(ほう)	皆さん
		私									
UT 語 （転用 不可語）	5 語 （4.5％）	姉	駅	鞄	箸	町					
合計	110 語 （100％）										

この結果を PT（転用プラス）語から順に見ていく。

7.2.1 4 級単漢字名詞の PT（転用プラス）語

PT 語は、現代中国語に同形の語があり、その語義用法が日本語とおおむ

ね共通する語群で、ここに分類される4級単漢字名詞は33語ある。PT語は、語の理解と産出において、NCSが積極的に母語知識を活用することができ、母語の正の転移が期待できる。

　PT語は語義用法が日中でおおむね共通するという語群であるため、学習や指導の際の留意点は多くない。しかし、語によっては対応する中国語に類義語があり、それらが文脈や共起する語によって使い分けられるため、コロケーションには注意が必要である。

　表7-3では、注意が必要な語に留意点を明記し、特筆する事項がない場合は「-」で示した。また、すべての語に対し、主に初級レベルの用例(コロケーション)を挙げた。日本語に対応している中国語がわかりにくい場合は、下線を引いて示した[5]。

表7-3　4級単漢字名詞のPT語(33語)の特徴

漢字語	留意点・補足事項	用例(コロケーション)
頭	「頭がいい」のように「頭」が体の部位でない場合、中国語では《头》(《頭》の簡体字)は使わない。	・頭が痛い　〈头疼〉 ・頭がいい　〈聪明〉
雨	-	・雨が降る　〈下雨〉 ・雨がやむ　〈雨停〉
歌	中国語の〈歌〉は動詞としては使われない。	・日本の歌　〈日语歌〉 ・歌を歌う　〈唱歌〉
海	「海に行く」のように《海》が「海辺、ビーチ」を表す時、中国語では「海に行く」ではなく「海辺〈海边〉に行く」のようにいう。	・海で泳ぐ　〈在海里游泳〉 (〈里〉は「～の中」の意味) ・海に行く　〈去海边〉
傘	「傘をさす」に用いる中国語の〈打〉は「打つ」ではなく「掲げる、挙げる」の意味。	・傘を持って行く　〈帯傘〉 ・傘をさす　〈打伞〉

---

[5] 本章において分類語をまとめた表は、分類カテゴリーの特徴によって多少項目等に違いはあるが、用例(コロケーション)の書き方は表7-3に準じる。

風	「(風が)吹く」には中国語で〈吹〉を用いない。 中国語にも〈強風〉という名詞はあるが、「風が強い」という時は、「風が大きい」という。	・風が吹く　〈刮风〉 ・風が強い　〈风很大〉
紙	—	・紙に名前を書く　〈在纸上写下名字〉 ・ドアに紙が貼ってある　〈纸被贴在门上〉
北	中国語では《北》と同じ意味で〈北边〉(〈边〉は《辺》の簡体字)という語も使われる[6]。	・駅の北口　〈车站北口〉 ・空港は島の北にある　〈机场在岛的北边〉
薬	中国語では「薬を飲む」ではなく、「薬を食べる〈吃〉」という。	・薬を飲む　〈吃药〉 ・薬を買う　〈买药〉
車	中国語では自動車だけでなく、列車や自転車のことも〈车〉(《車》の簡体字)という。「自動車」を限定して指す場合は〈汽车〉が用いられる。中国語の〈汽车〉に日本語の「汽車/train」の意味はない。 また、「運転する」には〈开〉(《開》の簡体字)という動詞が使われる。	・車を持っている　〈有车〉 ・車を運転する　〈开车〉 ・車で空港に行く　〈坐车去机场〉 ・自転車を置くスペースはありますが、車を置くスペースはありません　〈这里有停自行车的地方，但没有停汽车的地方〉
ご飯	中国語の〈饭〉(《飯》の簡体字)は、日本語と同様、「食事」と「米飯」の意味があるが、「米飯」の意味に限定したい場合は〈米饭〉が用いられる。	・ご飯を食べる　〈吃饭〉 ・(私は)ご飯の方がパンより好きだ　〈比起面包我更喜欢米饭〉
魚	—	・この湖には魚がたくさんいる　〈这个湖里有很多鱼〉 ・魚を食べる　〈吃鱼〉
先	—	・「お先に失礼します」〈我先走了〉 ・「お先にどうぞ」〈你先请〉 ・(私は朝御飯を食べる前に)先にコーヒーを飲む　〈(吃早餐前)我先喝咖啡〉

6　《南》、《東》、《西》についても同じ。

酒	《酒》が「日本酒」のみを指す場合、中国語では〈日本酒〉という。	・（お）酒を飲む　〈喝酒〉 ・（私は）ビールより（お）酒の方が好きだ　〈比起啤酒我更喜欢日本酒〉
塩	—	・「塩を取ってください」　〈请帮我拿下盐〉 ・塩を入れすぎた　〈放了太多盐〉
茶	中国語では「（お茶を）入れる」には、〈泡〉や〈沏〉という動詞が使われる。 「お茶を飲む」の《お茶》がteaに限らない場合、中国語では「（何か）物〈东西〉を飲む」というような表現をする。	・お茶を飲む　〈喝茶〉 ・お茶を入れる　〈泡/沏茶〉 ・お茶を習う　〈学习茶道〉 ・どこかでお茶を飲みませんか　〈找个地方喝点东西吧〉
手	日本語では《手》が「腕」を含むこともあるが、中国語の〈手〉にはそのような語義用法はない。中国語の〈腕〉は「手首」の意味。	・（私は）手が小さい　〈我的手很小〉 ・窓から手を出さないでください　〈请不要把手伸到窗外〉 ・手で食べる　〈用手吃〉
鳥	日本語では《鳥》が「鶏肉」の意味で使われることもあるが、中国語にはそのような語義用法はない。	・赤い鳥　〈红色的鸟〉 ・鳥の声　〈鸟鸣〉
肉	—	・肉を食べる　〈吃肉〉 ・これは何の肉ですか　〈这是什么肉？〉
西	—	・駅の西口　〈车站西口〉 ・空港は町の西にある　〈机场在城市的西边〉
猫	中国語では「（猫等のペットを）飼う」には〈养〉(《養》の簡体字)が使われる。	・黒い猫　〈黑色的猫〉〈黑猫〉 ・猫を飼う　〈养猫〉
橋	中国語では「（橋を）渡る」には〈过〉(《過》の簡体字)が使われる。	・古い橋　〈老桥〉〈古桥〉 ・橋を渡る　〈过桥〉
花	中国語では〈咲〉は〈笑〉の異体字とされ使われていない。「咲く」には〈开〉(《開》の簡体字)が使われる。	・花が咲く　〈开花〉 ・花をあげる　〈送花〉

7.2 4級単漢字名詞の分類結果

東	―	・駅の東口　〈车站东口〉 ・町の東に大きい公園がある　〈城市的东边有一个很大的公园〉
左	中国語では《左》と同じ意味で〈左边〉（〈边〉は《辺》の簡体字）という語も使われる。 「(左に) 曲がる」には〈转〉(《転》の簡体字)や〈拐〉が使われる[7]。	・左に／へ曲がる　〈左转〉 ・電話はトイレの左にある　〈电话在洗手间的左边。〉
人	中国語では〈人〉は〈个〉(《個》の簡体字)を用いて「1個、2個、…」と数える。	・人が多い　〈人多〉 ・人が少ない　〈人少〉 ・知らない人　〈陌生人〉 ・店の人　〈店员〉
窓	中国語では「閉める」に〈关〉(《関》の簡体字)が使われる。	・窓を開ける　〈开窗〉 ・窓を閉める　〈关窗〉
右	―	・右に／へ曲がる　〈右转〉 ・コンビニは銀行の右にある　〈便利店在银行的右边〉
店	―	・この店の食べ物　〈这家店的食物〉 ・店で買う　〈在店里买〉 ・店の人　〈店员〉
南	―	・駅の南口　〈车站南口〉 ・島の南に小さい港がある　〈岛的南边有一个小港口〉
村	中国語では《村》と同じ意味で〈村子〉という語も使われる。	・村の祭り　〈村里的庙会〉 ・小さい村　〈小村子〉
山	中国語では「(山に) 登る」に〈爬〉と〈登〉が使われる。	・高い山　〈高山〉 ・山に登る　〈爬山〉〈登山〉
雪	―	・雪が降る　〈下雪〉 ・今朝は雪だった　〈今天早上下雪了〉

7　《右》についても同じ。

7.2.2　4級単漢字名詞のCT（転用注意）語

　CT語は、現代中国語に同形の語、あるいは語素としての使用が見られるが、その語義用法において日本語との間にずれがある。ずれの多くは、NCSが母語知識を利用して語を理解しようとする際には問題にならないが、語の産出時には誤用や非用の原因となりうる。語義が理解できているからといって、その語が適切に使えるとは限らないのがこの語群の特徴である。4級単漢字名詞のCT語は、表7-4のように61あり、ずれの特徴によって、さらに以下の3つに下位分類できる。

（1）CT-other語：現代語の話し言葉では同形の中国語に代わる別語の使用が一般的な語群
（2）CT-gap語：同形の中国語との間に語義用法のずれがある語群
（3）CT-other＆gap語：CT-other語とCT-gap語の両特徴を持つ語群

表7-4　4級単漢字名詞のCT（転用注意）語（61語）

CT-other語 （40語）	赤	秋	朝	足	兄	池	犬	今	妹	色	弟	顔
	金(かね)	体	川	木	口	国	曇り	空(そら)	縦	父	所	夏
	庭	歯	鼻	母	春	晩	昼	服	冬	他(ほか)	本	道
	耳	目	物	夜								
CT-gap語 （12語）	家	男	女	黒	白	卵	年(とし)	話	晴れ	辺	水	緑
CT-other＆gap語 （9語）	青	飴	角(かど)	靴	声	皿	箱	門	休み			

　（1）のCT-other語は、古くは日本語と同形の語が中国語でも使用されていたが、現代語ではそれに代わる別語の使用が一般的な語群を指す。CT-other語は、NCSが語を理解しようとする際には母語知識が活かせるが、産出の際に誤用や非用に結びつく可能性がある。このような語が4級単漢字名詞には40語ある。
　（2）のCT-gap語は、日本語と同形の中国語が現代中国語でも使用される

が、語義用法にずれが見られる語で、4 級単漢字名詞には 12 語ある。これらの語は、日中で共有される語義用法と、一方にしかない語義用法に注意する必要がある。

（3）の CT-other&gap 語 は、CT-other 語と CT-gap 語の両方の特徴を持つ語で、4 級単漢字名詞には 9 語ある。この 3 類の中では、日本語と中国語との対応関係が最も複雑な語群である。

この 3 類の全体比を円グラフで表すと図 7-5 のようになり、CT-other 語が CT（転用注意）語全体の約 3 分の 2 を占めていることがわかる[8]。以下、（1）～（3）の順に、分類語を見ていく。

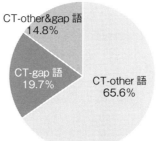

図 7-5　4 級単漢字名詞の CT 語（61 語）の下位分類

（1）4 級単漢字名詞の CT-other 語：
現代語では同形の中国語に代わる別語の使用が一般的な語群

4 級単漢字名詞の CT-other 語は 40 語あり、CT（転用注意）語全体（61 語）の約 65.6％を占めており、CT 語の中で最も数が多い。

CT-other 語と中国語との対応関係は、3.3.2 で用いた以下の図 7-6（図 3-2 を再掲）で表すことができる。この図は、日本語の漢字語《日 X》と同形の〈中 X〉（図右上のグレーの点線枠の中国語）が、古くは《日 X》と同じ意味で使用されていたが、現代中国語の中では単独で語として使われず、日本語に語義用

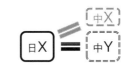

図 7-6　4 級単漢字名詞の CT-other 語

法が対応するのは、〈中 X〉とは別の〈中 Y〉（図右下の二重線枠の中国語）であることを表している。

例えば、《日 X：服》に語義用法が対応する現代中国語は〈中 Y：衣服〉で、

8　各項目の全体比は小数点以下 2 桁目を四捨五入しているため、これらの合計値は 100％となっていない。

〈中 X：服〉は語素として複音節語の構成要素にはなるが、clothes の意味で単独で使われることはない[9]。〈中 Y：衣服〉と同形の日本語《衣服》は、《日 X：服》と類義語の関係にあるため、NCS にとっては、《服》と《衣服》の使い分けが問題となる。それに対し、《日 X：歯》の場合は、語義用法が対応する中国語は〈中 Y：牙〉で、同形の日本語《日 Y：牙》は《日 X：歯》と語義が大きく異なっているため、NCS にとって両者の違いはわかりやすい。このように、同じ CT-other 語の中でも、日中の対応関係には語によって異なった特徴が見られる。そこで、CT-other 語を語義用法が対応する中国語と、それと同形の日本語との対応関係の違いによって、表7-5 のように A 〜 D の 4 タイプに分けた。

表 7-5　4 級単漢字名詞の CT-other 語の 4 タイプ

A	(図)	日本語 X の語義に対応する中国語 Y には、同形の日本語 Y がない。 例：日本語 X：《顔》　語義が対応する中国語 Y：〈脸〉 　　日本語 Y：《*脸》
B	(図)	日本語 X の語義に対応する中国語 Y には、同形の日本語 Y があり、それが日本語 X および中国語 Y と同義または類義である。 例：日本語 X：《服》　語義が対応する中国語 Y：〈衣服〉 　　日本語 Y：《衣服》
C	(図)	日本語 X の語義に対応する中国語 Y には、同形の日本語 Y があり、それは中国語 Y とは同義または類義だが、日本語 X とは語義が異なる。 例：日本語 X：《所》　語義が対応する中国語 Y：〈地方〉 　　日本語 Y：《地方》
D	(図)	日本語 X の語義に対応する中国語 Y には、同形の日本語 Y があるが、それは日本語 X とも中国語 Y とも語義が異なる。 例：日本語 X：《歯》　語義が対応する中国語 Y：〈牙〉 　　日本語 Y：《牙》　語義が対応する中国語 Z：〈獠牙〉

9　『汉语大词典』（汉语大词典编辑委员会・汉语大词典编纂处编纂 1986 〜 1993）によると、〈服〉は衣服や調度品、車を引く馬、宮殿等の総称として用いられていたことが記されている。

7.2 4級単漢字名詞の分類結果

以下、A〜D のタイプごとに CT-other 語の特徴を見ていく。

① A タイプの CT-other 語

A タイプの CT-other 語は、図 7-7 のように日中の対応関係が最もシンプルな構図で表される。
《顔》を例に見てみると、同形の〈中 X：顔〉は単独で face を表す語ではなく、日本語の《日 X：顔》に対応するのは〈中 Y：脸〉という語になる。日本語には、これと同形の《日 Y：*臉》(〈脸〉の繁体字) という語はなく、この文字も使われていない。

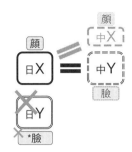

図 7-7　4 級単漢字名詞
A タイプの CT-other 語

A タイプの CT-other 語は、《日 X：顔》と同形の〈中 X：顔〉が、どちらも face の意味を表すという点では共通しているが、face を表す現代中国語は、〈中 X：顔〉でなく〈中 Y：脸〉であること、そして日本語には同形の《日 Y：*臉》という語はないという点を NCS は学習し、産出時に《日 X：顔》が使用できるようにする必要がある。学習時に《日 X：顔》と〈中 Y：脸〉の結びつきが弱いと、産出時に《日 X：顔》が想起されない。このような A タイプの CT-other 語には表 7-6 のように 17 語ある。

表 7-6　4 級単漢字名詞の A タイプの CT-other 語 (17 語) の特徴

漢字語	現代中国語	用例 (コロケーション)
秋	〈秋天〉	・秋がいちばん好きだ 〈最喜欢秋天〉 ・秋になった 〈秋天到了〉
朝[10]	〈早上〉 〈凌晨〉 ＝夜明け前	・朝コーヒーを飲む 〈早上喝咖啡〉 ・朝 5 時に出かける 〈早上/凌晨五点出门〉 ・朝早く起きる 〈早上早起〉
兄[11]	〈哥哥〉	・兄が一人いる〈有一个哥哥〉 ・友達のお兄さん 〈朋友的哥哥〉

10　中国語の「朝」は指す時間帯によって、さらに複数の語で使い分けられる (绍 2004)。
11　中国語には、自分の brother と他人の brother を言い分ける「兄」と「お兄さん」のような異なった語はない。他の兄弟姉妹の語についても同じ。

池	〈池塘〉	・池で遊ぶ　〈在池塘边玩耍〉 ・池の周りを歩く　〈绕着池塘走〉
妹	〈妹妹〉	・妹が二人いる　〈有两个妹妹〉 ・先生の妹さん　〈老师的妹妹〉
弟	〈弟弟〉	・弟が一人いる　〈有一个弟弟〉 ・友達の弟さん　〈朋友的弟弟〉
顔	〈脸〉	・顔を洗う　〈洗脸〉 ・顔が青い　〈脸色苍白〉（〈脸色〉は「顔色」） ・顔が赤くなった　〈脸红了〉
曇り	〈阴天〉	・午後は曇りでしょう　〈下午会是阴天〉 ・曇りのち雨　〈阴转雨〉
縦	〈竖〉	・名前を縦に書く　〈竖着写名字〉
夏	〈夏天〉	・夏に旅行する　〈在夏天旅游〉 ・京都の夏は暑い　〈京都的夏天很热〉 ・夏のクラス（サマーコース）を取る　〈上暑期课程〉[12]
鼻	〈鼻子〉	・鼻がかゆい　〈鼻子痒〉 ・鼻(水)が出る　〈流鼻涕〉
春	〈春天〉	・春になると花が咲く　〈春天的时候花都开了〉 ・春の方が秋より好きだ　〈比起秋天更喜欢春天〉
晩	〈晚上〉	・昨日の晩　〈昨天晚上〉 ・(私は)朝から晩まで忙しい　〈我从早到晚都很忙〉[13]
昼	〈中午〉 ＝正午 〈白天〉 ＝日中	・昼ごろ出かける　〈中午出门〉 ・昼の電車は混んでいない　〈白天的火车不拥挤〉
冬	〈冬天〉	・冬は寒い　〈冬天很冷〉 ・冬に雪が降る　〈冬天会下雪〉

---

[12] 中国語では「夏休み」に関連する語は、〈夏〉ではなく〈暑〉を用いて、〈暑假〉〈夏休み〉や〈暑期〉〈夏休みの期間〉のように表される。

[13] 〈从早到晚〉は「朝から晩まで」という決まった表現。〈早〉は morning の意味。

7.2 4級単漢字名詞の分類結果 167

目	〈眼睛〉	・目が大きい 〈眼睛大〉 ・目が疲れた 〈眼睛疲劳〉 ・目が悪い 〈视力不好〉 ・先生にお目にかかる 〈和老师见面〉
夜[14]	〈晚上〉	・昨日の夜寝られなかった 〈昨天晚上睡不着〉 ・夜遅く電話する 〈晚上很晚打电话〉[15]

② Bタイプの CT-other 語

BタイプのCT-other語は図7-8のように表せる。Aタイプでは《日Y》(《顔》の例では《*臉》)が日本語で使われない語だったが、Bタイプでは《日Y》が《日X》と類義語の関係にある。

例えば、日本語の《日X：赤》に対する現代中国語は〈中X：赤〉ではなく、〈中Y：红色〉という語で、これと同形の《日Y：紅色》は《日X：赤》と類義関係にある。《日X》と《日Y》の類似の程度は語によって異なる。

このようなBタイプのCT-other語は、4級単漢字名詞の中で表7-7のように10語ある。

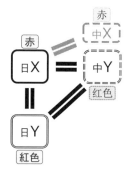

図 7-8 4級単漢字名詞 BタイプのCT-other語

表 7-7 4級単漢字名詞のBタイプの CT-other 語 (10 語) の特徴

漢字語	現代中国語	用例 (コロケーション)
赤	〈红色〉	・好きな色は赤です。 〈最喜欢的颜色是红色。〉 ・信号が赤になった。 〈红绿灯变红了〉

---

14 日本語では「昨日の晩」と「昨日の夜」は同じ語義で使うことが可能だが、中国語では〈夜〉を含む語は、〈夜里〉(夜10時ごろ〜12時)、〈夜半〉(夜12時前後)、〈深夜〉(夜12時前後以降から夜が明けない4時までの時間)など暗くなってからの夜遅い時間を指している(绍2004)。

15 〈很晚〉の〈晚〉は night ではなく、「遅い時間」を表している。

犬	〈狗〉	・小さい犬　〈小狗〉 ・犬を飼う　〈养狗〉 ・犬を散歩に連れて行く　〈遛狗〉
今	〈现在〉 〈刚才〉＝ たった今 （過去）	・今何時ですか。　〈现在几点？〉 ・「コピー、まだですか」「今します」〈"复印还没好吗？""现在就去做"〉 ・「小川さんは？」「今帰りましたよ」〈"小川小姐在哪里？""她刚走了"〉
かね 金	〈钱〉	・お金がない　〈没有钱〉 ・友達にお金を借りる　〈向朋友借钱〉 ・細かいお金　〈零钱〉
体	〈身体〉	・体に気を付ける　〈注意身体〉 ・体にいい／悪い　〈対身体好／対身体不好〉
川	〈河〉	・うちから川が見える　〈从我们家可以看到河〉 ・川で釣りをする　〈在河边钓鱼〉
木	〈树〉	・木の下で休む　〈在树下休息〉 ・木が倒れている　〈树倒了〉 ・木の椅子　〈木制的椅子〉
国	〈国家〉	・いろいろな国に行く　〈去各种国家〉 ・国へ帰る（国境を越える）　〈回国〉 ・国へ帰る（国境を越える如何は関係ない）〈回家〉
そら 空	〈天空〉	・空が暗くなる　〈天空变暗〉 ・空（上空）を飛ぶ　〈在天上飞〉
服	〈衣服〉	・高い服を買った　〈买了贵的衣服〉 ・服が汚れた　〈衣服脏了〉

　このうち、日本語の《今》は、「今現在」、「今すぐ起こる未来」、「今に近い過去」を表すことができるが、中国語の場合、「今現在」と「今すぐ起こる未来」は〈现在〉、今に近い過去は〈刚〉や〈刚才〉（〈刚〉は《剛》の簡体字）という語を用いて区別する。「今すぐ（する）」には〈马上〉（〈马〉は《馬》の簡体字）という別の語を用いることもあり、中国語では複数の語で使い分ける「今」に対し、日本語ではすべて《今》で表現できるということが学習や指導のポイントとなる。
　《木》の場合、語義用法が対応する中国語は、植物としての tree は〈树〉(《樹》

の簡体字)で表し、日本語と同形の〈木〉は主に木材を表すのに使われる。

《国》については、日本や中国のような country を指して、「(今いる国から)(自分の)国へ帰る」という場合は〈回国〉という決まった言い方で〈国〉が使われる。それに対して《国》が home(town) を指す場合、中国語では〈回家〉または〈回老家〉といい、〈国(家)〉が用いられないため、NCS の母語知識では「国(ふるさと)に帰る」の理解や産出に困難が伴う可能性がある。

B タイプの《日 X》と《日 Y》は、単に類義語の関係にあるだけでなく、《服》と《衣服》、《国》と《国家》のように、語によっては和語と漢語の対を成している場合もあり、対訳レベルの語義だけでなく、語が使用される文体やコロケーションの違いにも留意する必要がある。

また、4 級単漢字名詞の B タイプには、A タイプとの混合タイプの語が見られる。《日 X》に語義が対応する〈中 Y〉が複数あり、そこに A と B の両方のタイプが観察される場合である。

《父》を例に見てみよう。日本語の《日 X：父》に語義が対応する中国語は、図 7-9 のように日常的な話し言葉のレベルでは左側の〈中 Y：爸爸〉となるが、右側の〈中 Y：父親〉(〈亲〉は《親》の簡体字)という少しかたい語もある。日本語には《日 Y：*爸爸》という語はないため、《日 X：父》と〈中 Y：爸爸〉の関

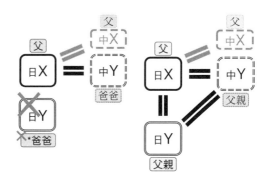

図 7-9　4 級単漢字名詞
A・B 混合タイプの CT-other 語

係は A タイプになる。それに対し、《日 X：父》と〈中 Y：父亲〉の関係は、《日 Y：父親》が《日 X：父》と類義語の関係にある B タイプに該当する。このような A・B 混合タイプは、4 級単漢字名詞には表 7-8 のように 4 語あり、いずれも表内の上段の語に着目すると A タイプ、下段の語では B タイプとなる。

表7-8 4級単漢字名詞のA・BタイプのCT-other語（4語）の特徴

漢字語	現代中国語	用例（コロケーション）
父	〈爸爸〉	・父は厳しい 〈我爸爸很严厉〉 ・友達のお父さんはよく外国に行く 〈朋友的爸爸经常出国〉 ・子供「お父さん、ご飯、できたよ」〈孩子："爸爸，饭好了"〉
	〈父亲〉	・こちらは私の父です 〈这是我的父亲〉 ・友達のお父さんはよく外国に行く 〈朋友的父亲经常出国〉
庭	〈院子〉	・うちの庭に小さな木がある 〈我的院子里有一棵小树〉 ・毎朝庭でヨガをする 〈每天早上我在院子里做瑜伽〉
	〈庭园〉	・その庭は50年前に造られた 〈那座庭园／园林是五十年前建造的〉 ・その寺には大きい庭がある 〈那座寺庙有一个很大的庭园〉
母	〈妈妈〉	・（私の）母は高校の先生だ 〈我妈妈是高中老师〉 ・友達のお母さんは病院で働いている 〈朋友的妈妈在医院工作〉 ・子供「お母さん、おやすみなさい」〈孩子："晚安妈妈"〉
	〈母亲〉	・こちらは私の母です 〈这是我的母亲〉 ・友達のお母さんは病院で働いている 〈朋友的母亲在医院工作〉
道	〈路〉	・日本の道はあまり広くない 〈日本的路并不宽〉 ・この道をまっすぐ行ってください 〈请沿着这条路直走〉 ・人に道を聞いた 〈找人问了路〉
	〈道路〉	・カナダの道は広い 〈加拿大的道路很宽〉 ・この道はトラックは通れない 〈这条道路禁止卡车通行〉

中国語では、日本語の《父》と《お父さん》、《母》と《お母さん》のように、自分と他人の親を言い分ける語はなく、日常語では、どちらを指す場合も〈爸爸〉、〈妈妈〉という語が用いられることが多い。〈父亲〉や〈母亲〉は、

〈爸爸〉や〈妈妈〉と比べるとかたい語だが、話し言葉の中でも使われ、また自分の親と他人の親のどちらについても使えるという点で、〈爸爸〉、〈妈妈〉と語義用法が共通している。ただし、〈父亲〉と〈母亲〉は相手に呼びかける際には使われない。

《庭》に対する〈院子〉と〈庭园〉（〈园〉は《園》の簡体字）では、前者が住居の前や裏にある空間を指すのに対し、後者は花や木、池等の景観を考えて設計された garden を指すという違いがある。後者のような garden を指す場合、〈园林〉という別の語も用いられる。

《道》に対する〈路〉と〈道路〉では、〈路〉の方がより一般的な日常語であるという点、また〈路〉には物理的な road 以外に direction の語義用法があるという点が異なっている。

③ C タイプの CT-other 語

C タイプの CT-other 語は、B タイプと構図が似ていて、図 7-10 のように表せる。B タイプと異なるのは《日 X》と《日 Y》が異義だという点である。

例えば、日本語の《日 X：所》と語義用法が対応する中国語は〈中 Y：地方〉という語で、この語は日本語の《日 Y：地方》と同じ意味でも使われる。しかし、日本語では、《日 X：所》と《日 Y：地方》は語義用法が大きく異なっているため、NCS が日本語の《地方》を中国語の〈中 Y：地方〉と同じように使用すると問題が生じうる。このような C タイプの CT-other 語は、表 7-9 のように 3 語ある。

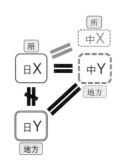

図 7-10　4 級単漢字名詞 C タイプの CT-other 語

表7-9 4級単漢字名詞のCタイプのCT-other語（3語）の特徴

漢字語	現代中国語	用例（コロケーション）
所	〈地方〉	・（私は）夏休みにいろいろな所に行きたい　〈我暑假想去很多地方玩〉 ・[授業中] 先生「皆さん、これは大事な所ですから、よく復習してください」[上课时]〈老师："同学们，这个地方很重要，请好好复习"〉 ・山田さんはさっきエレベーターの所にいましたよ　〈山田先生刚才在电梯那边〉 ＊中国語の〈地方〉は日本語の《地方》と次のような使い方で共通している。 ・この地方は、冬、雪が多い　〈这个地方冬天经常下大雪〉
他 (ほか)	〈別〉 〈其他〉	・私は田中さんの電話番号がわかりませんから、他の人に聞いてください　〈我不知道田中先生的电话号码，请问别人吧〉 ・他に何か質問はありませんか　〈还有其他问题吗？〉 ＊「〜の他に」、「〜以外では」の語義の場合は、〈別〉ではなく〈除〉を使う。 ・お金の他にパスポートも取られた　〈除了钱，我的护照也被偷了〉 ＊中国語の〈別〉は日本語の《別》と次のような使い方で共通点がある。 ・このスーツケースは、この店では8千円ですが、別の店では1万円でした　〈这个旅行箱在这家店卖8000日元，在别的店卖10000日元〉
物	〈东西〉	・（私は）甘い物が好きだ　〈我喜欢甜的东西〉 ・（私は）子供の時、いろいろな物をなくした　〈我小时候丢过各种各样的东西〉 ＊中国語の〈东西〉は日本語の《東西》と次のような使い方で共通している[16] ・この道は東西に走っている　〈这条路是东西向的〉

16　中国語では〈东西〉の声調の違いで、「物」と「東西」の語義を区別している。

④ D タイプの CT-other 語

　Dタイプの CT-other 語は、図 7-11 のように表すことができる。構図はCタイプとよく似ているが、Cタイプとの違いは、〈中 Y〉と同形の《日 Y》は、《日 X》だけでなく〈中 Y〉とも異義の関係にあるという点である。前掲の《歯》と、さらに《足》を例に説明しよう。

　日本語の《日 X：歯》は、中国語の〈中 Y：牙〉と語義用法が共通している。同形の《日 Y：牙》は、《日 X：歯》と語義用法が異なるだけでなく、〈中 Y：牙〉とも異なっている。日本語の《日 Y：牙》に語義用法が対応する中国語は〈中 Z：獠牙〉という別の語になる。

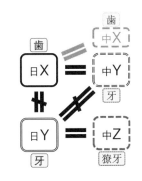

図 7-11　4 級単漢字名詞
D タイプの CT-other 語

　《足》の場合は、日中の対応関係がさらに複雑になっている。日本語の《日 X：足》をくるぶしから下の foot/feet に当たる部位に限ると[17]、語義用法が対応する中国語は〈中 Y：脚〉となる。日本語で《日 Y：脚》と言えば、leg/legs を指すことが多く、中国語の〈中 Y：脚〉とは指す部位が異なる。一方、中国語では日本語の《日 X：脚》の部分を〈中 Z：腿〉という。

　このように、《日 X》、《日 Y》、〈中 Y〉、〈中 Z〉の対応関係が複雑な語は、4 級単漢字名詞には表 7-10 と表 7-11 に示したように 6 語ある。表 7-10 の中で縦書きで示した「＝」は、上下の語の語義が同義・類義であること、「≠」は、大きく異なっていることを表す。

17　日本語では、文脈に応じて《足》が foot/feet の語義でも leg/legs の語義でも用いられるのに対し、中国語では指す部位に応じて〈脚〉と〈腿〉で使い分けられるため、日本語の《足》に対応する中国語は一語で表せない。

表 7-10 4級単漢字名詞のDタイプのCT-other語（6語）

日本語《日X》	足	色	口	歯	本	耳
	‖	‖	‖	‖	‖	‖
《日X》に語義が対応する中国語〈中Y〉	脚	颜色	嘴	牙	书	耳朵
	╫	╫	╫	╫	╫	╫
〈中Y〉と同形の《日Y》	脚	顔色	嘴	牙	書	耳朶
	‖	‖	‖	‖	‖	‖
《日Y》に語義が対応する中国語〈中Z〉	腿	脸色	鸟嘴	獠牙	书画,真迹	耳垂

表 7-11 4級単漢字名詞のDタイプのCT-other語（6語）の特徴

漢字語	現代中国語	用法（コロケーション）
足	foot/feet:〈脚〉 leg(s):〈腿〉	・足(foot)を踏まれた　〈脚被踩了〉 ・足(legs)が痛い　〈腿疼〉
色	〈颜色〉	・何色が好きですか　〈你喜欢什么颜色？〉 ・いろいろな色のシャツ　〈各种颜色的衬衫〉
口	〈嘴〉	・口を開ける　〈张开嘴〉
歯	〈牙〉	・歯が痛い　〈牙疼〉 ・歯を磨く　〈刷牙〉
本	〈书〉	・古い本　〈旧书〉 ・本を読む　〈看书〉〈读书〉[18]
耳	〈耳朵〉	・耳が痛い　〈耳朵疼〉

　4級単漢字名詞のCT-other語には、以上のようなA～Dの4タイプがあり、いずれも《日X》と同形の〈中X〉は現代中国語の中で《日X》と同義同用法で使われる語ではないという共通した特徴がある。ただ、この中には、現代語の日常語レベルで〈中X〉が《日X》とは異なった語義用法で使われている語がある。

18　中国語では、「本を読む」に相当する動詞として、〈看〉(見る)と〈读〉(読む〈读〉は

例えば、CT-other 語の D タイプに分類した《本》は、図 7-12 のように表せる。

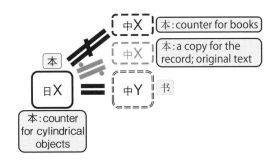

図 7-12　現代語で〈中 X〉が別の語義用法で使用されている例
　　　　（「≒」は語義に関連性のあることを示す）

現代中国語で book を表すのは〈中 Y：书〉（《書》の簡体字）という語で、日本語と同形の〈中 X：本〉は、古くは「底本、原本、オリジナル」を指したが、現代語では book を数える量詞[19]として使われている。例えば、日本語で「一冊の本」というのを、中国語では〈一本书〉という。《本》は、日本語でも助数詞[20]として使われるが、中国語の〈本〉とは数える対象が異なるため、日本語の《本》と中国語の〈本〉との対応関係が一層複雑になっている。NCS にとっては、book よりも量詞の語義用法の方が想起されやすい。

同様の例として、表 7-12 のような語がある。いずれも NCS にとっては、sky, evening, other よりも、こちらの語義の方が想起される可能性が高い。

《読》の簡体字）がある。両者に意味の上で大きな違いはないが、〈读书〉は「勉強する」という意味でも使われる。

19　「量詞」は、中国語文法において日本語の助数詞に相当する（瀬戸口 2003）。

20　高橋（2001）は、字音語の中には、語の用法が漢字本来の字義から相当程度逸脱しているものがあると述べ、助数詞としての日本語の《本》はそれに当たるとしている。

表 7-12　日本語と同形の中国語〈中 X〉の現代語の中での語義用法

漢字語	現代語の中で使用される〈中 X〉の語義用法と用例
空	「空っぽ」、「空いている」、「暇(な時間)」 例）冷蔵庫の中は空っぽだ　〈冰箱是空的〉 　　駐車場に空いているスペースがある　〈停车场里有空位〉 　　私は今日午前中暇だ　〈我今天上午有空〉
晩	「遅い」 例）遅くなってすみません　〈対不起，我来晩了〉
他	三人称単数の人称代名詞「彼」 例）彼は大学生だ　〈他是大学生〉

　このように CT-other 語には、同形の中国語との関係や、語義用法が共通し現代語の中で使用される中国語との関係が、単純なものから複雑なものまであり、NCS の語の理解や産出の際の問題が、このような日中の対応関係に起因している可能性がある。特に、NCS が容易に理解できる語については、産出にも問題がないことを確認しながら指導を進めることが重要である。

(2) 4 級単漢字名詞の CT-gap 語：
　　同形の中国語との間に語義用法のずれがある語群
　CT-gap 語は、同形の中国語との間に語義用法のずれが見られる語で、4 級単漢字名詞の CT（転用注意）語全体（61 語）の 19.7％を占める。CT-gap 語は日本語と同形の中国語が現代語の中でも使用され、語義あるいは用法に共通点があるため、NCS が漢字語彙学習に母語知識を活かすことができる。CT-gap 語は表 7-13 のように、(A) 日中で品詞が異なる語群と、(B) 語義用法にずれがある語群の 2 つのタイプに分けられ、さらに B タイプはずれの違いにより B-1 と B-2 に分けられる。

7.2 4級単漢字名詞の分類結果

表7-13　4級単漢字名詞のCT-gap語の下位分類

4級単漢字名詞のCT-gap語のタイプ				
A 6語	日本語Xと同形の中国語Xで品詞が異なる			
B 6語	日本語Xと同形の中国語Xで語義用法がずれる	B-1 5語	日X / 中X / 中Y	日本語Xと同形の中国語Xでは語義用法が重なっているが、中国語にはない語義用法が日本語にある
		B-2 1語	日X / 日Y / 中X	日本語Xと同形の中国語Xでは語義用法が重なっているが、日本語にはない語義用法が中国語にある

①AタイプのCT-gap語

4級単漢字名詞の中で、日本語《日X》と同形の中国語〈中X〉で品詞が異なるのは、表7-14のように6語ある。これらは、同形の中国語が名詞ではなく、形容詞あるいは連体詞[21]として使用される。

表7-14　4級単漢字名詞のAタイプのCT-gap語（6語）の特徴

漢字語	現代中国語	用例（コロケーション）
男	〈男人〉	・男　〈男人〉 ・男の人　〈男人／男士〉 ・男の先生　〈男老师〉
女	〈女人〉	・女　〈女人〉 ・女の人　〈女人／女士〉 ・女の先生　〈女老师〉
黒	〈黒色〉	・黒のボールペン　〈黑色圆珠笔〉 ・私が好きな色は黒だ　〈我最喜欢的颜色是黑色〉
白	〈白色〉	・私が好きな色は白だ　〈我最喜欢的颜色是白色〉 ・私はワインは白（ワイン）が好きだ　〈说到葡萄酒，我喜欢白葡萄酒〉

21　厳密に言えば、このうち〈男〉と〈女〉は、否定形がない、程度副詞の修飾を受けない、述語にならない等形容詞の特徴を持たないことから、中国語学では「非述形容詞」や「区別詞」と呼ばれ、〈黒〉や〈白〉、〈緑〉（これらは形容詞）とは区別して扱われる。〈男〉と〈女〉は日本語の連体詞に近い。一方、〈晴〉は主に語素として使用されるため連体詞寄りの「形態素」(語素)と言うことができる。これら中国語学に関する情報は古川裕氏（私信）による。

晴れ	〈晴天〉	・明日は晴れでしょう　〈明天会是晴天〉 ・晴れのち曇り　〈晴转多云〉
緑[22]	〈绿色〉	・私が好きな色は緑だ　〈我最喜欢的颜色是绿色〉 ・この町は緑が多い　〈这座城市的绿化很好〉

　中国語の〈男〉と〈女〉は、「男の～」、「女の～」という語義で、〈男人〉や〈女学生〉のように修飾する名詞を伴って使用される。日本語の《男》と《女》にも、《男の人》や《女の学生》のように名詞を修飾する使い方はあるが、単独で man や woman を表す《男》と《女》の用法は、中国語の〈男〉と〈女〉にはない。日本語では man や woman を表す語には、他に《男の人／女の人》、《男性／女性》等があり、NCS にとっては、これらの語が使用される文体や語のニュアンスにどういった違いがあり、それぞれどのように使い分けるのかといった点が学習時に問題となる。単に《男》は man だと理解しているだけでは、文脈や使用場面によっては不適切な文（例：あの男は私たちの新しい先生です）を産出してしまいかねない。

　色を表す中国語の〈黒〉、〈白〉、〈緑〉も、それぞれ「黒い」、「白い」、「緑（色）の～」という語義で、名詞を修飾する。日本語では、例えば black colour を表す語には《黒》と《黒色》の二通りの言い方があるが、中国語では〈黑色〉だけで〈黑〉は使えない。また、日本語では名詞を形容する場合、名詞《黒》を使った《黒の～》という言い方と、形容詞《黒い～》を使った言い方があり、何を修飾するかによって一方が他方に比べてより自然な表現となることがあるため、語の用法(コロケーション)に注意が必要である[23]。また、《緑が多い》のような比喩的な表現は、中国語にはないため、指導の際には「草木が多い」、「草木が多く植えられている」といった具体的な説明が必要となる。

22　中川（1985）は中国語の〈緑〉について「「黄」に接近した色相をも含む」と述べている。
23　例えば、シャツの場合は、「黒いシャツ」と「黒のシャツ」はどちらも使われるが、「黒い猫」や「黒い豆」、「黒い雲」等の《黒い～》は、《黒の～》と置き換えることができない。

② B タイプの CT-gap 語

B タイプの CT-gap 語は、同形の中国語との間に語義用法のずれが見られる語で、4 級漢字名詞では 6 語ある。ずれの特徴によって、表 7-13 (p. 177) のように、(B-1) 日本語には同形の中国語にない語義用法がある、(B-2) 中国語には同形の日本語にない語義用法がある、の 2 つのタイプに分類することができる。

二言語間での語義の重なりを扱う場合、表 7-15 の①と②のように一方にしか独自義がない場合と、③のように双方に独自義がある場合の 3 通りに分けて考えられることが多い（陳 2003b, 小森他 2008, 三國他 2015 等）。

表 7-15 日本語と中国語の語義の重なりのパターン

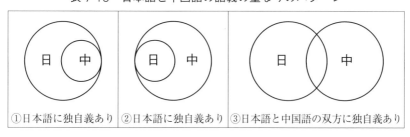

①日本語に独自義あり　②日本語に独自義あり　③日本語と中国語の双方に独自義あり

しかし、本書では、分析対象とする日本語の語義用法を限定しているため、対する中国語はその一部にしか対応しないか（表 7-13 の B-1）、あるいは対する中国語にはそれ以外の独自の語義用法があるか（表 7-13 の B-2）の 2 つに分けて見ていく。

[B-1 タイプの CT-gap 語]

B-1 タイプの CT-gap 語は、図 7-13 のように、同形の〈中 X〉と共有する語義用法以外に、日本語にしか見られない語義用法がある。

例えば、日本語の《日 X：家》は、house と home の語義で使われるが、同形の中国語〈中 X：家〉には house の語義がなく、house には〈中 Y：房子〉という別の語が用いられる。日

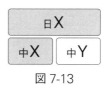

図 7-13
B-1 タイプの CT-gap 語

本語教育の現場で、《家に帰る》や《家にいる》という場合は、NCSの《家》の理解・産出にはあまり問題が見られないが、《家を建てる》や《家を買う》という場合には、《家》を house の意味で理解できなかったり、産出時に《家》が非用となることが散見される。このB-1タイプのCT-gap語は、表7-16のように5語ある。

表7-16　4級単漢字名詞のB-1タイプのCT-gap語（5語）の特徴

漢字語		語義用法	用例（コロケーション）
家	日中共有	home	・家に帰る　〈回家〉 ・家にいる　〈待在家里〉
	日本語独自	house	・家を買う　〈买房子〉 ・家を建てる　〈盖房子〉 ・家を借りる　〈租房子〉
卵	日中共有	魚や虫の卵	・魚の卵　〈鱼卵〉〈鱼子〉
	日本語独自	鶏卵	・卵を食べる　〈吃鸡蛋〉
年	日中共有	year	・新しい年　〈新的一年〉
	日本語独自	age	・年を聞く　〈问年龄〉 ・年はいくつですか 〈你多大了？〉〈请问您的年龄是多少？〉 ・年を取る　〈变老〉
話	日中共有	声に出して相手に述べるまとまった内容のある事柄	・山田さんの話はおもしろい 〈山田先生说的话很有意思〉 ・（私はあなたに）少し話がある （＝話したいことがある） 〈我想跟你说句话〉
	日本語独自	話題 相談事 物語	・友達といろいろな話をする　〈和朋友聊各种各样的话题〉 ・家族に留学の話をする　〈跟家人说留学的事情〉 ・「桃太郎」の話を知っている　〈知道"桃太郎"的故事〉

辺	日中共有	「この」、「その」等の指示詞に後続する	・傘はこの辺に置いてください 〈请把伞放在这边吧〉 ・来年あの辺に新しい映画館ができる 〈明年那边会建一座新的电影院〉
	日本語独自	中国語では具体的な名詞に後続させる場合、〈～那边〉＝「その／あの辺」を用いる	・駅の辺にスーパーがある 〈火车站那边有超市〉

　このうち、《家》、《卵》、《年》、《話》の4語は同形の中国語にない語義が日本語にはあり、《辺》は、「おおよその場所」、「あたり」という語義は日中で共通しているが、語の使い方が異なっている。日本語の《辺》は、「この」や「あの」のような指示詞や「駅の～」といった具体的な名詞の後に置くことができるのに対し、同形の中国語〈边〉は具体的な名詞には直接後続させられない。

　このような母語の中国語にない語義用法は、NCS にとって学ぶ機会がなければ産出時に非用となってしまい、教師はそこに問題が存在することに容易に気づくことができない。

［B-2 タイプの CT-gap 語］

　B-2 タイプの CT-gap 語は、《日 X》と同形の〈中 X〉には、《日 X》にない語義用法があるという語群で、図 7-14 のように表すことができる。4級単漢字名詞では表 7-17 の 1 語がここに分類される。

図 7-14
B-2 タイプの CT-gap 語

表 7-17　4 級単漢字名詞 B-2 タイプの CT-gap 語（1 語）の特徴

漢字語		語義用法	用例（コロケーション）
水	日中共有	物質としての水 熱くない／温かくない water	・水を飲む　〈喝水〉
	中国語独自	「熱い」や「温かい」と共起できる water	・湯を飲む　〈喝温水〉〈喝热水〉 ・湯を沸かす　〈烧开水〉（〈开水〉は、ここでは熱湯を指す）

　日本語の《水》は、日常の話し言葉では、（湯に対して）温度の高くないwater や、水道水、冷やした水を指すことが多いが、中国語の〈水〉には「冷たい」という温度の概念はなく、「熱い」や「温かい」、「沸かす」といった語とも使われる。日本語では、「『水』を飲む」というと、《湯》[24]ではなく、「冷たい」または「熱くない」water が想起されるが、NCS にとっては必ずしもそうではない[25]。

　日本語の方が意味範囲の狭い B-2 タイプの CT-gap 語は、NCS が、〈中 X〉と同形の《日 X》を、日本語では別の《日 Y》という語で表す語義で使ってしまう可能性がある。ただ、B-1 タイプの CT-other 語とは異なり、日中の違いが NCS の誤用となって表面に現れやすいため、教師と NCS の双方が問題点に気づきやすい。

(3) 4 級単漢字名詞の CT-other & gap 語：
CT-other 語と CT-gap 語の両方の特徴を持つ語群

　4 級単漢字名詞の CT（転用注意）語の中には、CT-other 語と CT-gap 語の両方の特徴を持つ語がある。CT-other & gap 語は、日本語に語義用法が対応するのは同形の語ではなく別の語であるという CT-other 語の特徴と、日本

24　中国語の〈汤〉《湯》の簡体字）にも hot/warm water の字義はある（『现代汉语词典』第 6 版 2012）が、単音節語としては「スープ」や「吸い物」の語義で使用される（『中日辞典［第二版］』2003）。

25　黄・林（2004）は、《水》と〈水〉の意味範囲の違いについて、日本は中国と異なり、日常的に冷たい水道水を飲むことができる環境にあるためだと考察している。

語と、同形の中国語の間に語義用法のずれが存在するという CT-gap 語の特徴がある。例えば、《角》と《休み》は図 7-15 のように表すことができる。

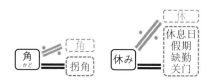

図 7-15　CT-other＆gap 語の例：《角》と《休み》

　《角》は「動物の角(つの)」が本来の語義（字義）で、そこから「物の角(かど)」についても用いられるようになった。しかし、「曲がり角」の意味で用いられる《角》は、日本語固有の使い方[26]で、中国語で「曲がり角」は〈角〉を語素とした〈拐角〉（〈拐〉は「曲がる」の意味）という別の語で表される。NCS にとって〈角〉は直接「曲がり角」とは関係のない言葉だが、〈角〉についての母語知識が活かされれば、《角》=「曲がり角」の学習が容易になる。
　一方、《休み》の〈休〉という漢字は、本来、「活動を止める」や「休憩する」を表す語で、現代中国語では語素として使用される。日本語では、もとの意味から派生し、「明日は休みだ」、「次の休みに国に帰る」、「今日先生は風邪で休みだ」、「日曜日は銀行は休みだ」のように、「休日」、「休暇」、「欠席」、「休業」といった語義で使われる。この《休み》に対する中国語は、それぞれ、〈休息日〉、〈假期〉（〈假〉は日本語では《仮》）、〈缺勤〉（〈缺〉は日本語では使われず、代わりに《欠》が用いられる）、〈关门〉（〈关〉は《関》の簡体字））のように異なっているが、NCS にとっては本来の〈休〉の字義（語義）から、日本語で使われる異なった《休み》の大意を取るのは難しくない。ただ、母語では別の語で使い分ける《休み》の語義を正確に理解し、産出につなげるには、日本語の《休み》の語義用法のバリエーションを一つ一つ丁寧に学習する必要がある。

26　高橋（2001）は、《角》の「曲がり角」という意味は、漢字本来の意味から相当程度逸脱している、字音に付加された日本固有の字義だとしている。ただし、高橋は「かど」を字音としているが、正しくは字訓である。

このような特徴を持つCT-other&gap語は、語が使用されている文脈等からだいたいの語義が理解できるため、NCSが語義用法を十分に理解していなくても問題になりにくく、NCSと教師の双方が日中の違いに気づかない恐れがある。4級単漢字名詞には、このようなCT-other&gap語が表7-18のように9語ある。表には、漢字本来の字義、つまりNCSが母語知識で想起する可能性のある字義[27]についても記述した。

表7-18　4級単漢字名詞のCT-other&gap語（9語）の特徴

漢字語	漢字本来の字義	日本語の語義に対応する中国語	用例（コロケーション）
青	草木の緑や黒味を帯びた緑	〈蓝色〉	・青（色）のシャツ　〈蓝色的衬衫〉 ・信号が青になった　〈红绿灯变绿了〉
飴	飴細工に使うような水飴	〈糖果〉 硬いキャンディー	・飴を舐める／食べる　〈吃糖（果）〉
角（かど）	動物の角や物体の角	〈拐角〉	・次の角を右に曲がる　〈下一个拐角向右转〉 ・2つ目の角を左に曲がる　〈第二个拐角向左转〉
靴	ブーツのような丈の長い靴 例：ブーツを履く　〈穿靴子〉	〈鞋（子）〉	・靴を履く　〈穿鞋〉 ・靴を脱ぐ　〈脱鞋〉 ・この靴は大きすぎる　〈这双鞋太大了〉

27　このうち〈饴〉《飴》の簡体字）は、現代語では単独で使われる語ではなく、複音節語の中でもほとんど見ることがないため、語素としても「意味喚起性」（荒川2018）が低い。〈饴〉は「通用规范汉字表」（中华人民共和国教育部・国家语言文字工作委员会 2013）で、一級字に比べて日常語の中での使用頻度が高くない二級字に収録されている。それに対して、〈皿〉は現代語では語として使われないという点では〈饴〉と同じだが、〈器皿〉（器、入れ物）という複音節語があり、また、日常語である〈盘子〉（dish/plate）や〈盒子〉（box）といった語を構成する漢字〈盘〉、〈盒〉の部位としても目にするため、NCSにとって〈皿〉はcontainerという意味と結びついている。

7.2　4級単漢字名詞の分類結果

声	生き物の声 物の音 例：ピアノの音 〈钢琴的声音〉	〈声音〉〈声〉 ＊両者いずれも voice と sound を指す。	・大きい声　〈大声〉 ・子供の声　〈小孩的声音〉 ・人の声が聞こえる／する 〈听得见别人说话的声音〉
皿	高さのある壺のような容器	〈盘子〉　大皿 〈碟子〉　小皿	・皿を洗う　〈洗盘子〉[28] ・皿が割れている　〈盘子碎了〉
箱	大きな籠のような物[29]	〈箱子〉　段ボール箱のような大きな箱 〈盒子〉　小〜中型サイズの箱	・箱に雑誌を入れる　〈把杂志放到箱子里〉 ・箱からケーキを出す　〈从盒子里拿出蛋糕〉
門	出入口 ＊現代中国語の〈门〉は「ドア」を表す 例：部屋のドアを閉める　〈关房间的门〉	〈大门〉	・門を開ける　〈开大门〉 ・門の中に入れない　〈进不去大门〉
休み	休憩や休息	〈休息日〉＝休み（日） 〈假期〉＝休み（期間） 〈缺勤〉（動詞）＝仕事や学校を休んでいる 〈关门〉（動詞）＝店や施設等が開いていない	・今度の休み　〈下个休息日〉〈下个假期〉 ・休みを取って友達と旅行に行きたい〈想请假和朋友去旅游〉 ・山田さんは今日休みだ　〈山田先生今天缺勤〉 ・今日、銀行／図書館は休みだ　〈银行／图书馆今天关门〉

　以上、7.2.2 では、CT（転用注意）語を CT-other 語、CT-gap 語、CT-other & gap に分け、さらに、CT-other 語と CT-gap 語では下位分類を行って、CT 語に見られる特徴を整理した。ただ、日本語教育の現場では、このような分類カテゴリーごとの細かな違いを過度に意識する必要はなく、CT 語には、

28　具体的に洗っている物が何であるかが問題ではなく、「洗い物／皿洗いをする」のような語義の場合、中国語では〈洗碗〉（お碗を洗う）と表現される。

29　NCS に古代中国語の知識がなければ、現代語の字義（語義）が想起される。

NCS が母語知識を活用できる部分とそうでない部分があるということを念頭に置き、それぞれの語の学習時に日中の違いに注意が向けられればよい。様々な種類や程度の違いが両言語の間に存在しうるということを意識しながら同形の漢字語彙を学習する習慣が身につけば、未習の語に出合った時に、NCS が自分の力で語を分析的に見ることができるようになるに相違ない[30]。

7.2.3　4級単漢字名詞の NT（転用マイナス）語

　NT 語は、現代中国語に同形の語や語素はあるが、日本語との間に共有義のない語群で、NCS の母語知識が日本語の語彙の理解や産出に負の影響を及ぼす可能性がある。同形の中国語が日本語と大きく異なった意味で使われるため、NCS が文脈から語義を理解できない場合が多く、また、学習する機会を経なければ語の産出は難しい。4級単漢字名詞では表 7-19 の 11 語がこの語群に入る。表では、語義用法に加えて、NCS が母語知識で想起する可能性のある字義（語義）を挙げた。この中で《奥さん》と《背》は、字音に日本固有の字義が付加されたもの（高橋 2001）、《方(かた)》は国訓（高橋 2000）[31] に当たる。

表 7-19　4 級単漢字名詞の NT（転用マイナス）語（11 語）の特徴

漢字語	NCS が想起する可能性のある字義	日本語の語義に対応する中国語	用例（コロケーション）
絵	（絵を）描く ＊現代中国語では語素として使われるが、単独で語としての用法はない	〈画〉 ＊中国語では「絵」という名詞も、「(絵を)描く」という動詞も〈画〉を用いる。	・(私は)絵を描くのが好きだ　〈我喜欢画画〉 ・友達が描いた絵　〈我朋友画的画〉 ・鈴木さんは絵が上手だ　〈铃木先生很会画画〉

30　中国語を学習する日本語母語話者の語彙習得ストラテジーについて調査分析を行った小川（2018）は、日中で同形の漢字が異なった意味で使われるケースがあることを早い段階で学習者に指導し、語が使用される文の構造や文脈に注意を払って語彙学習を行う習慣を学習者に身につけさせることが必要だと述べている。

31　高橋（2000: 324）は「中国の字義から相当程度逸脱した和訓」を「国訓」としている。

奥さん	奥まった場所 奥深い	〈夫人〉〈太太〉 *いずれも他人および自分の妻に使われるが〈夫人〉の方が改まった語。	・田中さんの奥さん 〈田中先生的夫人〉 ・奥さんと出かけますか 〈你和太太会经常一起出门吗?〉
お巡りさん	巡る	〈警察〉 *中国語の〈警察〉は、警察組織と警察官を指す。	・お巡りさんに道を聞く 〈向警察问路〉
鍵	鍵盤やパソコン等のキー	〈钥匙〉 キー 〈锁〉 錠	・鍵をなくす 〈弄丢钥匙〉 ・鍵をかける 〈上锁〉
方(かた)	四角、方向	〈位〉	・あの方はどなたですか 〈他是哪位?〉 ・学生の方は学生証を見せてください 〈各位学生请出示你们的学生证〉
背(せ/せい)	背中	〈个子〉〈身高〉	・背が高い 〈个子高〉 ・背が低い 〈个子矮〉 ・背の高さはどのくらいですか 〈身高是多少?〉
机	機械、飛行機、機会	〈书桌〉〈桌子〉 テーブル、机 〈书桌〉 勉強机 *形状や用途を特筆する必要がなければ、〈桌子〉が用いられる。	・机の上にパソコンがある 〈书桌上有电脑〉 ・この部屋には机がない 〈这个房间没有书桌〉
戸	世帯、家族	〈门〉	・戸を開ける 〈开门〉 ・戸を閉める 〈关门〉
方(ほう)	四角、方向	〈X比Y…更…〉 Xの方がYより… 〈最好…〉 …方がいい	・今週の方が来週より暇だ 〈这周比下周有更多的时间〉 ・毎日運動した方がいいよ 〈你最好每天锻炼身体〉

皆さん	すべて、全部	〈大家〉	・[会社で同僚に] 皆さん、おはようございます [在公司向同事]〈大家早上好〉 ・[先生が学生に] 皆さんは北海道に行ったことがありますか [老师对学生]〈大家都去过北海道吗？〉
わたし/わたくし 私	（公に対する）私	〈我〉	・私の本 〈我的书〉 ・私は鈴木浩と申します 〈我叫铃木浩〉

7.2.4　4級単漢字名詞のUT（転用不可）語

　UT語は、現代中国語に同形の語が存在しない、あるいは固有名詞など限られた語の中でしかその文字を見ることがなく、語素として使用されることもないため、「意味喚起性」（荒川2018）が低い。語によっては、過去に使用されていたことが文献で確認されるが、現在NCSの間で語義用法の共通認識があるとは言い難い語がこれに当たる。4級単漢字名詞のUT語は表7-20の5語で、4類の中では最も数が少ない[32]。

表7-20　4級単漢字名詞のUT（転用不可）語（5語）の特徴

漢字語	語の背景	日本語の語義に対応する中国語	用例（コロケーション）
姉	字義は elder sister だが、現代中国語では、語・語素のいずれとしても使用されない。	〈姐姐〉	・私の姉 〈我姐姐〉 ・田中さんのお姉さん 〈田中先生的姐姐〉 ・「お姉ちゃん、お母さんが呼んでるよ！」〈姐姐，妈妈在叫你！〉

32　これら5語（5字）のうち、《駅》、《箸》、《町》と同形の中国語は「通用规范汉字表」の二級字で、《鞄》は同表に収録されていない。《姉》は、字体が大きく異なる〈姉〉の異体字で、NCSにとって〈姉〉の認識は容易だが、〈姉〉＝〈姉〉であることは、NCSが共通して持っている一般的な知識ではない。

駅	中国語の〈驿〉は本来書簡等を運ぶのに用いた馬を表し、そこからその馬を一時的に休める場所、宿駅を指した。現在この文字は建造物等の名称に残る[33]。	〈车站〉鉄道の駅に限らず、バス停を指すこともある〈地铁站〉地下鉄の駅〈火车站〉列車の駅	・駅で友達に会う 〈在车站见朋友〉 ・うちから駅まで歩いて3分だ 〈从家到车站要走三分钟〉 ・次の駅で地下鉄を降りて、バスに乗る 〈在下一站下地铁换乘公交车〉
鞄	字義は「革職人」やbagだが、現代語では、語・語素のいずれとしても使用されない[34]。	〈包〉*〈包〉は「袋」の語義でも使われる	・鞄を買う 〈买包〉 ・鞄の中に財布を入れる 〈把钱包放进包里〉
箸	字義はchopsticks。現代中国語では語・語素のいずれとしても使用されない。また古代語では「著しい」を意味する〈著〉と同義での使用も見られ、NCSにとって〈箸〉は必ずしもchopsticksを連想させる文字ではない。	〈筷子〉	・箸を使う 〈用筷子〉 ・箸でご飯を食べる 〈用筷子吃饭〉
町	本来の字義は畦や田畑一般。この字（語）は現代語でほとんど使われない。	〈城市〉都市、大きな町〈小镇〉町（市より規模が小さい）〈市中心〉〈商业区〉市や町の中心部。ダウンタウン	・上海は大きな町だ 〈上海是个很大的城市〉 ・この町はとても小さくて、大きい病院や店がない 〈这个小镇特别小，没有大医院或商铺〉 ・町で買い物をする 〈在市中心/商业区购物〉

33　train station は、字音に付加された日本固有の字義（高橋 2001）。

34　日本語の《鞄》は日本で作られた文字で、偶然にも中国語の〈鞄〉と同形であったと考えられている。これについては、本書 p. 90 注41（4.3.1.2）を参照のこと。

このうち、《駅》と《町》は、同形の中国語が建造物や地名の中で見られることがあるが、《姉》、《鞄》、《箸》の3語（3字）は現代語の中で目にする機会はほとんどない。指導上の留意点としては、《駅》と《鞄》は、対応する中国語の〈車站〉、〈包〉がそれぞれ train station や bag 以外の語義でも使われること、また《町》は具体的に指す対象によって中国語では複数の語で使い分けられるといったことが挙げられる。

▶7.3　4級複漢字名詞の分類結果

4級複漢字名詞173語の分類結果は、表7-21のようになった。

表7-21　4級複漢字名詞の4分類（173語）

分類	語数 (全体比)	4級複漢字名詞				
PT（転用プラス）語	47語 (27.2%)	入口	英語	鉛筆	大人	音楽
		外国	外国人	片仮名	学校	家庭
		花瓶	漢字	黄色	牛肉	去年
		銀行	結婚	公園	紅茶	今年（ことし）
		今晩	作文	雑誌	散歩	時間
		醤油	食堂	大学	大使館	食べ物
		地図	出口	天気	電話	動物
		図書館	平仮名	文章	帽子	毎月
		毎週	毎年	毎晩	眼鏡	留学生
		旅行	練習			
CT（転用注意）語	29語 (16.8%)	明日（あした）	椅子	意味	伯父/叔父	伯母/叔母
		学生	家族	昨日（きのう）	牛乳	今日（きょう）
		教室	兄弟	警官	玄関	午後
		午前	砂糖	辞書	写真	洗濯
		全部	掃除	茶色	電気	電車

NT（転用マイナス）語	19 語 (11.0%)	毎日	問題	来年	料理	
		大勢	男の子	女の子	階段	菓子
		今朝	質問	授業	新聞	石鹸
		先生	茶碗	手紙	鳥肉	番号
		病院	勉強	野菜	冷蔵庫	
UT（転用不可）語	78 語 (45.1%)	朝御飯	明後日 （あさって）	医者	一緒	上着
		映画	映画館	お手洗い	一昨日 （おととい）	一昨年 （おととし）
		会社	買物	風邪	火曜日	喫茶店
		切手	切符	金曜日	果物	靴下
		月曜日	交差点	交番	言葉	子供
		今月	今週	財布	再来年	仕事
		自転車	自動車	字引	自分	宿題
		水曜日	生徒	背広	先月	先週
		台所	建物	誕生日	地下鉄	時計
		友達	土曜日	夏休み	名前	日曜日
		荷物	飲み物	灰皿	葉書	晩御飯
		半分	飛行機	病気	昼御飯	封筒
		豚肉	風呂	部屋	弁当	本棚
		本当	毎朝	万年筆	木曜日	八百屋
		夕方	夕飯	郵便局	洋服	来月
		来週	両親	廊下		
合計	173 語 (100%)					

この結果をPT（転用プラス）語から順に見ていく。

7.3.1 4級複漢字名詞のPT（転用プラス）語

複漢字名詞のPT語は、現代中国語に同形の語があり、その語義用法との

共通点が多く、NCS が母語知識を活用して語を理解・産出することができる。ただ、単漢字名詞の場合と同様、語によっては対応する中国語に類義語があり、文脈や共起する語によって使い分けられるため、語のコロケーションには注意が必要である。4 級複漢字名詞の PT 語は 47 語あり、表 7-22 のような特徴がある。

表 7-22　4 級複漢字名詞の PT 語（47 語）の特徴

漢字語	留意点・補足事項	用例（コロケーション）
入口	日本語には《入り口》の表記もある。 中国語では出入口付近を指す語として〈門口〉という語がある。 例：本屋の入口で友達を待つ〈在书店门口等朋友〉	・駅の入口　〈车站的入口〉 ・入口を入る　〈从入口进〉
英語	—	・英語を話す　〈说英语〉 ・英語がわかる　〈懂英语〉
鉛筆	—	・鉛筆で書く　〈用铅笔写〉
大人	中国語では文脈により〈成人〉という語も使われる。 例： ・大人の切符（＝入場券）は 500 円です　〈成人门票是 500 日元〉 ・大人になる　〈长大成人〉 （＊決まった言い方。「成長して（一人前の）人に成る」の意）	・このゲームは大人も子供も楽しめる　〈大人和小孩都可以玩这个游戏〉 ・子供はよく早く大人になりたいと言う　〈小孩们经常说他们想赶快变成大人〉
音楽	—	・音楽を聞く　〈听音乐〉 ・音楽を勉強する　〈学音乐〉
外国	中国語では〈外国〉と同じ意味で〈国外〉という語も使われる。	・外国の文化　〈外国的文化〉 ・外国に行く　〈去外国〉〈去国外〉
外国人	中国語で〈外人〉は「外国人」の意味ではなく、家族や友人等の親しい人以外を指すことが多い。 例：これは家族の問題だから、他の人には言わない方がいい 〈这是家里的事情，你最好别跟外人说〉	・外国人と友達になる　〈和外国人成为朋友〉 ・外国人の先生　〈外国老师〉 ＊〈＊外国人老师〉とは言わない。

7.3 4級複漢字名詞の分類結果

片仮名	—	・片仮名で名前を書く 〈用片假名写名字〉 ・片仮名がわかる 〈会片假名〉
学校	—	・学校に行く 〈去学校〉〈上学〉（決まった言い方） ・学校を休む 〈不上学〉（＝学校に行かない）
家庭	—	・家庭教師をする 〈做家庭教師〉 ・家庭的な宿 〈家庭旅館〉
花瓶	—	・テーブルの上に花瓶が置いてある 〈桌上放着一只花瓶〉 ・花瓶に花を入れる 〈把花插入花瓶〉
漢字	—	・漢字の読み方 〈汉字的读音〉 ・漢字を練習する 〈练习汉字〉
黄色	中国語の〈黄色〉はyellowのみでなく、「退廃的な」「猥褻な」という意味も連想させる[35]。 例：ポルノ小説 〈黄色小说〉	・黄色のシャツ 〈黄色的衬衫〉
牛肉	—	・牛肉を食べる 〈吃牛肉〉 ・牛肉を買う 〈买牛肉〉
去年	—	・去年の誕生日 〈去年生日〉 ・去年ドイツに行った 〈去年去了德国〉
銀行	—	・銀行に行く 〈去银行〉 ・銀行は9時から3時までだ 〈银行从九点到三点营业〉

---

[35] 大河内（1982）は、中国語は、〈黄〉の「色の差に敏感」であり、〈橘黄〉（われわれの目には橙色）、〈土黄〉（われわれの目にはからし色）、〈米黄〉（クリーム色、ベージュ）のように、「名詞で修正して呼ばれる色名が多い」と述べている。

結婚	中国語の〈结婚〉は動詞だが、名詞的な用法もある。名詞には〈婚姻〉がある。	・(私は)結婚について考えたことがない 〈我没有考虑过结婚〉 ・結婚より仕事の方が大切だ 〈事业比婚姻重要〉 ・結婚式 〈婚礼〉 ・結婚おめでとうございます 〈新婚快乐〉
公園	―	・公園に行く 〈去公园〉 ・公園で遊ぶ 〈在公园玩〉
紅茶	―	・紅茶を飲む 〈喝红茶〉 ・紅茶を買う 〈买红茶〉
今年	―	・今年の冬 〈今年冬天〉 ・今年大学を卒業する 〈今年大学毕业〉
今晩	―	・今晩のパーティー 〈今晚的聚会〉 ・今晩出かけない 〈今晚不出门〉
作文	―	・作文を書く 〈写作文〉 ・作文を直す 〈改作文〉
雑誌	中国語の〈杂志〉は「読む」ではなく〈看〉=「見る」ということが多い。	・カメラの雑誌 〈照相机杂志〉 ・雑誌を読む/見る 〈看杂志〉
散歩	中国語の〈散步〉は動詞だが、名詞的な用法もある。ペットの散歩の場合、中国語では別の語を用いる。	・散歩に行く 〈去散步〉 ・犬を散歩に連れて行く 〈遛狗〉
時間	具体的な時間の長さを言う場合、中国語では〈*～时间〉ではなく、〈～个小时〉という。 例:3時間 〈三个小时〉	・もっと寝る時間がほしい 〈想要更多的时间睡觉〉 ・アルバイトをする時間がない 〈没有时间打工〉 ・出発の時間 〈出发时间〉
醤油	―	・醤油をつけて寿司を食べる 〈寿司要蘸酱油吃〉 ・チャーハンに醤油をかける 〈在炒饭上淋酱油〉

7.3 4級複漢字名詞の分類結果

食堂	中国語の〈食堂〉には、「飲食店」や「ダイニングルーム」の語義用法はない。 例： ・駅の近くの食堂 〈车站附近的小饭馆〉 ・母親が晩ご飯の準備をしている間、子供は食堂で（ゲーム機の）ゲームをしている 〈妈妈准备晚饭时小孩在饭厅打游戏〉	・大学の食堂 〈大学食堂〉 ・今日食堂は休みだ 〈今天食堂关门〉
大学	—	・大学に行く 〈上大学〉 ・大学で勉強する 〈在大学学习〉
大使館	—	・中国大使館はどこですか 〈中国大使馆在哪儿？〉 ・大使館に行く 〈去大使馆〉
食べ物	日本語では《食べ物》と《食物》では、読みも語義用法も異なる。 例：食物アレルギー 〈食物过敏〉	・日本の食べ物 〈日本的食物〉 ・好きな食べ物 〈喜欢的食物〉
地図	—	・地図を描く 〈画地图〉 ・地図を見る 〈看地图〉
出口	中国語の〈出口〉には〈出口石油〉＝「石油を輸出する」のような動詞の用法がある。	・3番の出口を出る 〈从三号出口出去〉 ・出口で待つ 〈在出口等〉
天気	日本語では「*天気が暑い」や「*天気が寒い」とは言わないが、中国語では〈天气很热〉や〈天气很冷〉のように、「天気」を「暑い〈热〉」や「寒い〈冷〉」で形容できる。	・天気がいい 〈天气好〉 ・天気が悪い 〈天气差〉
電話	中国語の〈电话〉には「電話する」のような動詞的な用法はない。	・Xに電話（を）する／電話をかける 〈给X打电话〉 ・今晩電話をください 〈请在今晚给我打电话〉
動物	—	・動物の写真 〈动物的照片〉 ・動物が好きだ 〈喜欢动物〉

図書館	—	・図書館で本を借りる 〈从图书馆借书〉 ・図書館で勉強する 〈在图书馆学习〉
平仮名	—	・平仮名で書く 〈用平假名写〉 ・平仮名を覚える 〈记平假名〉
文章	—	・日本語の文章 〈日语的文章〉 ・次の文章を読んでください 〈请读下面的文章〉
帽子	—	・帽子をかぶる 〈戴帽子〉 ・帽子を脱ぐ／取る 〈摘帽子〉
毎月	中国語では〈每个月〉（〈个〉は《個》の簡体字）も用いられる。	・毎月25日に家賃を払う 〈每月25号付房租〉 ・毎月美容院に行く 〈每个月去理发店〉
毎週	同形の中国語〈每周〉の〈周〉は《週》の簡体字。中国語では〈每个星期〉という語も用いられる。	・毎週水曜日にアルバイトをしている 〈每周三打工〉 ・毎週家族に電話をかける 〈每周／每个星期都给家人打电话〉
毎年	—	・毎年旅行に行く 〈每年去旅游〉 ・毎年夏に国に帰る 〈每年夏天回国〉
毎晩	中国語では〈每天晚上〉という語も用いられる。	・私が好きなドラマは毎晩9時に始まる 〈我最喜欢的剧每晚九点播出〉 ・毎晩11時ごろ寝る 〈每天晚上十一点左右睡觉〉
眼鏡	—	・眼鏡をかける 〈戴眼镜〉 ・眼鏡をなくした 〈丢了眼镜〉
留学生	中国語では、「中国人の留学生」とは言わず、「中国の留学生」という言い方をする。 例：〈中国留学生〉＝中国人の留学生	・この大学には留学生がたくさんいる 〈这所大学有很多留学生〉 ・こちらは留学生の李さん（女性）です 〈这是李小姐，她是一名留学生〉

旅行	中国語の〈旅行〉は動詞だが、名詞的な用法もある。観光など楽しむことが目的の「旅行」には〈旅游〉も使われる。	・旅行(を)する　〈去旅行〉〈去旅游〉 ・旅行は楽しかった　〈旅行很愉快〉
練習	中国語の〈练习〉(〈练习〉は《練習》の簡体字)は動詞だが、名詞的な用法もある。 スポーツの練習の場合は、〈训练〉(〈训〉は《訓》の簡体字)を用いる。	・ピアノの練習　〈练习钢琴〉 ・会話の練習　〈练习会话〉 ・サッカーの練習　〈足球训练〉 ・会話の練習をする　〈练习会话〉

7.3.2　4級複漢字名詞のCT（転用注意）語

　複漢字名詞のCT語は、現代中国語に同形の語があるが、日本語との間に語義用法のずれがある。単漢字名詞と同様、ずれの多くは、NCSが母語知識を活用して語の意味を解釈しようとする際には問題となって現れにくい。しかし、語の産出においては、日本語と異なる中国語の語義用法が影響していると見られる誤用や、適切な日本語の語彙が想起されないという非用が観察される。このようなCT語は、複漢字名詞においても、ずれの特徴によって以下の3つに下位分類することができる。分類結果は表7-23のようになった。

（1）CT-other 語：現代語の話し言葉では同形の中国語に代わる別語の使用が一般的な語群
（2）CT-gap 語：同形の中国語との間に語義用法のずれがある語群
（3）CT-other＆gap 語：CT-other 語と CT-gap 語の両方の特徴を併せ持つ語群

表 7-23　4 級複漢字名詞の CT（転用注意）語の下位分類

CT-other 語 （10 語）	明日(あした)	昨日(きのう)	牛乳	今日(きょう)	午後
	午前	洗濯	電気	毎日	来年
CT-gap 語 （15 語）[36]	椅子	意味	伯父／叔父	伯母／叔母	学生
	家族	教室	兄弟	警官	砂糖
	辞書	全部	掃除	茶色	問題
CT-other&gap 語 （4 語）	玄関	写真	電車	料理	

　CT-other 語、CT-gap 語、CT-other&gap 語の全体比は図 7-16 のようになる。4 級単漢字名詞では、CT-other 語が CT 語全体の約 3 分の 2（65.6％）を占めていたが、複漢字名詞では CT-gap 語の割合が最も高く、全体の半数以上となっている。以下、CT-other 語から順に見ていく。

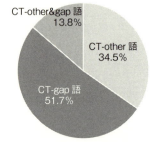

図 7-16　4 級複漢字名詞の
　　　CT 語（29 語）の下位分類

**(1) 4 級複漢字名詞の CT-other 語：
　　同形の中国語に代わる別語の使用が一般的な語群**

　4 級複漢字名詞の CT-other 語は、中国語に同形の語はあるが、現代中国語の日常語としては、その語ではなく別の語の使用が一般的な語群を指す。CT-other 語は 10 語あり、CT 語全体（29 語）の 34.5％を占める。単漢字名詞の CT-other 語は、日中の対応関係によって A〜D の 4 タイプが見られた（表 7-5）が、4 級複漢字名詞の場合は表 7-24 の A と B の 2 タイプのみとなった。

36　小室リー（2016）では、CT-gap 語に《煙草》が含まれ、CT 語全体で 30 語となっている。本書では《煙草》は分析対象に含まれていない。

表 7-24　4 級複漢字名詞の CT-other 語の 2 タイプ

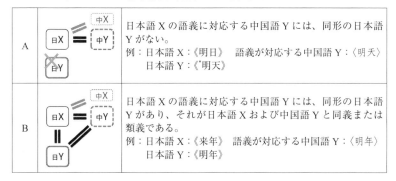

① A タイプの CT-other 語

A タイプの CT-other 語は、図 7-17 のように、日本語と同形の中国語〈中 X：牛乳〉は、現代語の中で一般的に使用される語ではなく[37]、《日 X：牛乳》に語義用法が対応する中国語は〈中 Y：牛奶〉という語で、これと同形の語《日 Y：牛奶》は日本語では使われないというタイプである。4 級複漢字名詞の A タイプの CT-other 語は、表 7-25 のように 9 語ある。

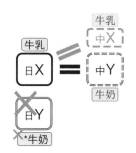

図 7-17　4 級複漢字名詞 A タイプの CT-other 語

---

[37] 『汉语大词典』には、宋や明の時代に日本語の《牛乳》と同じ語義で〈牛乳〉が使用されていた事例が収録されているが、現代中国語では、飲む milk を指すのに〈牛乳〉は使われない。ただ、台湾や大陸で日本製のミルクキャンディーが〈○○牛乳糖〉という名で販売され始め、現在では日本以外で製造された同種のキャンディーの商品名にも、〈牛乳糖〉が使われることがある（例えば、〈HI・优牛乳糖〉）。

表 7-25 4 級複漢字名詞の A タイプの CT-other 語（9 語）の特徴

漢字語	現代中国語	用例（コロケーション）
明日	〈明天〉	・明日の夜　〈明天晩上〉 ・明日出かける　〈明天出門〉
昨日	〈昨天〉	・昨日の朝　〈昨天早上〉 ・昨日アルバイトに行った　〈昨天去打工〉
牛乳	〈牛奶〉	・牛乳を飲む　〈喝牛奶〉 ・この牛乳は変な味がする　〈这牛奶的味道很奇怪〉
今日	〈今天〉	・今日の 3 時　〈今天三点〉 ・今日は日曜日だ　〈今天是星期日〉
午後	〈下午〉	・午後 3 時　〈下午三点〉 ・今日は午後暇だ　〈今天下午有空〉
午前	〈上午〉	・午前 9 時　〈上午九点〉 ・今日は午前中暇だ　〈今天上午有空〉
洗濯	〈洗 (衣服)〉	・洗濯と部屋の掃除　〈洗衣服和打扫屋子〉 ・洗濯が嫌いだ　〈不喜欢洗衣服〉
電気	〈电〉 ＝ electricity 〈(电) 灯〉 ＝ light	・電気をつける　〈开灯〉 ・電気を消す　〈关灯〉 ・台風で電気が止まった　〈台风导致了停电〉 ・この車は電気で動く　〈这辆车靠电力发动〉
毎日	〈毎天〉	・毎日遅く帰る　〈每天很晚回家〉 ・(私は) 毎日 1 時間運動する　〈我每天运动一小时〉

　この中で《洗濯》は、語義が対応する中国語の単語はなく、ここでは〈洗衣服〉（服を洗う（こと））という動詞句を対応させている。また、《電気》は、electricity の語義では〈电〉という語が日本語に対応しているが、「電灯」の意味では〈电〉ではなく、〈(电) 灯〉という語が使われる。中国語では「(電気を) つける／消す」を表す語は、それぞれ〈开〉（《開》の簡体字）と〈关〉（《関》の簡体字。「(窓やドア等を) 閉める」に相当する語）であることから、NCS には《*電気を開ける》、《*電気を閉める》といった誤用が観察される。
　CT-other 語は、現代でも書き言葉や限られた語句の中で〈中 X〉が使われる場合があるが、より一般的な日常語としては〈中 Y〉が用いられる。ただし、ここに挙げた 9 語のうち〈午前〉と〈洗濯〉については、現代中国語の中

で目にする機会はほとんどない。

② B タイプの CT-other 語

B タイプの CT-other 語は、図 7-18 のように、日本語《日 X：来年》に語義用法が対応する中国語〈中 Y：明年〉と同形の《日 Y：明年》が、日本語でも語として使われるという特徴を持つ。4 級複漢字名詞の CT-other 語でこれに該当するのは、表 7-26 に挙げた《来年》の一語である。ただ、日本語の《明年》が一般的な日常語ではないという点を考慮すれば、《来年》は A タイプに近い語だと言える[38]。

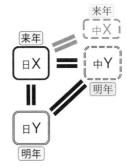

図 7-18　4 級複漢字名詞
B タイプの CT-other 語

表 7-26　4 級複漢字名詞の B タイプの CT-other 語（1 語）の特徴

漢字語	現代中国語	用例（コロケーション）
来年	〈明年〉[39]	・来年の春　〈明年春天〉 ・来年高校を卒業する　〈明年高中毕业〉

(2) 4 級複漢字名詞の CT-gap 語：
同形の中国語との間に語義用法のずれがある語群

CT-gap 語は、同形の中国語との間に語義用法のずれがある語で、ここに分類される 4 級複漢字名詞は 15 ある。日中で共有される語義用法とそうでないものに注意を払う必要がある。

---

[38]　《明年》（《明年度》を除く）は、「現代日本語書き言葉均衡コーパス」で 47 の事例しかなく、その内訳が、「国会議事録」（29 例）、「書籍」（13 例）、「広報紙」（3 例）、「Yahoo! ブログ」（2 例）（2018 年 11 月 10 日アクセス）であることから、現代日本語における日常語ではないことが窺える。

[39]　『汉语大词典』では、1978 年に出版された文学作品の中にある〈来年〉の事例が収録されているが、現代中国語の日常語としては〈明年〉の方がより一般的である。

4級単漢字名詞では、(A) 日中で品詞が異なる語群と、(B) 語義用法にずれがある語群の2つのタイプに分かれたが、4級複漢字名詞では、表7-27のようにすべてBタイプになった。さらに、Bタイプの下位分類では単漢字名詞にはなかった新しいタイプ (B-3) が見られた。

表7-27　4級複漢字名詞のCT-gap語の下位分類

4級複漢字名詞のCT-gap語のタイプ				
A 0語	日本語Xと同形の中国語Xで品詞が異なる			
B 15語	日本語Xと同形の中国語Xで語義用法がずれる	B-1 9語	日X 中X　中Y	日本語Xと同形の中国語Xでは語義用法が重なっているが、中国語にはない語義用法が日本語にある
		B-2 3語	日X　日Y 中X	日本語Xと同形の中国語Xでは語義用法が重なっているが、日本語にはない語義用法が中国語にある
		B-3 3語	日X 中Y　中X	日本語Xと同形の中国語Xでは、語義の概念には共通点があるものの、日本語Xと中国語Xには共有義がない

　B-1とB-2タイプは、日中で同じように使える語義用法と、どちらか一方にしかない語義用法が共存するというタイプである。それに対しB-3タイプは、語の意味概念には日中で共通している部分があるが、具体的に指す対象は異なるという特徴を持つ。以下、順に見ていく。

［B-1タイプのCT-gap語］

　B-1タイプのCT-gap語は、同形の〈中X〉と共有する語義用法以外に、日本語にしか見られない語義用法があり、NCSは同形の〈中X〉にない語義用法を学習する必要がある。このタイプの4級複漢字名詞には表7-28のように9語ある。

表 7-28　4 級複漢字名詞の B-1 タイプの CT-gap 語（9 語）の特徴

漢字語		語義用法	用例（コロケーション）
椅子	日中共有	背もたれのある椅子	・椅子に座る　〈坐在椅子上〉
	日本語独自	背もたれのない椅子・スツール	・椅子に座る　〈坐在凳子上〉
意味	日中共有	味わい、深い意味 ＊中国語では、動詞としても使われる。	・日本人にとって「桜」は短い命を意味している　〈对于日本人来说，樱花意味着短逝〉
	日本語独自	語や文の意味	・漢字の意味　〈汉字的意思〉 ・この文の意味がわからない　〈不知道这句话的意思〉
伯父 叔父	日中共有	伯父：父親の兄 叔父：父親の弟	・伯父は大阪に住んでいる　〈我伯父住在大阪〉 ・叔父は子供がいる　〈我叔父有一个孩子〉
	日本語独自	伯父：母親の兄、父母の姉の夫 叔父：母親の弟、父母の妹の夫[40]	
伯母 叔母	日中共有	伯母：父親の兄の妻 叔母：父親の弟の妻 ＊中国語では、〈叔母〉と同義で〈婶母〉という語がよく使われる。	・伯母は東京に住んでいる　〈我伯母住在东京〉 ・叔母は子供がいない　〈我叔母／婶母没有孩子〉
	日本語独自	伯母：母親の兄の妻、父母の姉 叔母：母親の弟の妻、父母の妹[41]	

40　中国語では、父方か母方か、直系か否か、自分の親より年が上か下か等で、〈舅父〉（母親の兄弟）、〈姑父〉（父親の姉妹の夫）、〈姨父〉（母親の姉妹の夫）等のように使い分ける。また、地域による違いも存在する。

41　中国語では、父方か母方か、直系か否か等で、〈姑妈〉（父親の姉妹）、〈姨妈〉（母親の姉妹）、〈舅妈〉（母親の兄弟の妻）等のように使い分ける。また、地域による違いも存在する。

教室	日中共有	授業を行う部屋	・教室で勉強する 〈在教室里学习〉
	日本語独自	学芸・技能等を教える会や団体	・英会話教室に行く 〈上英语口语学习班〉
兄弟	日中共有	兄と弟	・ぼくの父親は（男）兄弟が二人いる。〈我父亲有两个兄弟〉
	日本語独自	兄、姉、弟、妹、あるいは姉と妹	・兄弟がいますか 〈你有兄弟姐妹吗？〉
砂糖	日中共有	グラニュー糖・ざらめ ＊中国語では、砂糖の種類を指し、品目を明確にする必要のある時に使われる。日常語ではない。	・その国は、外国からコーヒーと砂糖を輸入している 〈那个国家从外国进口咖啡和砂糖〉
	日本語独自	「砂糖」の総称[42]	・コーヒーに砂糖を入れる 〈在咖啡里放糖〉
掃除	日中共有	大掃除	・中国の人は正月（春節）の前に大掃除をする 〈中国人会春节前大扫除〉（〈扫〉は《掃》の簡体字）
	日本語独自	「掃除」の総称	・部屋の掃除が好きだ 〈喜欢打扫房间〉[43]
茶色	日中共有	中国茶のような薄い透明感のある茶色	・茶色のサングラス 〈茶色的墨镜〉 ・茶色のアイシャドー 〈茶色的眼影〉
	日本語独自	「茶色」の総称[44]	・茶色のシャツ 〈棕色的衬衫〉

　このうち、《伯父／叔父》と《伯母／叔母》、そして《茶色》は、それぞれの語義に対応する中国語が複数にわたる。《伯父／叔父》と《伯母／叔母》に見

42　中国語では〈糖〉が「砂糖」の総称に当たる。
43　中国語の〈打扫〉は動詞だが、名詞的にも使われる。
44　中国語では、〈褐色〉(赤茶色)や〈棕色〉(焦げ茶)等が日本語の指す「茶色」に相当する。

られるように、中国語の親族の呼称は、父方か母方か、直系か否か、自分の親より年が上か下か等によって異なる語を用いるだけでなく、地域差もあるため、日中で同形あるいは同じ語素を含む語であっても、語義用法にどういったずれが見られるかに注意を払う必要がある。

《茶色》は、日本語の《茶色》が指す色を、中国語では一つの単語で表すことができない[45]。そのため、NCS が日本語の《茶色》を理解するには、安易な対訳に頼らず、日本語の《茶色》が示す色を見せ、《茶色》が表す colour を視覚的に捉えられるようにすることが重要である。また、《茶色》に限らず、色を表す語は、日中で同形の場合は同じ colour を表していると思ってしまいかねないため、常に注意が必要である。

[B-2 タイプの CT-gap 語]

B-2 タイプの CT-gap 語は、日本語《日 X》と同形の中国語〈中 X〉が、《日 X》にはない語義用法でも使用されるという語で、NCS は、母語にあって同形の日本語にはない語義用法が何であるかを学習する必要がある。4 級複漢字名詞の B-2 タイプの CT-gap 語には表 7-29 のように 3 語ある。

表 7-29　4 級複漢字名詞の B-2 タイプの CT-gap 語（3 語）の特徴

漢字語	語義用法		用例（コロケーション）
学生	日中共有	大学生	・大阪大学の学生　〈大阪大学的学生〉
	中国語独自	小中高生や習い事の生徒等も指す	・あの子供たちはさくら小学校の生徒です〈那些孩子是樱花小学的学生〉
全部	日中共有	対象が人以外[46]	・宿題は全部終わった　〈我把作业全部都写完了〉
	中国語独自	対象が人	・このクラスの学生は全員留学生だ　〈上这门课的学生全部都是留学生〉

45　中川（1985）は、中国人約 30 名に同じ「茶色」の色紙を見せ色を尋ねたところ、9 種類の異なった語（中国語）が返ってきたことから、日本語母語話者にとっての「茶色」が中国語母語話者にとっては非常に多様であると考察している。

46　「全部で（合わせて）」の場合は、中国語では別の語を用いる。
　　例：全部で 2000 円だ　〈一共 2000 日元〉

問題	日中共有	設問 problem	・問題をよく読んでから答えてください〈请在仔细阅读问题之后作答〉 ・何か問題があったら私に言ってください　〈如果你有任何问题请告诉我〉
	中国語独自	question	・「先生、質問があります」〈老师，我有一个问题〉

　日本語の《学生》は主に大学生を指すが、同形の中国語は小中学生や習い事の「生徒」も含んでいる。《全部》は、対象が人以外の場合は日中で用法が共通しているが、対象が人の場合、日本語では《全部》が使えないという点が異なる。また、《問題》は、解決しなければならないproblemや設問という意味では日中で共通しているが、中国の〈问题〉には相手に尋ねて答えを求める「質問」の意味がある。中国語にも〈质问〉(《質問》の簡体字)という語はあるが、日本語とは語義用法が異なっている。これについては、7.3.3のNT(転用マイナス)語で述べる。

[B-3タイプのCT-gap語]
　B-3タイプのCT-gap語は、日本語と同形の中国語には、語の概念に共通点が見られるが、具体的に語が指している対象は異なるという語群である。同形の語の語義用法が日中で異なるのはNT(転用マイナス)語の特徴だが、NT語では日中の語義用法に大きな隔たりがあるのに対し、CT-gap語のB-3タイプでは日中の語義に関連性があり、NCSが日本語の語彙の学習に母語知識を活用できるという点がNT語と異なっている。4級複漢字名詞のB-3タイプのCT-gap語には表7-30のように3語ある。

表7-30　4級複漢字名のB-3タイプのCT-gap語(3語)の特徴

漢字語	語義用法		用例(コロケーション)
家族	日本語	夫婦や、親と子供等が中心となった集団	・家族と出かける　〈和家人出门〉 ・何人家族ですか　〈你家有几个人?〉
	中国語	「一族」のような大きな家族の集まり	・蒋介石一族　〈蒋介石家族〉

7.3　4級複漢字名詞の分類結果　　207

警官	日本語	警察官	・**警官**に道を聞く　〈向<u>警察</u>问路〉[47]
	中国語	ある特定の高いランクの警察官	・王さんのお父さんは**警官**（ランクの高い警官）だ　〈王先生的父亲是一名<u>警官</u>〉
辞書	日本語	言葉を集めて一定の順序に配列し、発音・表記・意味・用法等を説明した本	・**日本語の辞書**　〈日语<u>词典</u>〉 ・知らない言葉を**辞書**で調べる　〈用<u>词典</u>查不知道的单词〉
	中国語	字典や辞書、百科事典等の総称	・この図書館にはいろいろな**辞書や事典類**がある　〈这座图书馆有各类<u>辞书</u>〉

　日本語の《家族》と同形の中国語〈家族〉は、家系図で表すような「一族」を指し、生活を共にしている夫婦や親子を単位とした小さな集団を表さない。
　日本語の《警官》は、警察の職務を遂行する公務員を指す語だが、中国語の場合、同じように使われるのは〈警察〉で、〈警官〉はある特定の高いランクの警察官を指す語であるという違いがある。
　日本語の《辞書》と同形の〈辞书〉は、字典や辞書、百科事典等の総称で、国語辞典や対訳の辞書を指す場合は、〈词典〉という別の語で表される。

(3) 4級複漢字名詞の CT-other & gap 語：
　　CT-other 語と CT-gap 語の両方の特徴を持つ語群

　4級複漢字名詞の CT（転用注意）語の中には、CT-other 語と CT-gap 語の両方の特徴も持つ語が少数ある。単漢字名詞では、《角》の「曲がり角」や《背》の「背丈」という意味は、もとの字義や語義とは異なり、日本語で新たに加わった意味である（高橋2001）と述べたが、複漢字名詞の場合は、近代以降の日本文化の影響により、中国語本来の語義用法に日本語の語義用法が加わったものがある。4級複漢字名詞には、そのような CT-other & gap 語が表7-31のように4語[48]ある。

47　中国語の〈警察〉は警察組織と警察官の両方を指す。
48　4語のうち、〈玄关〉（《玄関》の簡体字）、〈写真〉、〈料理〉は、『現代中国語新語辞典』(2007)に収録されており、『现代汉语词典』には新たに加わった語義が記されている。

表 7-31　4 級複漢字名詞の CT-other＆gap 語（4 語）の特徴

漢字語	① 本来の中国語の語義 ② 語義用法が対応する一般的な中国語	中国語に新たに加わった語義用法と実例 （日本語訳は筆者による）	用例 （コロケーション）
玄関	① 仏道に入る入口 ②〈门厅〉	家屋内の入口付近。 実例[49]： 〈玄关设置人体感应灯，自动开启〉（〈关〉は《関》の簡体字）＝玄関にセンサー付きの電灯を置けば、自動的に電気がつく。	・玄関で靴を脱ぐ 〈在门厅脱鞋〉
写真	①「肖像画を描く」という動詞、または「肖像画」 ②〈照片〉	プロのカメラマンが撮る写真。有名人などのブロマイドや写真集の写真。 実例[50]： 〈在武汉，年轻人走进了"个性写真"，选一条古朴的小街，被摄者着锦缎旗袍，坐在旧式的人力车上〉＝武漢では、若者たちは個性的な写真を撮りに繰り出す。古い街並みに足を運び、チャイナドレスを着て人力車に乗っているところを写真に撮ってもらうのだ。	・家族の写真 〈家人的照片〉 ・写真を撮る 〈拍照片〉 ・アイドルの写真 〈偶像的照片／写真〉

49　「北京语言大学汉语语料库」（以下、「BCC コーパス」）の事例番号 10（2016 年 9 月 30 日付の『人民日報』http://bcc.blcu.edu.cn/zh/search/1/%E7%8E%84%E5%85%B3）

50　「BCC コーパス」の事例番号 111（2002 年 5 月 8 日付の『人民日報海外版』http://bcc.blcu.edu.cn/zh/search/1/%E5%86%99%E7%9C%9F）

電車	① トロリーバス ②〈轻轨电车〉	日本の電車。 実例[51]： 〈从东京乘电车 30 多分钟，到川崎市〉（〈电〉は《電》の簡体字）＝東京から 30 分余り電車に乗ると川崎市に着く。	・上海 は 電車 が 走っている 〈上海有轻轨〉 ・東京に電車で行く　〈坐电车去东京〉
料理	①「処置する」という動詞 ②〈菜〉食べ物 　〈做饭〉cooking	「日本料理」や「韓国料理」等の「～料理」。 実例[52]： 〈他们展出了自己的拿手菜式，包括中餐、日本料理、西点、东南亚菜等一共两百道，引得游人驻足观赏〉＝彼らは、中華料理、日本料理、西洋料理、東南アジア料理を含む自身の得意料理を披露し、その総数は 200 種類に及んだ。	・中華料理 〈中餐〉〈中国菜〉 ・広東料理 〈广东菜〉 ・日本料理 〈日本料理〉 ・料理をする 〈做饭〉

　これらの語は、同形の中国語が日本語とまったく同じ語義用法で使われているのではなく、一部の語義用法であったり、また日本や日本文化という文脈での使用に限られている。例えば、《料理》と同形の中国語は、本来、cooking や food とは関係のない語であったが、日本の食文化の広がりとともに、〈料理〉が dishes/cuisine の語義で使われるようになった。しかし、日本語ではたいていの国や地域名なら《～料理》と言えるのとは異なり、中国語では「中華料理」をはじめ、〈～料理〉とは言わないものも数多くある。また、中国語の〈料理〉には「料理する」という動詞の語義用法はない。

51　「BCC コーパス」の事例番号 13（1989 年 4 月 28 日付の『人民日報』http://bcc.blcu.edu.cn/zh/search/1/%E7%94%B5%E8%BD%A6）

52　「BCC コーパス」の事例番号 16（2017 年 4 月 21 日付の『人民日報海外版』http://bcc.blcu.edu.cn/zh/search/1/%E6%97%A5%E6%9C%AC%E6%96%99%E7%90%86）

7.3.3 4級複漢字名詞のNT（転用マイナス）語

　NT（転用マイナス）語は、現代中国語に同形の語があるが、日本語との間に共有義がない語群である。これらの語は、NCSが母語知識を活用して意味処理をしようとすると間違った解釈や誤用を犯してしまい、理解・産出のどちらの場合にも問題が生じうる。語の中には、同形の中国語が日常よく使われるものとそうでないものが混在している。表7-32には、語義用法に加え、当該語が日常的に使われる語か否か、またNCSはどのような語義を想起する可能性があるかについて記述した。

表7-32　4級複漢字名詞のNT（転用マイナス）語（19語）の特徴

漢字語	NCSが想起する可能性のある語義	日本語の語義に対応する中国語	用例（コロケーション）
大勢（おおぜい）	大局、大勢（たいせい） ・〈大勢所趨〉＝大勢の赴くところ（『中日辞典』第2版 2003）	〈很多（人）〉	・大勢の人　〈很多人〉 ・この大学には留学生が大勢いる　〈这个大学有很多留学生〉
男の子	〈男子〉大人の男性 ・〈五十岁左右的男子〉＝50歳ぐらいの男の人	〈男孩〉	・男の子の名前　〈男孩的名字〉 ・男の子と遊ぶ　〈和男孩玩〉
女の子	〈女子〉で大人の女性 ・〈五十岁左右的女子〉＝50歳ぐらいの女の人	〈女孩〉	・女の子の名前　〈女孩的名字〉 ・女の子と遊ぶ　〈和女孩玩〉
階段	段階 ＊中国語には〈"段阶"〉（《段階》の簡体字）という語はない。 ・〈此药物还在实验阶段，不能对人试用〉＝この薬はまだ実験段階なので、人に使うことができない。	〈楼梯〉フロア間の階段 〈台阶〉入口等に設けられた階段、ステップ	・階段はどこですか　〈楼梯在哪里？〉 ・階段を使う　〈走楼梯〉 ・ステージに上がる時は、右側の階段を使ってください　〈上台的时候，请走右边的台阶〉

菓子	木の実[53] ・〈那些红果子能吃吗?〉＝あの赤い実（木の実）は食べられますか。	〈零食〉 スナック菓子等 〈点心〉 ケーキや饅頭等	・お菓子（＝スナック菓子、チョコレート等）を食べる 〈吃零食〉 ・お菓子（＝ケーキ、饅頭等）を作る 〈做点心〉
今朝	今 ＊改まった語 ・〈数风流人物，还看今朝〉＝「傑出した人物を探すなら、今の世を見よ」（毛沢東の詩の一部。筆者訳）	〈今天早上〉	・今朝8時にうちを出た 〈今天早上八点出的门〉 ・今朝雪が降っていた 〈今天早上下雪了〉
質問	詰問する ・〈警察向被告提出了质问〉＝警察は被告に対して詰問した。	〈问题〉	・何か質問がありますか 〈有什么问题吗?〉 ・質問をする 〈问问题〉[54]
授業	師が教える（動詞） ＊古語[55]	〈课〉	・（私は）毎日授業がある 〈我每天都有课〉 ・日本語の授業は10時からだ 〈日语课从十点开始〉
新聞	ニュース ・〈从广播里听到地震的新闻〉＝ラジオで地震のニュースを聞いた。	〈报纸〉	・新聞を読む 〈读／看报纸〉

---

53 《菓子》の《菓》が持つ「菓子」の字義は、日本語固有のもの（高橋2000）。

54 中国語では、「質問をする」を「*質問を尋ねる／聞く〈＝问〉」と表現するため、NCSには「*質問を聞く」という誤用が見られる。

55 『現代汉语词典』には収録されていないが、『汉语大词典』には唐時代に書かれた『師説』の一節〈师者，所以传道、授业、解惑也〉（＝師とは道を伝え、教えを授け、惑いを解く者なり）（筆者訳）が記されている（〈业〉は《業》の簡体字）。

石鹼	アルカリ性の物質名 ＊専門用語[56]	〈肥皂〉	・石鹼で手を洗う 〈用肥皂洗手〉
先生	男性の名前に用いる敬称 （〜さん） ・〈渡边先生〉＝渡辺さん	〈老师〉	・日本語の先生　〈日语老师〉 ・小学校の先生になる 〈成为一名小学老师〉
茶碗	お茶を入れるお碗[57] ・茶道で用いる「茶碗」を指す場合は、中国語でも〈茶碗〉という。 ・[在日本茶道中]〈先转一下茶碗然后再喝茶〉＝[茶道で]茶碗を回してからお茶を飲む。	〈饭碗〉	・手で茶碗を持ってご飯を食べる　〈用手端着饭碗吃饭〉
手紙	トイレットペーパーやトイレで手を拭くペーパータオル ・〈洗手间里没有手纸〉＝トイレに紙がない。	〈信〉	・祖母に手紙を書く 〈给奶奶写信〉
鳥肉	鳥（一般的に食用とされる鶏や鴨等以外）の肉[58]	〈鸡肉〉	・鳥肉の方が牛肉より安い　〈鸡肉比牛肉便宜〉
番号	軍隊の部隊等に用いられる通し番号 ＊日常語ではない。 ・〈部队番号〉＝軍隊の部隊の番号	〈号码〉	・クレジットカードの番号　〈信用卡的号码〉 ・電話番号　〈电话号码〉

56　『现代汉语词典』には収録されていない。

57　『现代汉语词典』には収録されていない。

58　『现代汉语词典』には収録されていないが、1982年4月13日付の『人民日报』（「BCCコーパス」事例番号2　http://bcc.blcu.edu.cn/zh/search/1/%E9%B8%9F%E8%82%89）には、絶滅が危ぶまれる野鳥を違法に加工する工場について書かれた記事の中に〈山山岛上还建立了鸟肉罐头厂，大量收购鸟肉〉（＝黒山島では鳥の肉の缶詰工場が建設され、大量の鳥の肉が集められた）（筆者訳）という文が見られる（〈鸟〉は《鳥》の簡体字）。

病院	ある特定の専門病院 ・〈精神病院〉＝精神病院	〈医院〉 ＊中国語では、日本語の《医院》とは異なり、規模の大きい hospital を指す	・病院に行く　〈去医院〉
勉強	「無理に強いる」という動詞、あるいは「無理だ」という形容詞 ・〈她身体不舒服，却还在勉強工作〉＝彼女は体調がよくないが、無理をして仕事をしている。 ・〈这项工作对他来说太勉强了〉＝この仕事は彼には無理だ。	〈学习〉 ＊〈学习〉は動詞だが、名詞的にも用いられる。	・日本語の勉強はおもしろい　〈学习日语很有意思〉
野菜	野生の食用植物（野草や山菜等） ・〈日本人上山采野菜〉＝日本人は山に入って野草や山菜を取る。	〈蔬菜〉	・野菜を食べる　〈吃蔬菜〉
冷蔵庫	冷蔵倉庫 ・〈进冷藏库的时候穿大衣〉＝冷蔵倉庫に入る時はジャケットを着る。	〈冰箱〉	・冷蔵庫にビールを入れる　〈把啤酒放进冰箱〉

7.3.4　4級複漢字名詞のUT（転用不可）語

　UT（転用不可）語は、現代中国語に同形の語がないため、NCSが中国語の語彙の知識を日本語の漢字語彙学習に活用できない語群である。4級単漢字名詞ではUT語は少なかったが、複漢字名詞では4類の中で最も数が多い。

　この中には、古くは中国語でも使用されていた語があるが、現代語の辞書に収録されていない場合、一般的なNCSが共通して持っている知識ではない可能性が高いと判断し、UT（転用不可）語に分類している。

UT語は、語義が対応する中国語と日本語との間に、図7-19と図7-20のようなAとBの2つのタイプがある。4級複漢字名詞では、Aタイプが多く、Bタイプは少ない。

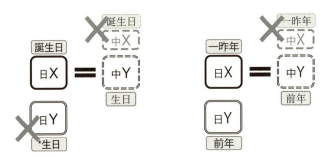

図7-19　4級複漢字名詞の
　　　　Aタイプの UT 語

図7-20　4級複漢字名詞の
　　　　Bタイプの UT 語

Aタイプは、語義用法が対応する中国語〈中 Y〉に、同形の日本語《日 Y》がない。例えば、《日 X：誕生日》に語義用法が対応するのは〈中 Y：生日〉という語だが、これと同形の《日 Y：*生日》という語は日本語にはない。

一方、Bタイプは、語義用法が対応する中国語〈中 Y〉に、同形の日本語《日 Y》が存在する。例えば、《日 X：一昨年》の場合、語義用法が対応するのは〈中 Y：前年〉という語で、日本語にはこれと同形で中国語とは語義用法の異なる《日 Y：前年》という語がある。語の産出時に、NCS が《一昨年》を使用すべきところで《前年》を使っていた場合、単に日本語では《前年》とは言わないということだけでなく、両者の語義用法がどのように異なっているかを伝えることで、NCS にとっては《一昨年》の理解がより深まる。《日 X》と《日 Y》の関係は語によって異なり、《一昨年》のように異義の場合もあれば、類義の場合もある。

4級複漢字名詞の UT（転用不可）語は、他の3類と比べて数が多いため、共通する意味概念でまとめて、以下のような10種類に分類し、それぞれ表7-33から表7-42にまとめて整理した。上述の Bタイプの語については、《日 Y》に関する説明も加えた。

> ①時に関する語　　　　②場所・建物に関する語
> ③食に関する語　　　　④人に関する語
> ⑤衣類・携帯品に関する語　⑥書籍・文具に関する語
> ⑦乗り物に関する語　　　⑧病気に関する語
> ⑨動作に関する語　　　　⑩その他

① 時に関する語（21 語）

表 7-33　4 級複漢字名詞の UT（転用不可）語①の特徴

漢字語	日本語の語義に対応する中国語	用例（コロケーション）
日曜日〜土曜日[59]	〈星期日〉〈星期一〉〈星期二〉〈星期三〉〈星期四〉〈星期五〉〈星期六〉 〈周日〉〈周一〉〈周二〉〈周三〉〈周四〉〈周五〉〈周六〉 〈礼拝日〉〈礼拝一〉〈礼拝二〉〈礼拝三〉〈礼拝四〉〈礼拝五〉〈礼拝六〉	・火曜日に友達と出かける〈星期二和朋友出門〉 ・水曜日の朝　〈周三早上〉
一昨日（おととい） 一昨年（おととし）	〈前天〉 〈前年〉	・一昨日の夜　〈前天晩上〉 ・一昨年の夏　〈前年夏天〉
先週・今週・来週 先月・今月・来月	〈上周〉〈这周〉〈下周〉 〈上（个）月〉〈这（个）月〉〈下（个）月〉	・先週の週末　〈上周周末〉 ・来月の初め　〈下月月初〉
明後日	〈后天〉（〈后〉は《後》の簡体字）	・明後日は水曜日だ　〈后天是星期三〉 ・申し込みは明後日までだ〈申請到后天截止〉

59　『汉语大词典』（第一卷〜第八卷）（1986〜1990）には中国でも 19-20 世紀ごろ七曜で曜日を表していたことが記載されているが、「BCC コーパス」（文字・新聞）には同様の事例は見られない。

漢字語	日本語の語義に対応する中国語	用例（コロケーション）
再来年	〈后年〉〈后〉は《後》の簡体字	・再来年の春　〈后年春天〉 ・再来年卒業する　〈后年毕业〉
毎朝	〈每天早上〉 朝早い時間を指す場合 〈每天上午〉 午前中を指す場合	・毎朝7時に起きる　〈每天早上七点起床〉 ・授業は毎朝10時に始まる　〈每天上午十点开始上课〉
夕方	〈傍晚〉 ＊具体的な時刻を後続させる場合は、〈下午〉＝ afternoon や〈晚上〉＝ evening, night を用いる。	・夕方うちに帰る　〈傍晚回家〉 ・夕方5時　〈下午五点〉
誕生日	〈生日〉	・誕生日はいつですか　〈你生日是什么时候？〉 ・誕生日（の）プレゼント　〈生日礼物〉 ・誕生日おめでとう（ございます）　〈生日快乐〉
夏休み	〈暑假〉	・夏休みに国に帰る　〈暑假回国〉 ・夏休みの宿題　〈暑假作业〉

　時に関する4級複漢字名詞のUT語には、日中で同形でないものが多い。季節の語（春夏秋冬）と《毎〜》の多くはPT（転用プラス）語かCT（転用注意）語だが、《先〜》、《今〜》、《来〜》に《週》や《月》を後続させる語や、曜日はUT語となっている。

② **場所・建物に関する語（13語）**

表7-34　4級複漢字名詞のUT（転用不可）語②の特徴

漢字語	日本語の語義に対応する中国語	用例（コロケーション）
お手洗い	〈洗手间〉	・お手洗いはどこですか　〈洗手间在哪里？〉 ・お手洗いに行く　〈去洗手间〉

7.3　4級複漢字名詞の分類結果

映画館	〈电影院〉（〈电〉は《電》の簡体字）	・映画館で映画を見る　〈在电影院看电影〉 ・映画館が混んでいる　〈电影院很拥挤／人很多〉
会社	〈公司〉	・中国の会社　〈中国公司〉 ・会社で働く　〈在公司工作〉
喫茶店	〈咖啡馆〉 コーヒーや紅茶を出す店	・喫茶店でコーヒーを飲む　〈在咖啡馆喝咖啡〉 ・喫茶店に入る　〈去咖啡馆〉
交差点	〈十字路口〉 ＊中国語にも〈交差〉という語はあるが、「復命する」という意味で使われる。	・交差点を左に曲がる　〈在十字路口左转〉 ・その交差点で事故があった　〈那个十字路口发生了车祸〉
交番	〈派出所〉 ＊日本の《交番》より規模が大きく「警察署」に近い。	・交番に行く　〈去派出所〉 ・交番で道を聞く　〈在派出所问路〉
台所	〈厨房〉 ＊中国語では、外食産業等の調理場に限らず、家庭の台所を含めて〈厨房〉という。	・台所が狭い　〈厨房很小〉 ・台所でご飯を作る　〈在厨房做饭〉
建物	〈建筑物〉（〈筑〉は《築》の簡体字）	・(背の) 高い建物　〈很高的建筑物〉 ・レストランはこの建物の5階にある　〈饭馆在这栋建筑物的五楼层〉
風呂	〈洗澡〉　体を洗う（動詞） 〈泡澡〉　湯船につかる 〈浴缸〉　浴槽 〈浴室〉　浴室	・お風呂に入る　〈泡澡〉 ＊厳密には、「湯船に浸かって体を洗う」の意味 ・お風呂のお湯が熱すぎる　〈浴缸里的水太热了〉 ＊厳密には、「風呂桶の中の湯は熱すぎる」の意味
部屋	〈房间〉	・きれいな (汚れていない) 部屋　〈干净的房间〉 ・部屋で音楽を聞く　〈在房间里听音乐〉
八百屋	〈蔬果店〉　野菜と果物を売る店	・八百屋でレタスとりんごを買った　〈在蔬果店买了生菜和苹果〉

漢字語	日本語の語義に対応する中国語	用例（コロケーション）
郵便局	〈邮局〉（〈邮〉は《郵》の簡体字）	・郵便局はどこですか 〈邮局在哪里〉 ・郵便局で切手を買う 〈在邮局买邮票〉
廊下	〈走廊〉 （長い）廊下 〈楼道〉 ビル等の建物の廊下 〈过道〉 家の中等の廊下（〈过〉は《過》の簡体字）	・廊下を歩く 〈在走廊里走〉 ・廊下で先生に会った 〈在楼道里碰见老师〉 ・（私は）夜、廊下の電気をつけて寝る 〈我晚上睡觉时开着过道的灯〉

　場所・建物に関する語の中で、《交番》と《風呂》については、中国には日本と同じ機能・形態のものがないため、最も近い語義になる中国語を挙げている。

③ 食に関する語（8 語）

表 7-35　4 級複漢字名詞の UT（転用不可）語③の特徴

漢字語	日本語の語義に対応する中国語	用例（コロケーション）
朝御飯 昼御飯 晩御飯 夕飯	〈早饭〉 〈午饭〉 〈晚饭〉 〈晚饭〉 ＊〈早饭〉に《早飯（はやめし）》の語義はない。	・朝御飯を食べる 〈吃早饭〉 ・昼御飯を作る 〈做午饭〉
果物	〈水果〉	・果物を食べる 〈吃水果〉 ・果物の中でいちごが一番好きだ 〈水果中我最喜欢草莓〉
飲み物	〈饮料〉	・飲み物を買う 〈买饮料〉 ・好きな飲み物は何ですか 〈你最喜欢什么饮料？〉
豚肉	〈猪肉〉 ＊中国語でも〈豚〉の語義は「ブタ」だが、現代語では〈猪〉が使われる。 ＊日本語の《猪》は中国語で〈野猪〉という。	・豚肉を食べる 〈吃猪肉〉 ・豚肉の料理（＝豚肉を使った料理） 〈有猪肉的菜〉

| 弁当 | 〈盒饭〉 携帯できるように詰めた食事 〈便当〉[60] | ・弁当を食べる 〈吃盒饭／便当〉
・弁当を買う〈买盒饭／便当〉 |

食に関する語では、《朝御飯》、《昼御飯》、《晩御飯》は、《御》が「皇帝（の物）」を連想させるため、NCS にとっては《朝ご飯》のように仮名混じりで書かれている方が語義を理解しやすい。

《豚肉》については、現代中国語では〈豚〉の文字が〈河豚〉（ふぐ）や〈海豚〉（イルカ）という語に使われるため、《豚肉》が pig や pork ではなくこれらの肉を連想させる。

④ 人に関する語（6 語）

表 7-36　4 級複漢字名詞の UT（転用不可）語④の特徴

漢字語	日本語の語義に対応する中国語	用例（コロケーション）
医者	〈医生〉	・母は医者だ 〈母亲是医生〉 ・医者に行く 〈去看医生〉
子供	〈孩子〉	・公園で子供が遊んでいる 〈公园里，孩子们在玩耍〉 ・姉は子供がいる 〈我姐姐有孩子〉
生徒	〈学生〉 ＊中国語の〈学生〉は、教育段階やその形態、また学習者の年齢に関わらず「学ぶ者」という意味で用いられる。	・桜中学校の生徒 〈樱花中学的学生〉 ・日本語学校の生徒 〈日语学校的学生〉
友達	〈朋友〉 ＊日本語の《朋友》はかたい文章語だが、中国語では話し言葉で用いられる日常語。	・日本人の友達がいる 〈有日本朋友〉 ・友達と出かける 〈和朋友一起出门〉

60　〈便当〉は、もともと「便利」の意味だが、『現代中国語新語辞典』や『现代汉语词典』には「弁当」の意味が収録されている。後者では、日本からの外来語という注釈が添えられている。

両親	〈父母〉 ＊日本語の《父母》はかたい文章語だが、中国語では話し言葉で用いられる日常語。自分の両親にも他人の両親にも使われる。	・家族は両親と私の三人だ〈我家有三口人，我父母和我〉 ・両親にお金をもらった〈收到了父母给的钱〉 ・田中さんのご両親　〈田中先生的父母〉
自分	〈自己〉 ＊日本語の《自己》に対する語としては、中国語で〈自己〉あるいは〈自我〉が相当する。 例：〈做自我介绍〉＝自己紹介をする ＊中国語の〈自己〉は「一人で～する」の場合も用いられる。 例：〈我小时候晚上不能自己上洗手间〉＝子供の時、夜一人でトイレに行けなかった	・自分の傘　〈自己的伞〉 ・朝御飯は自分で作る　〈我自己做早饭〉

　人に関する語では、《医者》と《生徒》と《自分》の産出に注意が必要である。

　まず、《医者》は、中国語では《医者に行く》という言い方はせず、〈去看医生〉（＝医者に診てもらいに行く）のように言う。この場合の〈看〉は「診察してもらう」の意味だが、〈看〉の第一義は「見る」であるためか、NCSが産出する文には「*医者を見に行く」、「*医者を見る」のようなものが観察される。

　《生徒》は、中国語では〈学生〉となるため、NCSには日本語で《学生》と《生徒》をどのように使い分けるかが問題となる。

　《自分》は、中国語では〈自己〉となり、「自分で」と「一人で」のいずれにも使われるため、NCSには、「一人で」と言わなければならないところで《自分で》と言ってしまう誤用（過剰使用）が散見される[61]。

61　例えば、中級レベルのNCSが書いた作文に「あまり友達がいなくても、自分で自由に遊ぶのが好きになりました」のような誤用が見られる。

⑤ 衣類・携帯品に関する語 (7語)

表7-37　4級複漢字名詞のUT (転用不可) 語⑤の特徴

漢字語	日本語の語義に対応する中国語	用例 (コロケーション)
上着	〈外套〉 ＊日本語の《外套》は防寒用のオーバー、コート類を指すが、中国語の〈外套〉は、それ以外にカーディガンやジャケット等も含む。	・上着を脱ぐ　〈脱外套〉 ・上着のボタンが取れそうだ　〈外套的扣子看上去好像要掉了〉
靴下	〈袜子〉	・靴下をはく　〈穿袜子〉 ・靴下を脱ぐ　〈脱袜子〉
財布	〈钱包〉	・うちに財布を忘れた　〈把钱包忘在家里了〉 ・財布が見つかった　〈找到钱包了〉
背広	〈男式西服〉	・背広を着る　〈穿西服〉 ・背広を着て仕事に行く　〈穿西服上班〉
時計[62]	〈钟〉　掛け時計・置時計 〈表〉　携帯できるタイプの時計 〈手表〉　腕時計	・この部屋には時計がない　〈这个房间没有钟〉 ・時計をする　〈戴手表〉
荷物	〈行李〉　旅行に行く時等の大きな「荷物」 〈包裹〉　郵便等で送る「荷物」、「小包」 〈随身物品〉　鞄等携帯している「荷物」、「持ち物」	・空港からうちまで荷物を送る　〈把行李从机场寄到家〉 ・航空便で荷物を送る　〈空运包裹〉 ・自分の荷物は椅子の下に置いてください　〈请把自己的随身物品放到椅子下面〉

---

[62] 『汉语大词典』には、日本語の《時計》と同義で使用されている〈时计〉の事例として、作家叶圣陶 (1894-1988) の作品『命命鸟』(1921-1923) の一節が挙げられているが、「BCCコーパス」(新聞雑誌・文学) にはclockの意味で使用されている事例は少なく、それらも戦後すぐの時代のものが占めている。

洋服[63]	〈衣服〉 ＊中国語の〈衣服〉は、日本語の《服》に相当する日常的な話し言葉で使用される語	・洋服を着る　〈穿衣服〉 ・洋服を買う　〈买衣服〉

　衣類・携帯品に関する語では、《荷物》の語義用法が複数あり、それぞれに対応する中国語が異なるため、文脈から語を適切に理解したり、産出時に誤用や非用が生じないような指導が必要となる。

⑥ **書籍・文具に関する語（7語）**

表7-38　4級複漢字名詞のUT（転用不可）語⑥の特徴

漢字語	日本語の語義に対応する中国語		用例（コロケーション）
切手	〈邮票〉		・切手を買う　〈买邮票〉 ・[郵便局で] 50円切手を3枚ください　[在邮局]〈请给我三张50日元的邮票〉
言葉	〈词汇〉 〈单词〉 〈语言〉	語彙 単語 言語	・簡単な言葉で話す　〈用简单的词汇说〉 ・言葉の意味を調べる　〈查单词的意思〉 ・いろいろな国の言葉　〈各国的语言〉
字引	〈词典〉 〈字典〉	辞書 字書	・字引を引く　〈查词典／字典〉

63　『汉语大词典』には、魯迅が『且介亭杂文・从孩子的照相说起』（1934）で日本語と同じ語義で〈洋服〉を使っている事例〈中国和日本的小孩子，穿的如果都是洋服，普通实在是很难分辨的〉（＝中国人と日本人の子供がどちらも洋服を着ていれば、どちらがどちらかを見分けるは難しい）（筆者訳）が挙げられているが、現代語においては〈洋服〉の使用は一般的ではない。

葉書[64]	〈明信片〉	・葉書を書く　〈写明信片〉 ・郵便局で葉書を2枚買いました 〈从邮局买了两张明信片〉
封筒[65]	〈信封〉	・封筒に名前を書く　〈在信封上写名字〉 ・封筒に切手を貼る　〈在信封上贴邮票〉
本棚	〈书架〉 ＊日本語の《書架》とは異なり、中国語の〈书架〉は日常的な話し言葉で使用される	・部屋に本棚がある　〈房间里有书架〉 ・本棚にいろいろな本がある　〈书架上有各种各样的书〉
万年筆	〈钢笔〉	・万年筆をもらった　〈收到了一支钢笔〉 ・万年筆で手紙を書く　〈用钢笔写信〉

　書籍・文具に関する語のうち、《言葉》は同じ語義用法の中国語を一つの単語で表せない上に、《言葉》で表す意味範囲が広いため、理解・産出のどちらにおいても注意が必要である。

⑦ **乗り物に関する語（4語）**

表 7-39　4級複漢字名詞の UT（転用不可）語⑦の特徴

漢字語	日本語の語義に対応する中国語	用例（コロケーション）
自転車	〈自行车〉（〈车〉は《車》の簡体字）	・自転車に乗る　〈骑自行车〉 ・自転車を借りる　〈借自行车〉

64　『汉语大词典』には、唐代の詩人贾岛が『郊居及事』という作品において、〈葉書傳野意，簷溜煮胡茶〉という部分で〈葉書〉を「木の葉に文字を書いた書簡」として用いている事例が記されている。
65　『汉语大词典』には、南朝や宋の時代に〈封筒〉が「物を包む」の意で使用されていたこと、また、近現代では作家萧军が『萧红书简辑存注释录』（1981）の中で「大きい封筒」の語義で使用している事例が収録されているが、「BCC コーパス」の新聞雑誌・文学の分野では使用例が見られない。

自動車	〈汽车〉 ＊日本語の《汽車》に相当する中国語は〈火车〉	・自動車（の）会社　〈汽车公司〉 ・電気自動車　〈电动汽车〉
地下鉄	〈地铁〉	・地下鉄の駅　〈地铁站〉 ・地下鉄に乗る　〈坐／乘地铁〉
飛行機	〈飞机〉（〈机〉は《機》の簡体字）	・飛行機のチケットを予約する　〈预订飞机票〉 ・飛行機に乗る　〈乘／坐飞机〉

　乗り物に関する語では、コロケーションの違いに留意する必要がある。日本語では、いずれも《～に乗る》となるこれらの語は、中国語では自転車やバイク等の足をまたいで乗る物には〈乘〉が使われない。他の乗り物については、〈乘〉だけでなく〈坐〉が使われるという点でも日本語との間に違いが見られる。

⑧ **病気に関する語**[66]（2語）

表7-40　4級複漢字名詞のUT（転用不可）語⑧の特徴

漢字語	日本語の語義に対応する中国語	用例（コロケーション）
風邪	〈感冒〉	・風邪を引く　〈得感冒〉 ・風邪が治る　〈感冒好了〉
病気	〈病〉〈重病〉 ＊中国語の〈病〉は、風邪や頭痛等、軽度の体の不調についても用いられる日常語である。	・病気になる　〈得了重病〉〈生病〉（後者は、軽度の体調不良や風邪等の軽い場合） ・（私は）病気で一か月学校を休んだ　〈我得了重病，所以请了一个月假没去上学〉

66　『汉语大词典』には《風邪》は、「中国医学における六淫（病を引き起こす外界の六つの要因）の一つ」であり、また《病気》は「病人の吐く息」の意味で『紅楼夢』（清朝中期の小説）に事例のあることが書かれているが、現代の日常語の中ではいずれの語も使用されない。

⑨ 動作に関する語（2 語）

表 7-41　4 級複漢字名詞の UT（転用不可）語⑨の特徴

漢字語	日本語の語義に対応する中国語	用例（コロケーション）
買物	〈购物〉〈买东西〉 ＊〈购物〉は動詞だが、名詞的にも用いられる。〈买东西〉も「物を買う（こと）」という動詞句。	・買物に行く〈去购物〉 〈去买东西〉 ・買物をしてからうちに帰る〈先购物再回家〉 〈先买东西再回家〉
仕事	〈工作〉 ＊中国語の〈工作〉は「仕事」（名詞）と「仕事をする」（動詞）に相当する。中国語の〈工作〉は、日本の小学校で行われるような「（図画）工作」（中国語では〈手工〉という）には使われない。	・仕事を探す　〈找工作〉 ・仕事をする　〈工作〉

⑩ その他（8 語）

表 7-42　4 級複漢字名詞の UT（転用不可）語⑩の特徴

漢字語	日本語の語義に対応する中国語	用例（コロケーション）
映画	〈电影〉（〈电〉は《電》の簡体字）	・映画を見る　〈看电影〉 ・映画を作る　〈制作电影〉
切符	〈票〉 ＊中国語の〈票〉は、日本語で「票」（例：選挙の票）や「券」（例：コンサートのチケットや入場券）で表される物を広く指す。	・飛行機の切符　〈机票〉 ・切符を買う　〈买票〉
宿題	〈作业〉（〈业〉は《業》の簡体字） ＊中国語の〈作业〉は、日本語の《作業》が担う意味範囲より狭く、「宿題」の語義の他には、軍事・生産活動に関連のある「作業」を指す。	・宿題をする　〈写／做作业〉 ・宿題を出す（提出する）〈交作业〉

名前	〈名字〉 物の名前・人の氏名 〈姓〉 人の姓・last name/surname 〈名〉または〈名字〉 姓に対する名・first/given name	・駅の名前 〈火车站的名字〉 ・名前を書く 〈写名字〉 ・子供の名前を考える 〈给孩子起名〉 ・「お名前は？」「渡辺です」 〈"你叫什么名字？""我叫渡边"〉
灰皿	〈烟灰缸〉	・[レストランで]灰皿がありますか [在餐厅]〈请问有烟灰缸吗？〉
一緒	〈一起〉	・友達と一緒に出かける 〈和朋友一起出去〉 ・(私は)椅子とテーブルを一緒に買った 〈我把桌子和椅子一起买了〉
半分	〈一半〉	・ケーキを半分食べた 〈吃了一半蛋糕〉 ・ケーキを半分に切る 〈把蛋糕切成两半〉(〈两〉は「2つ」の意味)
本当	〈真〉	・本当ですか 〈真的吗？〉 ・本当にすみませんでした 〈真的非常抱歉〉 ・本当のことを教えてください 〈请告诉我真相〉

　日本語の《名前》は中国語では〈名字〉といい、〈名字〉が物の名前、人の姓（例：鈴木）、姓に対する名（例：太郎）を指す。日本語で《名字》は、人の姓のみを指す語であるため、その点が中国語とは異なる。

　以上、7.2 と 7.3 では、4 級漢字名詞を単漢字語と複漢字語に分け、それぞれ 4 分類の結果を述べて、学習・指導時の留意点を指摘した。7.4 では、4 分類に含まなかった位置・時に関する 4 級漢字名詞の分類結果を見ていく。

▶7.4 位置・時に関する４級漢字名詞の語義用法

　語義用法の分析では、単語レベルでの日中対照に焦点を当て、その結果をもとに PT 語、CT 語、NT 語、UT 語へのラベル付けを行ったが、位置・時に関する以下の語は、単語レベルの日中対照では語の特徴が十分に反映されないため、4 分類に含まなかった。

　位置に関する語彙：上　下　前　後ろ　中　外　隣　横　近く　向こう
　時に関する語彙　：前　後　始め／初め

　位置・時に関するこれらの語は、語が使用される文型や文脈と語義が密接に関わっている。単語レベルの比較では日中の違いは見えにくいが、具体的な文脈を与えた文の中で比較すると、言語間の違いが顕著となる。中国語では、日本語と同形の語でなく別の語を使って表現する用法については、NCS が正しく理解できているか、産出時に誤用や非用となっていないかといった点に留意する必要がある。

　本節では、日本語教育においてこれらの語が「位置」や「時」という概念でまとめられ、語義用法が対を成す語や、類義語が一緒に提出される場合が多いことに配慮し、以下のように①〜⑧に分けて整理する。また、各語の特徴は、日中で語義用法が類似している部分と、異なる部分を表の左右に分けて記述する。

```
位置に関する語彙
  ①上、下        ②前、後ろ      ③中、外
  ④隣、横        ⑤近く          ⑥向こう

時に関する語彙
  ⑦前、後        ⑧始め／初め
```

① 《上》・《下》

　日本語の《上》、《下》は、表7-43に見られるように、物や人が「上／下にある」、「上／下にいる」という存在文においては、同形の中国語〈上〉と〈下〉との用法が類似している。ただ、中国語では、共に用いられる語や文型によって、〈上面〉や〈下面〉といった類義語が使われることもある。一方、同じ存在文であっても、《上》がaboveに相当する場合、また「上／下の階」を表す場合は、単に〈上〉や〈下〉ではなく、〈上方〉(above)や〈上面／下面〉(上／下の階)といった語が使われるため、日本語との間に違いが見られる。

表7-43　《上》・《下》の語義用法に対応する中国語の特徴

漢字語	中国語でも〈上〉や〈下〉を用いる語義用法	中国語では〈上〉や〈下〉を用いない語義用法
上	【〜の上にある／いる】 ・本棚の上に家族の写真がある　〈书架上／上面有我家人的照片〉 ・木の上に猫がいる　〈树上／上面有一只猫〉	【〜の上にある／いる（aboveや上の階）】 ・机の上に窓がある　〈书桌上方有一扇窗户〉 ・レストランはコンビニの上にある　〈餐厅在便利店上面／上边〉
下	【〜の下にある／いる】 ・椅子の下に箱がある　〈椅子下／下面有一个箱子〉 ・ベッドの下に猫がいる　〈床下／下面有一只猫〉	【〜の下にある／いる（下の階）】 ・このレストランの下にコンビニがある　〈这家餐厅下面／下边有便利店〉

　本書で分析対象とした語義用法以外では、「シャツの上にセーターを着る」、「姉は私より年が3つ上だ」、「上から2つ目の引き出し」のような場合も、中国語では〈上〉や〈下〉ではなく別の語が用いられる[67]。

　荒川(1983)は、中国語から日本語に翻訳する際に見られる問題点として、中国語では〈上〉や〈里〉(日本語の「中」に相当。本節③で後述)のような「方位詞」を用いて表現するものの中には、それらをそのまま《上》や《中》

---

[67] 詳細は「日中対照語彙リスト」(p.254, 巻末解説)を参照されたい。

として日本語に訳すと不自然なものがあり、特に〈上（面）〉が一番問題になると指摘している。例として、中国語では〈上（面）〉を用いて、〈他正躺在床上看报纸〉（彼はちょうどベッドに横になって新聞を読んでいた）[68]や〈他把那本书放在书架上了〉（彼はその本を本ダナにおいた／いれた）と言うが、日本語では「ベッドの上に」より「ベッドに」がより自然であり、「本ダナの上に」では、最上段という意味にとられやすいと解説している。また、中国語では〈（我）在车上碰见铃木了〉のように〈上〉が用いられていても、日本語では「バスの中で鈴木さんにあった」と訳さなければおかしな文となってしまうといった例を挙げ、一方の言語で《上》／〈上〉を用いて表されるからといって、もう一方の言語でも《上》／〈上〉で表現できるとは限らないと指摘している。このような問題は、語のレベルで両言語を比較しているだけでは見えてこない。このように語義用法の理解には、文や談話レベルで語がどのように使用されているかといった観点からの対照分析が欠かせないということが、荒川（1983）の指摘からも、改めて示唆される。

②《前》・《後ろ》

　日本語の位置関係を表す《前》と《後ろ》は、表7-44に見られるように、中国語では〈前〉や〈后〉（《後》の簡体字）よりも、これらを語素とした〈前面〉や〈后面〉といった別語で表されることが多い。《前》が「道を隔てて向かい」や「建物の出入口付近」を表す場合は、それぞれ〈対面〉、〈門口〉という〈前〉を語素としない語で表されるため、さらに注意が必要である。

68　荒川（1983）の用例中の下線は筆者による。

表 7-44 《前》・《後ろ》の語義用法に対応する中国語の特徴

漢字語	中国語でも〈前〉や〈后〉を用いる語義用法	中国語では〈前〉や〈后〉を用いない語義用法
前	【前／前方部】 ・前を見てください　〈请往前看〉	【〜の前にある／いる】 ・本棚の前に椅子がある　〈书架前面一把椅子〉 ・店の前に駐車場がある　〈商店前面有一个停车场〉 【〜の前(向かい／建物の出入口付近)にある／いる】 ・ホテルの前(向かい)に公園がある　〈酒店对面有一个公园〉 ・店の前にバス停がある　〈商店门口有一个车站〉 【その他】 ・バスを降りると、前に公園がある(見える) 　〈你下车之后，会在你的前方／前边看到一个公园〉 ・(私は)大勢の人の前に立つと緊張する　〈我站在很多人面前／前面会紧张〉
後ろ	【後ろ／後方部】 ・後ろを見ないでください　〈请别往后看〉 ・(私は)ジーンズの後ろのポケットにバスの切符を入れた　〈我把车票放在了牛仔裤的后兜〉	【〜の後ろにある／いる】 ・ドアの後ろに猫がいる　〈门后面有一只猫〉(〈后〉は《後》の簡体字) ・[駐車場で]「(あなたの)車はどこ？」「あの大きいトラックの後ろ」　[在停车场]〈"你的车在哪儿？""那辆大卡车后边"〉 ・子供はお母さんの後ろにいる　〈小孩在妈妈的身后〉

　また、中国語では〈前面〉(前)や〈后面〉(後ろ)を用いて表すところで、日本語では《その先》や《裏》といった方が適切な場合がある[69]。
　例えば、日本語教育の現場では、位置を表す語の練習に道案内をするという活動が取り入れられることが多く、その際、図 7-21 のような地図が使わ

69　荒川 (1983) には、〈前边〉と〈后边〉について同様の指摘が見られるが、具体的な説明や事例はない。ここに挙げた事例はすべて筆者による。

れる。矢印の方向に歩いていると仮定した場合、日本語ではPの位置を説明するのに、「銀行の前にある」と言うことができるが、中国語で〈銀行前面〉が指すのはPではなく、銀行の入口付近のSか、または進行方向に沿って銀行の先にあるQを指していると解釈される。中国語でPは、銀行の向かい〈対面〉（向かい）と表されることが多いため、NCSには「銀行の前」という表現が想起されにくい。

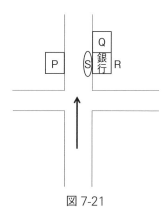

図 7-21

また、「後ろ」に相当する〈后面〉は、〈銀行后面〉といった場合、Rを指しており、中国語では〈请把你的车停在银行后面〉（Please park your car in the back of the bank.）のような文でこの語が用いられる。しかし、このような場合の〈后面〉に当たる日本語としては、《後ろ》よりも《裏》の方がより自然である。

③《中》・《外》

日本語の《中》は、表7-45に示したように、比較対象の範囲を示したり、状況や物語の「中」を表す場合、中国語でも日本語と同形の〈中〉が使われるが、物理的な位置関係を表す場合は〈里（面）〉という別の語が使われる。

一方、《外》は、「Xの外」のように基準となるXの位置を明示的に述べる場合、中国語でも〈外〉や〈外面〉という語が使われるが、「Xの」がなく、《外》が「屋外」や「自分のうち以外の場所」を指す場合は、〈外〉ではなく、〈外面〉や〈外边〉といった語が用いられる。

表 7-45 《中》・《外》の語義用法に対応する中国語の特徴

漢字語	中国語でも〈中〉や〈外〉を用いる語義用法	中国語では〈中〉や〈外〉を用いない語義用法
中	【範囲（〜の中で）】 ・季節の中でいつが一番好きですか〈四季中你最喜欢哪个季节？〉 【状況下】 ・雪の中におじぞうさんが六つたっていました[70]〈这雪中有六座地藏菩萨像〉 ・1960年代、世界は戦争の中にありました[71]〈20世纪60年代，世界处于战争之中〉 【話／物語の中】 ・この話の中には、猫のロボットが出てくる〈这个故事里／中有一个机器猫〉	【位置（〜の中）】 ・その鞄の中に何が入っていますか〈那个包里面有什么？〉 ・スーパーはあのビルの中です〈超市在那栋楼里面〉 ・外は寒いが、家の中は暖かい〈外面很冷，但是房子里面很温暖〉
外	【位置（〜の外）】 ・授業中よく窓の外を見ている〈上课时经常看着窗外〉 ・地震の時は、すぐ建物の外に出てはいけません〈地震的时候不要立马跑到建筑物外／外面〉	【屋外】 ・最近の子供はあまり外で遊ばない〈现在的孩子不经常去外面／外边玩了〉 【自分の家や家庭でないところ】 ・週末よく外でご飯を食べる〈周末经常去外面／外边吃饭〉

《中》については、①の《上》で挙げた荒川（1983）の例（バスの中で…あった）で見たように、日本語では《中》を用いるが、中国語では〈里（面）〉を用いないということがある。また、その逆に中国語では〈里（面）〉で表す位置関係を、日本語では《中》を使わずに助詞だけで示したり、《中》ではなく

---

70 『げんきⅠ [第二版]』(2011: 339) より抜粋。
71 『げんきⅡ [第二版]』(2011: 306) より抜粋。

《奥》を用いた方が自然な場合があるとして、荒川 (1983: 29-31) は以下の例 (下線は筆者) を挙げ、〈里〉は〈上〉に次いで問題が多いと指摘している。

(1)〈别乱扔，扔就扔进纸篓里吧〉
どこにでもむやみにすててはいけない。すてるならクズカゴにすてなさい。
(2)〈他把信叠好，装进了信封里〉
彼は手紙を折って封筒にいれた。
(3)〈把书签夹在书里〉
シオリを本にはさむ。
(4)〈我办公室在三层的最里边。你有事找我吧〉
私の事務室は三階の一番奥です。なにかあればたずねて来て下さい。

④《隣》・《横》

日本語の《隣》と《横》は、位置関係を表す場合、表7-46のように中国語では同形の語が使われない。

表7-46 《隣》・《横》の語義用法に対応する中国語の特徴

漢字語	中国語でも〈邻〉や〈横〉を用いる語義用法	中国語では〈邻〉や〈横〉を用いない語義用法
隣	*中国語には〈邻居〉や〈邻国〉のような複音節語はあるが、現代語において〈邻〉単独での使用は見られない。(〈邻〉は〈鄰〉の簡体字。《隣》は〈鄰〉の異体字と認識されている)	【位置 (〜の隣)】 ・銀行は図書館の隣だ 〈银行在图书馆旁边〉 【隣の住居】 ・隣の山田さんにりんごをもらった 〈隔壁的山田先生给了我一些苹果〉
横	【方向】 ・横に書く 〈横着写〉 ・横に歩く 〈横着走〉	【位置 (〜の横)】 ・自転車置き場は駐車場の横だ 〈自行车棚在停车场旁边〉 ・カレンダーは冷蔵庫の横 (側面) にかけてある 〈日历贴在了冰箱侧面〉

中国語の〈邻〉(《隣》の簡体字)は、古くは「隣人」を表す語で、現代中国語の中でも〈邻居〉(「隣の人」の意)や〈邻国〉(「隣国」の意)といった語の語素として、その意味が残っているが、現代語では、「隣(の家)」には〈隔壁〉という、より日常的な語が使用される。また、建物が隣接している状態や、人と人が隣同士にいることを表す場合、中国語では〈邻〉を用いないため、その場合の《隣》は、理解・産出のいずれにおいても、NCSが母語知識で対応できない可能性がある。

一方、《横》は、「横に書く(横書き)」のように方向を表す場合は、同形の中国語〈横〉と使い方が共通しているが、〈横〉に位置関係を表す用法はない。「自転車置き場は駐車場の横だ」のように《横》がbesideを表す場合は〈旁边〉、「カレンダーは冷蔵庫の横(側面)にかけてある」のように側面を表す場合は〈側面〉という別の語を用いて区別する。

⑤《近く》

《近く》と同形の〈近〉は、表7-47に示したように中国語では形容詞で、《近く》のような使い方はしない。建物等の位置関係を示す場合、中国語では〈附近〉という語が使われるが、それ以外の場合には〈旁边〉や〈靠近〉[72]といった語が使用される。日本語の《近く》は、おそらく文脈があればNCSにとって語の理解には問題がない。しかし、産出のためには、《近い》との文法的な違いや、《横》との語義用法の違い(中国語では《横》も《近く》も〈旁边〉となる)を明確にしながら、使い方を指導する必要がある。

---

72 〈靠近〉は「近い距離にある」という語義の動詞。

表7-47 《近く》の語義用法に対応する中国語の特徴

漢字語	中国語でも〈近〉を用いる語義用法	中国語では〈近〉を用いない語義用法
近く	【近い】(形容詞) ・うちから学校まで近い〈我家离学校很近〉	【〜の近く（建物等の位置）】 ・(私は)学校の近くに住んでいる〈我住在学校附近〉 ・この近くに郵便局がありますか〈这附近有邮局吗？〉 【〜の近く（人や物の位置）】 ・窓の近くに立っているあの女の人はだれですか〈那个站在窗户旁边的女人是谁？〉 ・(私は)窓の近くにベッドを置いた〈我把床放在了靠近窗户的位置〉

⑥《向こう》

《向こう》と同形の〈向〉は、中国語ではtowardsの語義で〈向北走〉(北に向かって歩く)のような方位詞としての用法や、〈妈妈向着弟弟〉(母はいつも弟をえこひいきする)のような動詞としての用法があるが、日本語の《向こう》と共通する語義用法はない。《向こう》に語義用法が対応する中国語は、《向こう》が「離れた距離にある遠くの場所」、「何かをはさんだ向こう側」、「何かの反対側」のどれを表すかによって、表7-48のように異なっている。

表 7-48 《向こう》の語義用法に対応する中国語の特徴

漢字語	中国語でも〈向〉を用いる語義用法	中国語では〈向〉を用いない語義用法
向こう	なし	【遠くの方】 ・いい天気なら向こうに富士山が見える 〈如果天气好的话，可以看到远处的富士山〉[73] 【向こう側】 ・道の向こう（側）にバス停がある 〈马路对面有一个车站〉 【反対側】 ・ドアの向こうに誰かいるみたいだ 〈门那边好像有个人〉

⑦《前》・《後》

時に関する《前》と《後》は、表 7-49 のように動作や出来事の前後関係を表す場合は、同形の中国語〈前〉と〈后〉（《後》の簡体字）と使い方が類似しているが、中国語では、さらに〈之前〉や〈之后〉等の類義語も用いられる。それに対し、「以前」を表す《前》や、「後で」や「残り」を表す《後》は、中国語では同形の〈前〉や〈后〉でなく別の語が使われる。

表 7-49 《前》・《後》の語義用法に対応する中国語の特徴

漢字語	中国語でも〈前〉や〈后〉を用いる語義用法	中国語では〈前〉や〈后〉を用いない語義用法
前	【時間（～前に…）】 ・寝る前に水を飲む 〈睡觉前／之前喝水〉 ・友達のうちに行く前に電話をした 〈我去朋友的家前／之前打了电话〉	【前（以前）】 ・その映画は前に見たことがある 〈以前／之前看过那个电影〉 ・（私は）前より日本語が上手になった 〈我的日语比以前／之前有进步〉 ・新しいパソコンは前のより使いやすい 〈新的电脑比以前的／之前的好使〉

---

[73] 〈远〉は《遠》の簡体字。〈远处〉は「遠くの場所」を表している。

後	【～の後で…】 ・仕事の後で飲みに行く 〈下班后去喝一杯〉（〈后〉は《後》の簡体字） ・ご飯を食べた後でコーヒーを飲む 〈吃完饭后喝一杯咖啡〉	【後で】 ・「じゃ、また後で」〈一会儿见〉[74] ・「後で電話します」〈一会儿给你打电话〉 【残り】 ・後は私がやりますから、先に帰ってください 〈你可以回家了，我来做剩下的〉[75]

⑧ 《始め／初め》

《始め》と《初め》は、日本語母語話者にとっても表記の使い分けが難しく、『明鏡国語辞典［第二版］』(2010)には、「一般に、時の流れを重視して『初』、物事の起こりを重視して『始』と使い分ける」が、「『年の初め／始め』のように両用する」ものもあると述べられており、使い方に揺れが見られる語である。

同形の中国語〈始〉と〈初〉は、表7-50に見られるように、いずれも現代語では語素として使われ、単音節語としての用法はない。NCSにとって文脈から語義を理解するのは容易だが、産出に際しては、《始め》と《初め》の使い分けに加え、後続する助詞や文脈によってどのような語義用法になるかに十分な注意が必要である。

---

74 〈一会儿〉は短い時間や短い時間の経過を表す。
75 〈剩下的〉は直訳すると「残ったもの」の意味。

表7-50 《始め／初め》の語義用法に対応する中国語の特徴

漢字語	中国語でも〈始〉や〈初〉を用いる語義用法	中国語では〈始〉や〈初〉を用いない語義用法
始め／初め	【月・年の初め／始め】 ・来月の初めに東京に行く〈下个月初去东京〉 ＊〈月初〉のような語には、他に〈年初〉がある。	【週の初め】 ・来週の初めに大阪に行く〈下周一开始就去大阪〉（〈开〉は《開》の簡体字） 【開始した時・最初（～の初めに）】 ・始め／初めは日本語が全然わからなかった〈一开始完全不懂日语〉 ・授業の初めにいつも小テストがある〈每节课开始的时候都会有一个小测验〉 【手順】 ・まず初めに野菜を切ります〈第一步先切菜〉

▶7.5 語義用法に関する分析結果のまとめ

　本章では、NCSに対する漢字語彙教育のために、NCSが母語知識を有効に活用できるか否かを基準に4級漢字名詞を4分類した結果の詳細を述べた。4級漢字名詞全体の特徴としては、NCSに対し母語知識の活用を積極的に促すことができるPT（転用プラス）語、母語知識の活用には注意が必要なCT（転用注意）語、母語知識の活用ができないUT（転用不可）語が、それぞれ全体の約30％を占めるという結果となったが、これを単漢字名詞と複漢字名詞とに分けて比較対照すると、両者の間に異なった特徴が現れた。以下、単漢字名詞と複漢字名詞の全体的な特徴と、4類の特徴に分けて整理する。

7.5.1　単漢字名詞と複漢字名詞の特徴

　4級単漢字名詞は、語を構成する漢字の本来の字義が現代語に残るものが多く、そこに日中での共通点が見られることから、NCSが母語知識を活かすことで日本語の漢字語彙の意味がおおむね理解できる語が多い。しかし、

理解可能だと考えられる語の半数以上が、語の産出時に誤用や非用につながる可能性のある CT（転用注意）語で、これに同形の語の語義用法が大きく異なる NT（転用マイナス）語と、同形の語が使われない UT（転用不可）語を加えると、産出時に問題となりうる語は全体の 70.0％になる。このように、4 級単漢字名詞は、理解できる語の多さに対し、産出時に問題となりうる語も同じくらい多いことが特徴となっている。

一方、4 級複漢字名詞は理解可能な語が 43.9％で、単漢字名詞の 85.5％と比べると低く、4 級複漢字名詞には NCS の母語知識が理解を助ける語があまり多くないということになる。全体の大きな部分を占めるのは、同形の語が中国語にはない UT（転用不可）語で、これは日本語でしか使用されない語であるため、NCS は母語知識に頼らず、語の表記から語義用法に至るまで、一から学習が必要である。ただ、UT 語は一旦学習を経なければ語の適切な理解と産出には結びつかないが、同時に、中国語に存在する語の影響が最も少ない。それに対して、CT（転用注意）語は、母語知識が語の理解を助ける反面、日中で共通する語義用法が強く印象に残ってしまうと日中の違いに意識が及びにくい語群だが、複漢字名詞では 16.8％と多くない。これらをまとめると、4 級複漢字名詞は、単漢字名詞に比べ、語の理解に母語知識が活用できる語は少ないが、その一方で、日中で共通する部分と異なる部分に注意を払って学習しなければならない CT 語も少ないことから、4 級漢字名詞に限って言えば、単漢字語に比べて学習しやすいということが示唆される。

7.5.2　4 類の特徴

ここでは本分類の 4 つのカテゴリーごとに、分類語の特徴、および単漢字名詞と複漢字名詞に見られる違いを、簡単にまとめておく。

(1) PT（転用プラス）語

PT（転用プラス）語は、中国語に同形の語があり、その語義用法が日本語とおおむね共通するため、当該語の理解と産出において、NCS が積極的に母語知識を活かすことができる。すなわち、母語の正の転移が期待できる語群である。

PT 語は、4 級単漢字名詞では全体の 30.0%、複漢字名詞では 27.2% を占めている。同形の中国語が日本語と同じように使われるため、NCS に対し積極的に母語知識の活用を促すことができるが、語義は共通していてもコロケーションの異なる場合が多いため、その点について注意が必要である。

(2) CT（転用注意）語

CT（転用注意）語は、当該語の理解と産出において、NCS は母語の語彙や語素の知識を活用できるが、その際問題の生じる恐れがあるため注意を要するという語群である。単漢字語では、現代中国語に同形の語があるが、日本語との間に共通部分とずれの両方が見られる場合と、同形の中国語が日常の話し言葉では、語ではなく語素として使用されるという場合がある。それに対し、複漢字語では、現代中国語に同形の語があり、その語義用法には日本語と共通する部分があるが、同時にずれも見られる。すなわち、CT 語においては、母語の転移は正と負の両方の可能性が存在する。

CT 語は、ずれの特徴によって、さらに以下の 3 つに下位分類される。

① CT-other 語：現代語の話し言葉では同形の中国語に代わる別語の使用が一般的な語群
② CT-gap 語：同形の中国語との間に語義用法のずれがある語群
③ CT-other & gap 語：CT-other 語と CT-gap 語の両方の特徴を持つ語群

CT 語は、4 級単漢字名詞では 4 類の中で最も数が多く、55.5% を占める。中でも CT-other 語の占める割合が高く（CT 語全体の 65.6%）、初級前半段階で導入される基本的な単漢字名詞には、NCS にとって理解には問題がないが、中国語では別の語が用いられるため、産出時に誤用や非用となる恐れのある語の多いことが特徴として挙げられる。単漢字名詞では、品詞や語義にずれのある CT-gap 語は少ない（19.7%）。

それに対し、4 級複漢字名詞は、CT 語が全体に占める割合は 16.8% と、それほど多くない。その内訳は、CT-other 語に比べて CT-gap 語の方が多く（それぞれ、CT 語全体の 34.5%、51.7%）、日本語と同形の語に見られる語義用法のずれに注意を向ける必要がある。CT-gap 語は、語の使い方や文脈

によっては、日本語とのずれが見えにくいため、NCS 自身が問題点に気づけるかどうかが学習の鍵となる。

(3) NT（転用マイナス）語

NT（転用マイナス）語は、同形の中国語が語や語素として使用されるが、その語義、あるいは語素の意味が日本語とは大きく異なっている。したがって、NCS が当該語の理解や産出時に母語知識に頼ると、語の誤った理解や産出につながり、母語知識の負の転移が予想される。

このように、NCS の母語知識の活用が、語の理解・産出のいずれにおいても問題となる恐れがある NT 語は、単漢字名詞、複漢字名詞ともに全体に占める割合は低い（それぞれ、10.0％、11.0％）。

ただ、単漢字名詞の場合は、日中のどちらかで本来の字義から派生したり、異なる意味が加わったりしたために、現代語の語義用法が両者の間で異なっていることがある。そのため、NCS が語を見て想起しているのはまったく違った語義であっても、それが問題となって表面化しない限り教師や NCS はその違いに気づきにくい。特に、産出時に語が非用となっている場合もあるため注意が必要である。

(4) UT（転用不可）語

UT（転用不可）語は、中国語に同形の語、あるいは語素が存在しない、または過去に使用されていたことが確認できても、現在使用されることがまれである等の理由で、NCS の間に語に対する共通認識があるとは言い難い語群である。当該語の理解と産出において、NCS が母語に存在する語、あるいは語素の知識を活用することができないこのような UT 語は、4 級単漢字名詞では非常に数が少ないのに対し、複漢字名詞では全体で最も多くの割合を占めている（それぞれ 4.5％、45.1％）。

単漢字名詞の UT 語は、同形の中国語が現代語では使用されず、漢字も日常語の中で見る機会がないため、語（文字）が認識できない可能性がある。当然、表記に困難を覚えることが予想される。

それに対し、複漢字名詞の UT 語は語によって同義の中国語と語を構成する文字に共通するものがあったり、個々の漢字の字義の総和で語義の類推が

可能だったりするが、いずれにしても中国語には存在しない語として指導・学習が必要となる。特に、受容の場合は、NCS が類推で語義を処理している可能性があること、一方、産出の場合は NCS が母語知識として持っている類義の文字や語、あるいは形の似ている漢字の組み合わせに引きずられて、日本語の語義用法を正確に理解していない可能性があることを念頭に置いて指導することが重要である。この UT 語は、文化庁（1978）の N 語とおおむね共通する語群で、陳（2003a）は N 語を構成する漢字の字義の違いにより 3 類に、加藤（2005a）は周（1986）のデータをもとに語義が推測しやすいものとそうでないものという 2 類に分けているが、本書では、共通する意味概念によって、10 種類の類型化を行った。

　4 級漢字名詞のうち、位置・時に関する一部の語については、この複漢字名詞の UT 語と同様に、共通する意味概念で整理をし、語が使用される文法形式や文脈を考慮して日中の対応関係を示した。

　これらの語の中には、日本語と、同形の中国語とが同義で同じように使用される語がある一方で、両者に大きな開きが見られる語もあり、このような語の特徴が具体的な文脈を与えることによって浮き彫りになった。特に、理解時には問題がないように見える語であっても、日中で表現のしかたに違いが存在している場合もあるため、当該語をどのように使うかといった産出に関わる用法面に重きを置いた対照研究が必要であり、そこに焦点を当てた指導や学習が重要な語群であるということが示唆された。

おわりに

　かつて中国語を母語とする学習者（NCS）といえば、たいてい大陸や香港、台湾に住む中国人の学習者か、それらの地域から日本に留学する学習者のいずれかを指すのが常であった。しかし、現在、中国語を母語とする人たちは世界中に点在し、もはやNCSの住む地域は漢字圏だけではない。中国や日本以外の地域のNCSは、現地の共通語で生活しながら中国語を日常的に使用する中で日本語を学習する。彼らもまた、母語で習得した漢字の知識を日本語学習に活かせる学習者であり、本研究へのきっかけを与えてくれたのも、移民の集まる北米の都市トロントで日本語を学ぶ、このようなNCSたちであった。

　日本語教育における漢字は、多くの場合、文字教育の延長線上に置かれ、漢字圏と非漢字圏の学習者が混在する現場では、非漢字圏の学習者に照準を当てた指導項目や内容が設定されてきた。漢字圏の学習者に対しては、母語知識を考慮した指導が必要だという指摘は古くから繰り返し行われてきたが、彼らにとって何が問題となりうるかという問いに対する活発な議論は少なく、指導項目の特定は個々の教師の経験と判断に委ねられてきた。

　他方、日中対照研究の歴史は古く、先行研究から得られる知見は数多くある。しかし、漢字・漢字語彙の教育において、現場で何が問題となり、それを踏まえて何を指導すればよいのか、という観点からの研究は限られている。また、日中対照研究の成果の多くは、現場に立つ教師が利用しやすい形で整理されていないため、研究と実践の間には大きな隔たりがある。

　そこで、本研究ではこれまでの漢字語彙に関する日中対照研究から得られる知見と、NCSに対して行った漢字・漢字語彙学習に関する意識調査の結果から、NCSに対して必要なのは、彼らがすでにその多くを知っている漢字という「文字」の指導ではなく、漢字で表記される「語彙」の指導である

という結論に達し、漢字語彙の分析と分類を行った。まず初めに、日本語教育のための漢字語彙の基礎研究について論じ、次に分析方法を提示して、初級前半レベルの漢字名詞を対象に漢字語彙の分類と指導項目の特定を行った。

本研究は、従来の漢字語彙の日中対照研究と以下の3点で異なっている。

(1) 従来の研究では、分析対象は漢字二字から成る漢語が中心であったが、本研究では、漢語に加え、漢字表記の和語や漢字一字から成る語も分析対象とした点
(2) 従来の研究では、語の理解面に分析の焦点が当てられることが多かったが、本研究では、文字や語を認識・理解する際に問題となる点と産出時に問題となる点を分けて扱い、そこに見られる日中の差異の程度に基づいて分類を行った点
(3) NCSの母語知識を、辞書の記述からだけでなく、中国語母語話者に対して実施した漢字・漢字語彙の認識および使用実態の調査結果から把握・特定しようとした点

分析は、『旧JLPT出題基準』の4級語彙の中から漢字表記の語を抽出し、品詞分類の結果最も数の多い名詞を対象とした。そして、語の表記と語義用法については、辞書等の文字資料を用いて比較対照を行った結果に、中国語母語話者の文字・語彙認識および言語使用の実態を把握するための調査の結果を反映させ、語の理解面と産出面から分析を行った。一方、漢字語彙の読みについては、複数に読み分けが必要な漢字語彙を整理した。このようにして行った分析結果を、表記、読み、語義用法のそれぞれにおいて、どの語にどのような問題が起こりうるかがわかるように類型化を行い、具体的な指導項目を提示した。

類型化によって明らかになった特徴を語の理解面と産出面に分けると、以下のようになる。

(1) 語の理解に関する側面

NCSは、4級漢字名詞の表記と語義用法において、母語知識を活用する

ことで多くの文字や語を認識して理解することができ、問題となりうる文字や語は少ない。

① 表記：大陸の字体と日本の字体が細部においてまで共通するものは4級漢字名詞の漢字全体（308字）の61.4％（189字）だが、繁体字の知識や、よく似た字体からの類推によって、96.1％（296字）の文字の認識が可能であると考えられる。ただ、日中で字体が同じ、あるいは類似していても、文字によってはその認識に個人差が見られる。

② 語義用法：4級漢字名詞（283語）[1]の単漢字語は、NCSが母語知識を活用して意味処理が行える語（PT語とCT語）の全体比が高い（85.5％）のに対し、複漢字語はそれほど高くない（43.9％）。すなわち、単漢字語には、NCSが日本語として学習しなくても意味がわかる語が多く、複漢字語には学習を経なければ誤った理解につながる恐れのある語の方が多い。

(2) 語の産出に関する側面

4級漢字名詞には、表記、読み、語義用法のいずれにおいても、産出時に注意して学習する必要のある語が見られる。問題となりうる語を具体的に取り上げ、何が問題となるかを示すことが、指導や学習には効果的である。

① 表記：日中で字体が異なる文字は、4級漢字名詞の漢字全体（308字）の38.6％（119字）を占め、文字に見られる日中の差異が手書きの際に問題となりうる。ただ、文字によっては、複数の文字に共通する特徴が見られたり、差異が微細なものもあるため、注意を向ける必要のある箇所を具体的に示すことで、学習時のNCSの負担は軽減される。NCSは日本の字体と繁体字とがよく似ていると思っているため、日本の字体が、大陸の字体、台湾・香港の字体（繁体字）のいずれとも異なっているものについては、特にその違いに注意を向ける必要が

---

1 分析対象語295語から、位置・時に関する12語を除いた分類対象語数。

ある。

② 読み：NCSへの意識調査では、漢字の読みを難しいと思う学習者が多いという結果が得られたが、4級漢字名詞（295語）の中で複数に読み分けられる漢字は51字と多くない。初級段階では、漢字の読みの複雑さを強調するのではなく、読み分けが必要な語の学習に際し、その都度新しい読みを覚えればよいと考えることで、NCSの読みの学習に対するストレスを下げることができる。ただ、NCSには、語を構成する漢字の数や個々の漢字の読みにあまり注意を向けていないという傾向が見られるため、語の単位で読みを扱いながらも、語を構成する漢字や、一つ一つの漢字の読みにNCSの注意を向けることが肝要である。

③ 語義用法：4級漢字名詞（283語）の分類結果では、単漢字名詞は、語の理解時にはあまり問題がないが、産出時に問題となる特徴を持つCT語の割合が高い（61語、全体の55.5％）ことが明らかとなった。CT語は、語義がある程度理解できることで、産出時に問題となりうる語義用法の特徴が意識されにくいため、教師と学習者の双方にとって注意が必要である。一方、複漢字名詞は、中国語に同形の語が存在しないUT語の割合が高く（78語、全体の45.1％）、NCSはこれらの語を一から学習する必要がある。複漢字名詞では、CT語の割合は低く（29語、全体の16.8％）、同形の母語の語義用法とのずれから来る誤用は、単漢字名詞に比べて少ないと考えられる。

4級漢字名詞を対象とした本研究の結果により、単漢字名詞と複漢字名詞とでは語の特徴が異なるという点、また理解時には問題とならない語の中には産出時に問題となる側面を持つ語彙が数多くあるという点が明らかとなった。NCSの母語知識に配慮した漢字語彙教育のための漢字語彙分析では、常に単漢字語と複漢字語を語の理解面と産出面に分けて見ていくことが重要である。なお、本研究には以下の二つの課題が残されている。

一つは、NCSの母語知識や語彙の使用実態については、より多くのイン

フォーマントや言語データを用いて調査・分析を行う必要があるという点である。NCS の母語知識を活かす漢字語彙教育のためには、NCS が何を知っていて何を知らないかを把握しなければならないが、辞書に記述されていることが母語話者に共通した知識とは限らないため、中国語母語話者を対象に直接調査を行う必要がある。今回の分析では、日本語の漢字・漢字語彙の認識、および中国語の語彙使用の実態を把握する調査は、いずれも被験者の数が少なく、性別、年齢、出身地域等に偏りがあった。もちろん、異なる字体や語義用法、古代中国語等の知識については、人によって、また世代によって差が見られるため、数多くの NCS のデータを集めても、そこに個人差が存在することは避けられない。また、学習者が多様化の一途を辿る現代においては、均一な NCS を想定し、「これが問題になる」と特定するのは難しい。したがって、できる限り多くの事例を集め、それをもとに何が起こりうるかといった可能性を示すことができれば、分析結果の汎用性をより高めることができると考えている。

　また、語彙使用の実態は、現代語のコーパス等を用いて、日中双方の言語で、典型的な語義用法や語が使用される文体、使用頻度の高いコロケーションについて明らかにし、その結果をもとに、指導項目に検討を加える必要がある。表記についても、今回分析対象として取り上げた漢字語彙の中には、《飴》、《鞄》、《朝御飯》、《石鹸》等、表外字を用いる語や、仮名書きや交ぜ書きをする語があり、このような表記の実態についてもコーパスを用いた細かな分析が必要だろう[2]。

　もう一つの課題は、対象語のレベルと品詞の種類についてである。今回の分析は、『旧 JLPT 出題基準』の 4 級語彙のうち漢字で表記する名詞を対象とし、分析対象の語義用法についても、初級段階で扱われることが多いと判断したものに絞った。今後は、分析対象を名詞以外の品詞、また初級前半以降のレベルの語彙に広げ、レベルや品詞の違いによって、初級漢字名詞とは異なる特徴が現れるかについても分析を行っていく必要がある。レベルごとにまとまった数の漢字語彙の分析が進めば、分野別に語彙を整理したり、

2　漢字語彙ではないが、インターネット上でどの漢字が多く使われているかをコーパスを用いて調べたものとしては、徳弘（2018）がある。

NCSに特化した漢字語彙の辞書や作文辞典[3]のような教材開発が可能になる。漢字語彙の分析は膨大なデータと向き合う時間のかかる工程であるため、今後多くの研究者によって日本語教育のための漢字語彙の基礎研究が行われることを期待したい。

　漢字という共通の文字を使用する日本語と中国語は、その音声体系や文構造に大きな違いが見られるが、語彙においてはかなり自由に両言語の間で行き来があり、一方の言語でもう一方の言語の言葉が使われ始め、もとの語義用法とは異なった発展を遂げる場合もあれば、しばらくしてやがて使われなくなることもある。インターネットが普及し、人や物の、国や地域を越えた移動が日常となった現代においては、一方の言語や特定の地域でしか使われていなかった語が、かつてないほどのスピードで、より簡単に、言語や地域をまたいで使用される世の中になっている。現在 NCS が「中国語ではない。中国語では使われない」と認識している語の中には、近い将来、中国語の辞書に収録されるものが出てくるかもしれない。現に、本書で取り上げた《写真》や《料理》と同形の〈写真〉や〈料理〉には、本来 photograph や cuisine の意味はなかったが、日本文化の広がりとともに、中国語の言葉に新たな語義用法が加わるということが起こっている。ただ、語が具体的に指す対象や、語の用法、語の持つニュアンスやコロケーション、語が使用される文脈等には往々にして言語間の違いが現れうるということを留意しておく必要がある。

　本研究で行った漢字語彙分析では、今の日本語と中国語を比較対照し、そこに認められた類似点と相違点をもとに類型化を行ったため、実際の言語使用の変化に伴い、今後、語の定義や分類の変わる語が出てくるだろう。そういった意味においても、生きた言語を扱う言語教育のための基礎研究にゴールはなく、常に言語使用の実態を反映させていくことが大切であると考えている。本研究がそのための一つの小さな布石となれば幸いである。

3　日本語を母語とする中国語の学習者を対象にしたものでは、曹（2009）がある。

謝　辞

　本書は、2017 年 12 月、大阪大学大学院言語文化研究科に提出した博士論文「日本語教育のための漢字語彙の日中対照研究─初級名詞の分析─」に加筆修正を行ったものです。

　本研究のきっかけとなったのは、十数年前の学生たちとの雑談です。卒業後「楽な仕事」がしたいと言ったある学生に、簡単にお金が入る仕事がしたいのかと尋ねたところ、彼がそれまでずっと「楽」と「楽しい」を同義だと思っていたことがわかりました。中国語の〈乐〉(《楽》の簡体字) には「らく」の意味はありません。そして、筆者は、毎年数百人に及ぶ日本語クラス履修者がいて、その大部分が彼のような中国語を母語とする学習者が占める教育現場にいながら、自分があまりにも彼らの母語知識に無知で無関心であったかを反省したことが本研究の出発点となりました。

　以後、現在に至るまで数多くの学生たちが筆者の疑問や質問に答えてくれました。中でも、研究助手として膨大な量の語彙調査に協力してくれた簡爵豪さん、馬思揚さん、陳啟翔さん、刘子璇さん、刘祎宁さん、王継妮さん、谭桜さん、王璟さん、何皓琳さん、周焱さん、袁伦武さん、张舜さん、杨时雨さん、王洪飞さん、黃思銘さん、任依觅さん、刘欢さん、楊あやかさん、ありがとうございました。特に、谭桜さんには、日本語学習者に対する意識調査を行うにあたり、その準備段階からデータ分析でたいへんお世話になりました。また、刘子璇さんには、現代語や古典に見られる事例収集とその分析で力を貸していただきました。さらに、意識調査に快く協力してくれた日本語プログラムの学生たちと、同僚の有森丈太郎さんをはじめとする先生方にも心から感謝しています。

　本書のもととなった博士論文は、一昨年大阪大学を退官された鈴木睦先生にご指導いただきました。筆者が日本語教育の世界に足を踏み入れた 1992

年、大阪外国語大学大学院で日本語教育の基礎と理念を叩きこんでくださったのが鈴木先生です。先生には、大学院時代、言語使用の実態を丁寧に観察することが、日本語教師にとって何よりも重要であるということを教わりました。そして、一つ一つの事象に向き合い事実を正確に捉えて整理し、そこから何が見えてくるかを記述していく基礎研究が、言語教育には欠かせないということを学びました。筆者の力不足で、鈴木先生のご退官までに博士論文を完成させられなかったことは悔やまれてならないのですが、論文の執筆を早い段階からそばで見ていてくださった筒井佐代先生が、その後の指導を引き継いでくださり、本書の執筆においても示唆に富むコメントを数多くくださいました。また、真嶋潤子先生には、本研究における学習者対象の意識調査の位置づけと論文全体の構成についてご教示いただきました。

　本研究に着手するまで、筆者にとっては、日本語と中国語という二言語間にまたがる語彙分析は、まったく新しい領域でした。ですが、今思えば、言葉の意味を突き詰め、記述するおもしろさは、大学院時代に受けた小矢野哲夫先生の授業で体得したものでした。小矢野先生の演習では日本語の副詞を対象に、文法的な特徴や文脈との関係、使用される文体の違い等について分析を行いました。多くの事例の分析を通して母語話者が普段意識せずに使い分けている語の特徴を明らかにしていくことが、言葉を覆っているヴェールを一枚ずつ剥がしていくようで、そのわくわくする感覚に魅了されました。

　中国語については、トロント大学の同僚で、現代中国語クラス担当の王暁薇さん、晏燕さん（当時）、潘岡さん（当時）、中国語の古典文学がご専門のGraham Sandersさんにご指導いただきました。また、本書の中での中国語の定義や解釈、中国語文法に関する部分は、中国山東師範大学の孫守峰先生、大阪大学の古川裕先生に見ていただき、筆者の理解が不十分な箇所についてご教示いただきました。

　日本語で書かれた文献の入手においては、国際交流基金トロント日本文化センター図書館のリリーフェルトまり子さん（当時）に頻繁に文献複写でお世話になりました。また、図書館を通しての入手が困難な時には、ご自身の論文や資料を直接お送りくださった方々がありました。松下達彦さん、兒島慶治先生、内田万里子先生、Richard Lynn先生、茅本百合子先生、小川典子さん、本当にありがとうございました。

大学院を終えてからずいぶんと月日が流れ、日本語教育の現場にどっぷりと浸かって研究は二の次となっていた筆者にとって、本書の執筆は真っ暗な洞窟の中を手探りで歩くようなものでした。時に前進しているのか後戻りしているのかもわからず、歩き方すら忘れてしまったように立ちすくみ、途方に暮れることが少なくありませんでした。そのような精神状態の筆者をずっと励まし支えてれくれたのは、旧友のボイクマン総子さん、成島美弥さん、都田浩美さん、井上奈津子さん、mentorであるSonja Arntzen先生、そして、カナダやアメリカ、日本にいる友人たちでした。中でもボイクマン総子さんには非常にお世話になりました。総子さんは大学院時代からの同志であり、筆者が書き進めていく原稿に丁寧なコメントを送ってくれました。いつも筆者の何歩も先を行く彼女の大きな背中を見るたびにどれだけ励まされたか知れません。また、トロントと日本の家族には、朝から晩まで机に向かっている筆者を、ただひたすら静かに見守り続けてくれたことをありがたく思っています。

　本書は、ここにお名前を挙げることができた方だけでなく、他にもたくさんの方々に助けられて出版が可能となりました。本研究の過程でいただいたコメントや助言を本書に十分に活かすことができなかったのは、筆者の力不足であり、本書に見られるいかなる不備も筆者の責任です。

　最後になりましたが、博士論文の出版を快く引き受けてくださったくろしお出版と、本書の編集を担当してくださった坂本麻美さんに、心よりお礼申し上げます。ありがとうございました。

2019年3月
小室リー　郁子

巻末資料

解説「日中対照語彙リスト」

　日中対照語彙リストは、本書で分析対象とした4級漢字名詞295語の分析結果をまとめたもので、初級レベルで扱われることが多い語義用法について、対応する中国語と用例・コロケーションを挙げている。なお、用例には主に初級レベルの語彙と文型を用いているが、コロケーションについてはその限りではない。

　ファイルは、語の並べ替えや語句の取り出しが可能なExcelファイルと、PDFファイルの2種類から成る。Excelファイルには語によってコメント機能による字体情報があるが、PDFファイルにはその情報は含まれていない。

　Excelファイルには、以下のaからjの10枚のシートがある。PDFファイルは、これらがそれぞれ独立したファイルとなっている。

  a.　4級漢字名詞（分類対象語）
  b.　4級単漢字名詞PT語
  c.　4級単漢字名詞CT語
  d.　4級単漢字名詞NT語
  e.　4級単漢字名詞UT語
  f.　4級複漢字名詞PT語
  g.　4級複漢字名詞CT語
  h.　4級複漢字名詞NT語
  i.　4級複漢字名詞UT語
  j.　4級漢字名詞位置と時（分類対象外）

　aは、本書で4分類の対象とした283語を五十音順に配列したものである。bからiは、aを単漢字名詞と複漢字名詞に分けて分類カテゴリーごとに配列したものである。jは、4分類の対象外とした位置・時に関する4級漢字名詞12語を、《上》と《下》のように意味が対になる語や《隣》と《横》のように類似した語をまとめて提示している。jでは日中の対応関係がわかりやすいように、初級レベル以上の語義用法も含めて示した。

aの語彙リストは以下の①〜⑫の項目、bからiは③を除いた11の項目、jは③と⑧を除いた10の項目から成る。語によって特筆事項がない項目には「—」を記入している。

① 各シートでの語の通し番号
② 4級漢字名詞
③ 本書での4分類（PT語は青、CT語は緑、NT語は黄色、UT語はピンクで表示）
④ 旧JLPTの漢字レベル（例：《朝御飯》の「323」は、《朝》から順に3級、2級、3級漢字であることを表す）
⑤ 大陸の字体での表記（日本語と異なる字体は赤字）
⑥ 台湾・香港の字体での表記（日本語と異なる字体は赤字）
⑦ 語義用法が対応する中国語（jでは各語につき複数の語義用法を提示）
⑧ 語に関する留意点・補足情報
⑨ 用例（各語につき2、3文）
⑩ 用例の中国語訳
⑪ 用例で挙げた以外のコロケーション・助数詞（【数】で提示）
⑫ コロケーションの中国語訳・助数詞に対応する量子（【数】で提示）

図　Excelファイルのサンプル

このリストは、日本語教育の現場で、授業の準備に、また教室活動やテスト等で取り上げる漢字語彙の選択に活用できる。
　例えば、aとjは、あらかじめ授業等で扱う漢字語彙リストがあり、各語の特徴を前もって調べておく際に利用することができる。一方、bからiは、教室活動を考えたりテスト問題を作成したりする際に、NCSにとって語の理解・産出が比較的容易な語彙からだけでなく、理解時に問題がなくても産出時に誤用が現れやすい語彙や、中国語の語義で理解・産出を行う可能性のある語彙等からも、まんべんなく語を選びたい場合に活用することができる。
　リストはすべて <http://www.9640.jp/books_796/> もしくは右記 QR コードよりダウンロードが可能である。

【資料1】
漢字・漢字語彙学習に関する中国語を母語とする日本語学習者の意識調査において、有効回答を抽出するために用いた質問文（第2章）

　中国語での読み書きができないNCS、および中国語の読み書きができるnon-NCSは、以下のような判断基準を設けて分析対象から除外した。

　まず、Question 1で中国語を母語に選び、Question 2とQuestion 3において中国語の使用頻度が英語より高いとしていても、Question 4で簡体字あるいは繁体字のいずれかにおいて「読み」と「書き」が揃って3以上でない場合は、読み書きのいずれかの能力が十分でないとして、そのNCSを本調査の分析対象から除外した。同様に、non-NCSについては、Question 1で母語に中国語以外を選び、母語の使用頻度が中国語より多いとしていても、Question 4で読み書き能力が3以上である場合は、漢字・漢字語彙の知識をある程度有するnon-NCSとして本調査の分析対象から除外した。

Question 1

What is your native language? (Please choose the most appropriate one.)
- English
- Mandarin
- Cantonese
- Korean
- Other

Question 2

How often do you use the language which you chose in Question 1?(including listening, speaking, reading and writing) *

　　　　　1　2　3　4　5

Not at all ○ ○ ○ ○ ○ Always

Question 3

How often do you use English? (including listening, speaking, reading and writing)

1 2 3 4 5

Not at all ○ ○ ○ ○ ○ Always

Question 4

Please choose your proficiency level of Chinese characters in Chinese language. (1=Unable, 5=Proficient) *

	1	2	3	4	5
Reading of simplified characters	○	○	○	○	○
Writing of simplified characters	○	○	○	○	○
Reading of traditional characters	○	○	○	○	○
Writing of traditional characters	○	○	○	○	○

【資料2】
中国語を母語とする日本語学習者の漢字・漢字語彙学習に関する意識調査において、学習開始前調査で用いた質問文（第2章）

ここでの質問がQuestion 1ではなくQuestion 5となっているのは、Question 1からQuestion 4までが有効回答を抽出するための質問文（資料1を参照）となっているため。

Question 5 Please choose what you think about similarities/differences between Japanese and Chinese kanji.

Shape of characters of Japanese kanji and Chinese simplified kanji.(1=Very different, 5=Very similar) *

　　　　　1　2　3　4　5
Very different ○ ○ ○ ○ ○ Very similar

Shape of characters of Japanese kanji and Chinese traditional kanji.(1=Very different, 5=Very similar) *

　　　　　1　2　3　4　5
Very different ○ ○ ○ ○ ○ Very similar

Pronunciation/Reading of Japanese kanji and Chinese ones.(1=Very different, 5=Very similar) *

　　　　　1　2　3　4　5
Very different ○ ○ ○ ○ ○ Very similar

Meaning of Japanese kanji/kanji vocabulary and Chinese ones.(1=Very different, 5=Very similar) *

　　　　　1　2　3　4　5
Very different ○ ○ ○ ○ ○ Very similar

【資料３】
中国語を母語とする日本語学習者の漢字・漢字語彙学習に関する意識調査において、学習開始後調査で用いた質問文（第２章）

　ここでの質問が Question 5 からとなっているのは、資料２と同じ理由による。

Question 5

a) Which features of kanji do you think you always most pay your attention to? *

○ Stroke order
○ Pronunciation/Reading
○ Okurigana or the hiragana portion which must be accompanied with kanji (Example: "い" of "短い")
○ Meaning
○ Shape

b) What did you think about Japanese kanji/kanji vocabulary learning before you started learning Japanese? Do you think differently now? (1=very easy, 5=very difficult) *

	1	2	3	4	5
Before I started learning Japanese, I thought that kanji/kanji vocabulary learning would be:	○	○	○	○	○
Now I think that kanji/kanji vocabulary learning is:	○	○	○	○	○

Question 6

a) What features of kanji/kanji vocabulary learning do you think you have the most difficulties with? *

○ Writing kanji (shapes) appropriately
○ Pronunciation/Reading
○ Meaning
○ Okurigana or the hiragana portion which must be accompanied with kanji (Example: "い" of "短い")

b) What features of kanji/kanji vocabulary learning do you think you have the second difficulties with? *

○ Writing kanji (shapes) appropriately
○ Pronunciation/Reading
○ Meaning
○ Okurigana or the hiragana portion which must be accompanied with kanji (Example: "い" of "短い")

【資料4】
4級漢字名詞295語の大陸の字体による表記（各語に付いている通し番号は第3章、表3-4と一致）（第6章）

1	青	29	海	57	颜	85	牛肉
2	赤	30	上着	58	键	86	牛乳
3	秋	31	绘	59	学生	87	今日
4	朝	32	映画	60	伞	88	教室
5	朝御饭	33	映画馆	61	果子	89	兄弟
6	明后日	34	英语	62	风	90	去年
7	足	35	驿	63	风邪	91	银行
8	明日	36	铅笔	64	家族	92	金曜日
9	头	37	大势	65	方	93	药
10	后	38	奥	66	片假名	94	果物
11	兄	39	伯父／叔父	67	学校	95	口
12	姉	40	手洗	68	家庭	96	靴
13	雨	41	弟	69	角	97	靴下
14	饴	42	男	70	金	98	国
15	家	43	男子	71	鞄	99	县
16	池	44	一昨日	72	花瓶	100	车
17	医者	45	一昨年	73	纸	101	黑
18	椅子	46	大人	74	火曜日	102	警官
19	一绪	47	伯母／叔母	75	体	103	今朝
20	犬	48	巡	76	川	104	结婚
21	今	49	音乐	77	汉字	105	月曜日
22	意味	50	女子	78	木	106	玄关
23	妹	51	女	79	黄色	107	公园
24	入口	52	外国	80	北	108	交差点
25	色	53	外国人	81	吃茶店	109	红茶
26	上	54	会社	82	切手	110	交番
27	后	55	阶段	83	切符	111	声
28	歌	56	买物	84	昨日	112	午后

113	午前	145	食堂	177	手	209	箱
114	今年	146	白	178	手纸	210	桥
115	言叶	147	新闻	179	出口	211	箸
116	子供	148	水曜日	180	天气	212	初／始
117	饭	149	背	181	电气	213	花
118	今月	150	生徒	182	电车	214	鼻
119	今周	151	石碱	183	电话	215	话
120	今晚	152	背广	184	户	216	母
121	财布	153	先月	185	动物	217	春
122	鱼	154	先周	186	时计	218	晴
123	先	155	先生	187	所	219	晚
124	作文	156	洗濯	188	年	220	番号
125	酒	157	全部	189	图书馆	221	晚御饭
126	杂志	158	扫除	190	邻	222	半分
127	砂糖	159	外	191	友达	223	东
128	皿	160	空	192	土曜日	224	飞行机
129	再来年	161	大学	193	鸟	225	左
130	散步	162	大使馆	194	鸟肉	226	人
131	盐	163	台所	195	中	227	病院
132	时间	164	纵	196	夏	228	病气
133	仕事	165	建物	197	夏休	229	平假名
134	辞书	166	食物	198	名前	230	昼
135	下	167	卵	199	肉	231	昼御饭
136	质问	168	诞生日	200	西	232	封筒
137	自转车	169	近	201	日曜日	233	服
138	自动车	170	地下铁	202	荷物	234	豚肉
139	字引	171	地图	203	庭	235	冬
140	自分	172	父	204	猫	236	风吕
141	写真	173	茶	205	饮物	237	文章
142	授业	174	茶色	206	齿	238	部屋
143	宿题	175	茶碗	207	灰皿	239	边
144	酱油	176	机	208	叶书	240	勉强

241	弁当	256	窓	271	物	286	来周
242	方	257	万年笔	272	门	287	来年
243	帽子	258	右	273	问题	288	留学生
244	他	259	水	274	八百屋	289	两亲
245	本	260	店	275	野菜	290	料理
246	本棚	261	道	276	休	291	旅行
247	本当	262	绿	277	山	292	冷藏库
248	每朝	263	皆	278	夕方	293	练习
249	每月	264	南	279	夕饭	294	廊下
250	每周	265	耳	280	邮便局	295	私
251	每日	266	向	281	雪		
252	每年	267	村	282	洋服		
253	每晚	268	目	283	横		
254	前	269	眼睛	284	夜		
255	町	270	木曜日	285	来月		

【資料5】
4級漢字名詞の用例（コロケーション）リストの一部（第6章）

　中国語母語話者であるインフォーマントが中国語訳を行う際は日本語列を隠して提示。

	日本語	日本語の英語訳
1	（私は）頭が痛い	I have a headache.
2	田中さんは頭がいい	Mr. Tanaka is smart.
3	頭が痛い	to have a headache
4	頭がいい	(Someone) is smart.
5	頭を使う	to use one's brain
6	昨日は雨だった	It was rainy yesterday.
7	今雨が降っている	It is raining now.
8	雨が降る	It rains.
9	雨がやんだ	It stopped raining.
10	（私は）カラオケで日本の歌を歌った	I sang a Japanese song at karaoke.
11	歌を歌う	to sing a song
12	歌を作る	to write/make a song
13	歌が上手だ	(someone) is good at singing.
14	《歌》の助数詞：曲	How do you count "songs"?
15	（私は）海で泳いだことがある	I have swam in the sea before.
16	（私は）休みに家族と海に行った	I went to the beach with my family during a holiday.
17	海で泳ぐ	to swim in the sea
18	海に行く	to go to the beach
19	（私は）旅行の時傘を持って行く	I bring an umbrella when I travel.
20	私の国の人はあまり傘をささない	People in my country do not often use an umbrella.
21	傘を持っている	to have an umbrella (with me)
22	傘を持たないで来た	(I) came (here) without an umbrella (with me).

23	傘をさす	to open/use an umbrella
24	傘をなくした	to have lost an umbrella
25	傘を忘れた	to have forgotten to bring an umbrella to have left an umbrella (unintentionally)
26	（人に）傘を貸す	to lend (someone) an umbrella
27	（人に）傘を借りる	to borrow an umbrella (from someone)
28	《傘》の助数詞：本	How do you count "umbrellas"?
29	今日は風が強い	The wind is strong today. (We have a strong wind today.)
30	今日は冷たい風が吹いている	The cold wind is blowing today.
31	風が吹く	The wind blows.
32	風が強い	The wind is strong.
33	紙に名前とメールアドレスを書いてください	Please write your name and email address on the paper.
34	トイレに紙がない	There is no toilet paper in the washroom.
35	ドアに紙が貼ってある	Paper is posted on the door.
36	紙が破れた	Paper has been torn.
37	紙を折る	to fold paper
38	《紙》の助数詞：枚	How do you count "paper"?
39	このホテルは駅の北口から歩いて1分だ	This hotel is (located) one-minute-walk away from the north exit of the station.
40	空港はその島の北にある	The airport is (located) in the north of the island.
41	窓は北を向いている	The window faces north.
42	北に1キロぐらい歩いてください	Please walk north about one kilometre.

参考文献

相原茂（編）(2010)『講談社中日辞典［第三版］』講談社
阿久津智（1991)「漢字圏の学生の対する漢字教育について」『筑波大学留学生教育センター日本語教育論集』6号，129-144.
天沼寧（1980)「日中漢字字体対照表」『大妻女子大学文学部紀要』12号，85-108.
天沼寧（1981)「中日漢字字体対照表」『大妻女子大学文学部紀要』13号，59-82.
荒川清秀（1979)「中国語と漢語―文化庁「中国語と対応する漢語」の評を兼ねて―」『愛知大学文学会文学論叢』62号，1-28.
荒川清秀（1983)「日本語中訳上の問題点」日本語と中国語対照研究会（編)『日本語・中国語対応表現用例集Ⅴ　中文日訳の諸問題―とくに日中内形語について―』，3-40.
荒川清秀（2018)『日中漢語の生成と交流・受容―漢語語基の意味と造語力―』白帝社
安龍洙（1999)「日本語学習者の漢語の意味の習得における母語の影響について―韓国人学習者と中国人学習者を比較して―」『第二言語としての日本語の習得研究』3号，5-17.
五十嵐昌行（1996)「表現（日本語）時の母語干渉―山東大学東方語言文学系事例報告―」『日语学习与研究』3，41-43.
石田敏子（1984)「国際化のなかでの漢字とは―漢字の社会学―」海保博之（編)『漢字を科学する』有斐閣，155-190.
石田敏子（1989)「漢字の指導法（非漢字系）」加藤彰彦（編)『講座日本語と日本語教育9　日本語の文字・表記（下)』明治書院，290-312.
伊奈垣圭映（2016)『ちがいがわかる対照表　日本の漢字　中国の漢字』水山産業出版部
上野恵司・魯曉琨（1995)『おぼえておきたい日中同形異義語300』光生館
内田万里子（1992)「日本語と中国語―中国人学習者への日本語教育のために―」『日本語・日本文化研究』1号，42-52.
内田万里子（2007)「日中対照」佐治圭三・真田信治（監修)『言語一般（改訂新版　日本語教師養成シリーズ2)』東京法令出版，145-180.
大北葉子（2001)「漢字の書き誤りが漢字教育に示唆すること」『日本語教育のた

めのアジア諸言語の対訳作文データの収集とコーパスの構築』国立国語研究所，19-28.

大河内康憲（1982）「中国語の色彩語」『日本語と中国語の対照研究』第 7 号，32-57.

大河内康憲（1997）「日本語と中国語の同形語」大河内康憲（編）『日本語と中国語の対照研究論文集』くろしお出版，411-447.

大河内康憲（編）(1997)『日本語と中国語の対照研究論文集』くろしお出版

大越美恵子・髙橋美和子（編）(1997)『中国人のための漢字の読み方ハンドブック』スリーエーネットワーク

大塚秀明（1990）「日中同形語について」『外国語教育論集』第 12 号，327-337.

大村益夫（1965）「中国人・朝鮮人に対する漢字語彙教育について」『講座日本語教育』1 号，61-77.

岡益巳（2002）「日本経済語彙における日中両語間でのずれについて」『日本語教育』113 号，63-72.

小川典子（2016）「未知語の意味推測における中国語学習者の語構成への意識調査」『漢語与漢語教学研究』第 7 期，61-72.

小川典子（2017）「日本語を母語とする中国語学習者の未知語の意味推測―学習者の知識源と誤推測の原因に関する考察―」*Ex Oriente*, 24, 81-113.

小川典子（2018）「日本語を母語とする中国語学習者の語彙習得と語彙学習に影響を与える要因―未知語の処理と語彙学習ストラテジー―」<https://ir.library.osaka-u.ac.jp/repo/ouka/all/69637/>（2018 年 11 月 10 日）

小木曽智信（2017）「電子機器の利用による表記・字体の変化―書き言葉コーパスから―」『日本語学』36 巻 10 号，2-12.

加藤登紀・濱川祐紀代（2017）「日本語学習者のための初級漢字教材の特徴を知る」『JSL 漢字学習研究会誌』9 号，111-121.

加藤稔人（2005a）「中国語母語話者による日本語の漢語習得―他言語話者との習得過程の違い―」『日本語教育』125 号，96-105.

加藤稔人（2005b）「中国語母語話者による日本語の語彙習得―プロトタイプ理論，言語転移理論の観点から―」『第二言語としての日本語の習得研究』8 号，5-23.

茅本百合子（1995）「同一漢字における中国語音と日本語の音読みの類似度に関する調査」『広島大学日本語教育学科紀要』5 号，67-75.

茅本百合子（2004）「中国語−日本語バイリンガルの漢字語処理―形態・音韻・

意味へのアクセス―」広島大学博士学位論文（非公開）
河上誓作（編）(1996)『認知言語学の基礎』研究社
邱學瑾 (2001)「台湾人日本語学習者の漢字熟語の処理に及ぼす第1言語の影響」『日本教育心理学会　第43回総会発表論文集』, 584.
邱學瑾 (2003)「台湾人日本語学習者の日本語漢字熟語の音韻処理について―単語タイプ・単語の習得年齢・習熟度の観点からの検討―」『日本語教育』116号, 89-98.
邱學瑾 (2010)「日本語学習者の日本語漢字語彙処理のメカニズム―異言語間の形態・音韻・意味の類似性をめぐって―」『日本語教育』146号, 49-60.
邱學瑾 (2012)「漢字圏日本語学習者における日本語単語の意味処理に及ぼす母語の影響―聴覚呈示の翻訳判断課題による検討―」『教育心理学研究』60巻1号, 82-91.
金若静 (1987)『同じ漢字でも―これだけ違う日本語と中国語―』学生社
国広哲弥 (1985)「慣用句論」『日本語学』4巻1号, 4-14.
国広哲弥 (1998)『理想の国語辞典［第三版］』大修館書店
倉石武四郎 (1990)『岩波　中国語辞典［簡体字版］』岩波書店
侯仁鋒 (1997)「同形語の相違についての考察」『日本学研究』, 78-88.
香坂順一 (1983)『中国語の単語の話―語彙の世界―（中国語研究学習双書7）』光生館
国際交流基金・日本国際教育支援協会 (2009)「新しい「日本語能力試験」ガイドブック　概要版」<https://www.jlpt.jp/e/reference/pdf/guidebook_s_j.pdf>（2018年11月6日）
国際交流基金・日本国際教育支援協会（編）(2002)『日本語能力試験　出題基準［改訂版］』凡人社
国立国語研究所 (2006)『現代雑誌200万字言語調査語彙表』公開版 (Ver.1.0) <https://www.ninjal.ac.jp/archives/goityosa/>（2016年8月8日）
兒島慶治 (2000)「香港広東語話者への漢字の読み教育について―香港中文大学日本研究学科の自作教材の分析を通して―」*Symposium Report, The First Symposium on the Studies of Brunei-Japan Relationship and the Japanese Language Education*. The Association of Japanese Language Education in Brunei, 25-52.
兒島慶治 (2003)「日本・中国・台湾・香港における漢字字体の共通性と相違性」『比較文化研究』62号, 63-74.
兒島慶治 (2005)「日本・中国・台湾・香港の基礎漢字1945字字体一覧表の作成に

向けて」 *Global Networking in Japanese Studies and Japanese Language Education, Japanese Studies and Japanese Language Education Studies, 1.* Division of Language Studies, Society of Japanese Language Education, Hong Kong SAR, 50-58.

兒島慶治（2006a）「仲間はずれの日本字体!?」『愛知産業大学日本語教育研究所紀要』3 号，17-30.

兒島慶治（2006b）「日本語教育と韓国の漢字字形―184 個の孤立文字―」『日語教育與日本文化研究』台灣日語教育學會，177-195.

古藤友子（1987）「日中漢字音の対照」『日本語教育』62 号，225-240.

小室リー郁子（2015）「中国語を母語とする日本語学習者にとっての漢字語彙―母語知識が活用できる漢字語彙資料とは―」『間谷論集』9 号，1-25.

小室リー郁子（2016）「4 級の漢字名詞に見られる日中で同形の語の死角―「わかる語」と「使う語」が異なる語彙群」『間谷論集』10 号，1-28.

小森和子（2017）「日中同形語から見えること―似ているようで似ていない同形語の習得の難しさ」『日本語学』36 巻 11 号，56-67.

小森和子・玉岡賀津雄（2010）「中国人日本語学習者による同形類義語の認知処理」『レキシコンフォーラム』No. 5, 165-200.

小森和子・玉岡賀津雄・近藤安月子（2008）「中国語を第一言語とする日本語学習者の同形語の認知処理―同形類義語と同形異義語を対象に―」『日本語科学』23 号，81-93.

小森和子・三國純子・徐一平・近藤安月子（2012）「中国語を第一言語とする日本語学習者の漢語連語と和語連語の習得―中国語と同じ共起語を用いる場合と用いない場合の比較―」『小出記念日本語教育研究会』20 号，49-60.

笹原宏之，横山詔一，エリク・ロング（2003）『現代日本の異体字―漢字環境学序説―』三省堂

芝田稔・鳥井克之（1985）『新しい中国語・古い中国語（中国語研究学習双書 4）』光生館

清水百合（1993）「初級漢字クラスの問題点―漢字圏学習者を中心に―」『筑波大学留学生教育センター日本語教育論叢』8 号，39-48.

清水百合（1994）「漢字学習のあり方に関する学習者の問題意識調査（1）」『筑波大学留学生教育センター日本語教育論叢』9 号，51-60.

周錦樟（1986）「日中漢語対応の問題―文化庁『中国語と対応する漢語』について―」『日本語日本文学』，69-89.

紹文周（2004）『使える中国語単語 8200』ベレ出版

参考文献

白井恭弘（1995）「日本人学習者による基本動詞 PUT の習得―プロトタイプと言語転移―」『語学教育研究論叢』12 号，61-92.

鈴木義昭（1987）「漢字教育の問題点―中・上級漢字系学生の場合―」『講座日本語教育』第 23 分冊，76-87.

石堅・王建康（1983）「日中同形語における文法的ずれ」日本語と中国語対照研究会（編）『日本語・中国語対応表現用例集Ⅴ　中文日訳の諸問題―とくに日中内形語について―』，56-82.

瀬戸口律子（2003）『完全マスター中国語の文法』語研

曹櫻（2009）『日中常用同形語用法　作文辞典』日本僑報社

曾根博隆（1988）「日中同形語に関する基礎的考察」『明治學院論叢』30 号，61-96.

髙橋忠彦（2000）「国訓の構造―漢字の日本語用法について（上）―」『東京学芸大学紀要　第 2 部門　人文科学』51 号，313-325.

髙橋忠彦（2001）「字音語の諸相―漢字の日本語用法について（下）―」『東京学芸大学紀要　第 2 部門　人文科学』52 号，293-303.

武部良明（1979）「漢字国民に対する中級漢字教育」『日本語教育』第 37 号，13-23.

武部良明（1986）「日本語教育と漢字」『日本語学』5 巻 6 号，40-48.

玉岡賀津雄・松下達彦（1999）「中国語系日本語学習者による日本語漢字二字熟語の認知処理における母語の影響」第 4 回国際日本語教育・日本研究シンポジウム「アジア太平洋地域における日本語教育と日本研究―現状と展望―」配布資料

玉岡賀津雄・宮岡弥生・松下達彦（2002）「日本語学習者の心的辞書（mental lexicon）の構造―中国語を母語とする頂上旧日本語学習者の漢字熟語の処理を例に―」『平成 14 年度日本語教育学会中国地区研究集会予稿集』，1-8.

中国語話者のための日本語教育研究会（編）（2010-2017）『中国語話者のための日本語教育研究』創刊号～ 8 号

張淑栄（編）（1987）『中日漢語対比辞典』ゆまに書房

張麟声（2007）『中国語話者のための日本語教育研究入門（OMU ブックレット No. 11）』大阪公立大学共同出版会

張麟声（2009）「作文語彙に見られる母語の転移―中国語話者による漢語語彙の転移を中心に―」『日本語教育』140 号，59-69.

張麟声（2014）「中国語話者による中日同形漢語語彙の習得を考えるための対照

研究」『中国語話者のための日本語教育研究』5 号，17-30.

陳毓敏（2002a）「日本語の二字漢語とそれに対応する中国語―辞書の記述による調査―」『第 23 回日本言語文化学研究会　発表要旨』，101-106.

陳毓敏（2002b）「中国語を母語とする日本語学習者における漢語習得―同形同義語の文法的ずれに焦点を当てて―」『日本語教育学会秋季大会　予稿集』，63-68.

陳毓敏（2002c）「日本語二字漢字語彙とそれに対応する中国語二字漢字語彙は同じか―台湾及び中国の中国語との比較―」『言語文化と日本語教育』24 号，40-53.

陳毓敏（2003a）「中国語を母語とする日本語学習者の漢語習得について―同義語・類義語・異義語・脱落語の 4 タイプからの検討―」『日本語教育学会秋季大会　予稿集』174-179.

陳毓敏（2003b）「中国語を母語とする日本語学習者における漢語習得研究の概観―意味と用法を中心に―」『第二言語習得・教育の研究最前線［2003 年版］』「言語文化と日本語教育」増刊特集号，96-113.

徳弘康代（2018）「漢字のウェブ日本語サイト出現頻度調査」『JSL 漢字研究会誌』10 号，16-25.

中川正之（1983）「時間を表わす語の対照」日本語と中国語対照研究会（編）『日本語・中国語対応表現用例集 V　中文日訳の諸問題―とくに日中同形語について―』，41-55.

中川正之（1985）「日本語と中国語の対照研究―日中語対照研究会の紹介を兼ねて―」『日本語学』4 巻 7 号，94-104.

中川正之（1995）「単語の日中対照」『日本語学』14 巻 5 号，64-71.

中川良雄（1991）「日本語と中国語の字形対照―中国人留学生に漢字を教える際の注意点―」『研究論叢』37 号，417-428.

長友和彦（1999）「第二言語としての日本語の習得研究―概観，展望，本科研究の位置づけ―」『平成 8 年度～10 年度科学研究費補助金研究成果報告書（基盤研究（A）（1）課題番号 08308019, 研究代表者：カッケンブッシュ寛子）』，9-41.

日本語教育における日中対照研究・漢字教育研究論集編集委員会（編）（2015）『日本語教育における日中対照研究・漢字教育研究』駿河台出版社

野沢素子（1970）「中国人に対する日本語教育―漢字語彙を中心にして―」『日本語と日本語教育』2 号，101-113.

朴善娴（2017）「韓国の漢字教育―韓国の漢字検定試験について―」『JSL漢字研究会誌』9号，21-27．
朴善娴（2018）「日韓の漢字体の比較―日本の常用漢字2,136字を中心に―」『JSL漢字研究会誌』10号，9-15．
長谷川滋成（1988）「音訓の指導」佐藤喜代治（編）『漢字教育（漢字講座12）』，149-174．
林米子（1963）「中国語と日本語教育」『日本語教育』2号，21-26．
菱沼透（1980）「中国語と日本語の言語干渉」『日本語教育』42号，58-72．
菱沼透（1983）「日本語と中国語の常用字彙」『中国研究月報』428号，1-20．
飛田良文・呂玉新（1986）「『中国語と対応する漢語』を診断する」『日本語学』5巻6号，72-85．
文化庁（1946）「当用漢字表」<http://www.bunka.go.jp/kokugo_nihongo/sisaku/joho/joho/sisaku/enkaku/pdf/12_001.pdf>（2018年5月10日）
文化庁（1956）「同音の漢字による書きかえ」<http://kokugo.bunka.go.jp/kokugo_nihongo/joho/kakuki/03/pdf/doon.pdf>（2017年12月19日）
文化庁（1978）『中国語と対応する漢語』大蔵省印刷局
文化庁（1983）『漢字音読語の日中対応』大蔵省印刷局
文化庁（2010a）「改定常用漢字表」（文化審議会答申）<http://www.bunka.go.jp/seisaku/bunkashingikai/kokugo/hokoku/pdf/kaitei_kanji_toshin.pdf>（2017年12月19日）
文化庁（2010b）「常用漢字表（平成22年内閣告示第2号）」（内閣告示）<http://kokugo.bunka.go.jp/kokugo_nihongo/joho/kijun/naikaku/pdf/joyokanjihyo_20101130.pdf>（2017年12月19日）
文化庁（編）（2017）『常用漢字表の字体・字形に関する指針　文化審議会国語分科会報告（平成28年2月29日）』三省堂
文化庁文化部国語課（2013）『平成24年度国語に関する世論調査　日本人のコミュニケーション』ぎょうせい
文化庁文化部国語課（2015）『平成26年度国語に関する世論調査　漢字の形・言葉遣い・新しい言葉』ぎょうせい
法務省（2015）「人名用漢字表」<http://www.moj.go.jp/MINJI/minji86.html>（2017年12月19日）
松岡栄志（1979）「日本語教育「村」と中国語教育「村」―文化庁『中国語と対応する漢語』をめぐって―」『中国研究月報』380号，39-44．

松下達彦（2009）「マクロに見た常用漢字語の日中対照研究―データベース開発の過程から―」『桜美林言語教育論叢』5 号，117-131.

三浦久美子（1997）「日中同形語が学習者に与える影響―日本人の中国語学習者を対象にして―」『言語文化』6 号，89-96.

三國純子・小森和子・徐一平（2015）「中国語を母語とする日本語学習者の漢語連語の習得―共起語の違いが誤文訂正に及ぼす影響―」『中国語話者のための日本語教育研究』6 号，34-49.

水谷信子（1985）『日英比較　話しことばの文法』くろしお出版

宮地裕（1985）「慣用句の周辺―連語・ことわざ・複合語―」『日本語学』4 巻 1 号，62-75.

宮島達夫（1993）「日中同形語の文体差」『阪大日本語研究』5 号，1-18.

三好理英子（1993）「中国語（普通話）を第一言語とする日本語学習者のための日中漢字音対照研究」『日本語教育研究』26 号，87-102.

向井留実子（2014）「中国人日本語学習者に対する漢字字形指導のための実態調査―学習者の理解度と漢字の使用実態に即したシラバス構築を目指して―」『漢字・日本語教育研究』3 号，138-195.

望月八十吉（1974）『中国語と日本語（中国語研究学習双書 13）』光生館

望月八十吉（1997）「日・中両国語における形態素」大河内康憲（編）『日本語と中国語の対照研究論文集』くろしお出版，347-359.

守屋宏則（1978）「資料・日中同形語―その意味用法の差異―」『日本語学校論集』6 号，159-168.

安岡孝一・安岡素子（2017）「日本・中国・台湾・香港・韓国の常用漢字と漢字コード」<http://repository.kulib.kyoto-u.ac.jp/dspace/handle/2433/218381>（2017 年 7 月 20 日）

李文平（2014）「日本語教科書におけるコロケーションの取り扱いに関する位置考察―中国の日本語教科書と現代日本語書き言葉均衡コーパスとの比較―」『日本語教育』157 号，63-77.

林玉惠（2002a）「字形の誤用からみた日中同形語の干渉及びその対策―台湾人日本語学習者を中心に―」『日本語教育』112 号，45-54.

林玉惠（2002b）「日華・日漢辞典から見た日中同形語記述の問題点―同形類義語を中心に―」『世界の日本語教育』12 号，107-121.

国家语言文字工作委员会（1986）『简化字总表［1986 年新版］』语文出版社，北京

樊婷婷（1993）『中日汉字比较用法』河南大学出版社，上海．

黄力游・林翠芳 (2004)『日汉同形异义词词典』外语教学与研究出版社，北京.
中国文字改革委员会 (1964)『简化字总表检字』文字改革出版社，北京.
中华人民共和国教育部・国家语言文字工作委员会 (2013)「通用规范汉字表」<http://old.moe.gov.cn/publicfiles/business/htmlfiles/moe/s228/201308/156547.html> (2017 年 7 月 3 日)
中华人民共和国文化部・中国文字改革委员会 (1955)「第一批异体字整理表」<https://upload.wikimedia.org/wikipedia/commons/2/29/%E7%AC%AC%E4%B8%80%E6%89%B9%E5%BC%82%E4%BD%93%E5%AD%97%E6%95%B4E7%90%86%E8%A1%A8.pdf> (2018 年 12 月 17 日)
中華民國教育部 (2011)「標準字與簡化字對照手冊」(2011) <http://ws.moe.edu.tw/001/Upload/userfiles/ 標準字對照簡化字 .pdf> (2018 年 11 月 9 日)
Færch, C. & Kasper, G. (1987). Perspectives on language transfer. *Applied Linguistics*. *8*(3), 111-136.
Kellerman, E. (1977). Towards a characterisation of the strategy of transfer in second language learning. *The Interlanguage Studies Bulletin*, *2*, 58-145.
Kellerman, E. (1978). Giving learners a break: Native language intuitions as a source of predictions about transferability. *Working Papers on Bilingualism*, *15*, 59-92.
Kellerman, E. (1979). Transfer and non-transfer: Where we are now. *Studies in Second Language Acquisition, 2*(1), 37-59.
Kellerman, E. (1983). Now you see it, now you don't. In S. Gass, & L. Selinker (Eds.), *Language Transfer in Language Learning* (pp. 112-134). Rowley, MA: Newbury House.
Kellerman, E. (1986). An eye for an eye: Crosslinguistic constraints on the development of the L2 lexicon. In E. Kellerman, & M. S. Sharwood (Eds.), *Crosslinguisitic Influence in Second Language Acquisition* (pp. 35-48). New York, NY: Pergamon.
Kellerman, E. (1995). Crosslinguistic influence: Transfer to nowhere? *Annual Review of Applied Linguistics, 15*, 125-150.
Marton, W. (1977). Foreign vocabulary learning as problem No. 1 of language teaching at the advanced level. *The Interlanguage Studies Bulletin*, *2*, 33-57
Pawley, A., & Syder, F. H. (1983). Two puzzles for linguistic theory: Nativelike selection and nativelike fluency. In J. C. Richards, & R. W. Schmidt (Eds.), *Language and Communication* (pp. 191-226). London, UK: Routledge.

日本語教科書

『漢字・語彙が弱いあなたへ（初級から中級への橋渡しシリーズ①）』（2001）凡人社

『漢字系学習者のための漢字から学ぶ語彙1　日常生活編』（2008）アルク

『漢字系学習者のための漢字から学ぶ語彙2　学校生活編』（2008）アルク

『漢字だいじょうぶ！　生活の中で学ぶ漢字のツボ』（2013）ココ出版

『漢字たまご　初級』（2012）凡人社

『漢字たまご　初中級』（2013）凡人社

『漢字はむずかしくない』（1993）アルク

『上級・超級日本語学習者のための考える漢字・語彙　上級編』（2015）ココ出版

『上級へのとびら　きたえよう漢字力　上級へつなげる基礎漢字800』（2010）くろしお出版

『初級日本語　げんきⅠ［第二版］』（2011）The Japan Times

『初級日本語　げんきⅡ［第二版］』（2011）The Japan Times

『ストーリーで覚える漢字300』（2008）くろしお出版

『ストーリーで覚える漢字Ⅱ　301〜500』（2010）くろしお出版

『どんどんつながる漢字練習帳　初級』（2015）アルク

『日本語学習のためのよく使う漢字2100』（2011）三省堂

『みんなの日本語初級Ⅰ［第二版］』（2012）スリーエーネットワーク

『みんなの日本語初級Ⅱ［第二版］』（2013）スリーエーネットワーク

『みんなの日本語初級Ⅰ　漢字　英語版［第二版］』（2014）スリーエーネットワーク

『みんなの日本語初級Ⅱ　漢字　英語版［第二版］』（2017）スリーエーネットワーク

『みんなの日本語初級Ⅰ　翻訳・文法解説　中国語版［第二版］』（2012）スリーエーネットワーク

『みんなの日本語初級Ⅱ　翻訳・文法解説　中国語版［第二版］』（2014）スリーエーネットワーク

『Basic Kanji Book Vol.1』（1989）凡人社

『Kanji in Context』Revised Edition（2013）The Japan Times

『Kanji in Context Workbook Vol. 1』Revised Edition（2013）The Japan Times

『新版　中日交流标准日本語（第二版）初级』上／下／初级同步练习（2013）中国人民教育出版社

『新版　中日交流标准日本語（第二版）中级』上／下（2014）中国人民教育出版社

『新版　中日交流标准日本語（第二版）高级』上／下（2012）中国人民教育出版社

辞典・字典

『新しい国語表記ハンドブック［第七版］』(2015) 三省堂
『岩波　中国語辞典　簡体字版』(1990) 岩波書店
『漢字源［改訂新版］』(2001) 学研教育出版
『数え方の辞典』(2004) 小学館
『現代中国語新語辞典』(2007) 講談社
『広辞苑［第六版］』(2008) 岩波書店
『講談社　中日辞典［第三版］』(2010) 講談社
『講談社　日中辞典』(2006) 講談社
『三省堂　五十音引き漢和辞典』(2005) 三省堂
『常用漢字―付 教育漢字・人名用漢字―』(1981) 第一法規出版
『新選漢和辞典［第六版］』(1995) 小学館
『大漢和辞典［修訂版］』(1984 〜 1986) 大修館書店
『大辞林［第二版］』(1995) 三省堂
『中日漢語対比辞典』(1987) ゆまに書房
『中日辞典［第二版］』(2003) 小学館
『中日大辞典［第三版］』(2010) 大修館書店
『日中辞典［第三版］』(2015) 小学館
『日本語教育事典』(1982) 大修館書店
『日本語の正しい表記と用語の辞典［第三版］』(2013) 講談社
『明鏡国語辞典［第二版］』(2010) 大修館書店
『汉语大词典』第一卷 (1986)，第二卷 (1988)，第三卷 (1989)，第四卷 (1989)，第五卷 (1990)，第六卷 (1990)，第七卷 (1991)，第八卷 (1991)，第九卷 (1992)，第十卷 (1992)，第十一卷 (1993)，第十二卷 (1993)，汉语大词典编辑委员会・汉语大词典编纂处编纂，汉语大词典出版社，上海
『漢語大字典』第一卷 (1986)，第二卷 (1987)，第三卷 (1988)，第四卷 (1988)，第五卷 (1988)，第六卷 (1989)，第七卷 (1990)，第八卷 (1990)，漢語大字典編輯委員會，湖北辭書出版社・四川辭書出版社，湖北・四川
『康熙字典』(1958) 中華書局出版，北京
『现代汉语词典』(2012) 第 6 版，商务印书馆，北京
『现代汉语频率词典』(1986) 北京语言学院出版社，北京
ABC English-Chinese Chinese-English Dictionary (2010) University of Hawai'i Press.
Pleco Chinese Dictionary, Version 3.2.60 (2018) Pleco Inc.

コーパス

「現代日本語書き言葉均衡コーパス(BCCWJ)」国立国語研究所 <https://pj.ninjal.ac.jp/corpus_center/bccwj/>（2018年11月10日）

「北京语言大学汉语语料库」北京语言大学 <http://bcc.blcu.edu.cn/>（2018年11月9日）

インターネットサイト

常用國字標準字體筆順學習網 <http://stroke-order.learningweb.moe.edu.tw/home.do> 中華民國教育部（2018年11月9日）

汉程工具 <http://tool.httpcn.com/zi/>（2018年11月9日）

漢典 <http://www.zdic.net/>（2018年11月9日）

教育部重編國語辭典修訂本 <http://dict.revised.moe.edu.tw/cbdic/> 中華民國教育部（2018年11月9日）

香港小學學習字詞表 <http://www.edbchinese.hk/lexlist_ch/> 香港特別行政区政府教育局課程發展處中國語文教育組（2018年11月9日）

Chinese Text Project <http://ctext.org/>（2018年11月9日）

索引

1～9

4級漢字名詞　48, 50
4級語彙　11, 48
4級語彙表　48

A～Z

「BCCコーパス」　132
「常用國字標準字體表」　67
「常用字字形表」　67
CT-gap 語　145, 146, 182, 208
CT-other & gap 語　145, 146
CT-other 語　145, 146, 170, 204
D 語　8, 11, 24
NCS　2, 7, 31
non-NCS　30
N 語　8, 24
O 語　8, 11, 24
〈普通话〉　9, 46
S 語　8, 11, 24
「通用规范汉字表」　67
　　一級字　67
　　二級字　67

い

「異形度」　16
　　異形度0　63
　　異形度1　99
　　異形度2　63
　　異形度3　64
異体字　21, 61
一字一音　111, 114
位置に関する語彙　157
「意味喚起性」　56
印刷字体　67-69, 100
印刷文字　103

お

送り仮名　37, 123
音・読み／読み　32, 33, 111, 112
音の対応関係　114

か

書き　38
学習ストラテジー　21
形　32, 33, 60
漢字圏　1
　　漢字圏の学習者　2
漢字語彙／漢字語　2, 4, 26, 46
慣習（的）　103, 106
簡体字　15, 21, 61, 62
　　簡体字使用の NCS　46
簡略化　15, 61, 82, 99

き

義　32, 33
基本語彙　9, 19
『旧 JLPT 出題基準』　48, 49
旧常用漢字　15

索引　279

け

(言語的) 距離　22
言語転移理論　22

こ

康熙字典体　3, 15, 61
「硬度」　14
語義　7, 8, 18, 47, 142
　　語義の重なり　185
　　語義の類推　24, 92, 153
語義用法　7, 25, 27, 48, 125, 126, 133,
　　142, 145, 254
語素　54, 56, 146
国訓　192
誤用分析　17
コロケーション　3, 18, 20, 140, 143

さ

産出／産出面　2-4, 12, 25, 60, 63, 64,
　　125, 143, 145, 251
　　「産出に負の転移が予想される」
　　　158

し

字音に付加された日本固有の字義
　　189
字形　15, 16
字種　67
字体　15, 16, 61, 68
　　字体の対応関係　63

字体間の差異　64
字体差／字体の差　16, 68, 69
習得研究　17
習得難易度／習得の難易度　22
熟字訓　116
使用実態　4, 138, 252
衝突　96
「常用字彙」　16, 90
初級語彙　26, 48
初級段階　26

す

ずれ　146, 148

せ

正の転移　21, 145

そ

促音化　116

た

代用　61, 77
大陸の字体　62
単音節語　54
単漢字語　10, 26, 53, 146
単漢字名詞　125, 162

ち

中国語　46
　　中国語を母語とする学習者　2

て

手書き　21, 100, 103, 107, 108
　　　「手書き文字のバリエーション」
　　　　104
転移／母語転移（transfer）　21
転用（to transfer）　145
転用注意語／CT 語　131, 145
転用不可語／UT 語　131, 145, 220, 221
転用プラス語／PT 語　131, 145
転用マイナス語／NT 語　131, 145

と

同形　15, 54, 145
　　　同形の語　26
当用漢字表　61
時に関する語彙　157

な

馴染み　90

に

（日中）対照研究　3, 7, 12, 26
日中対照語彙リスト　130, 141
日中同形語／同形語　7, 13, 26
認識　4, 59, 60, 63, 92, 95, 134

は

繁体字　15, 21, 62

ひ

非漢字圏　1
筆順　37, 100
非用　17
表記　20, 26, 27, 46
　　　表記と読みの結びつき　120
品詞　3, 12, 19, 48, 142

ふ

複音節語　54
複漢字語　11, 26, 53, 146
複漢字名詞　125, 162
負の転移　21, 146
文体　3, 12, 14, 55, 142

へ

別の語／別語　55, 146, 148, 149

ほ

母語知識　2, 4, 145, 252

も

文字改革　61
（文字の）図形的なデザイン　63, 64

よ

用法　12, 18
用例　142
読み分け　112, 114, 116

り

理解／理解面　2-4, 25, 125, 145, 250
　　「理解可能」　158
量詞　181

れ

連濁　116

わ

「わからない」　59
「わかる」　59

〈著者紹介〉

小室リー郁子（こむろりー いくこ）
トロント大学東アジア研究科准教授（Teaching Stream）
大阪府生まれ。大阪外国語大学留学生日本語教育センター、京都外国語大学留学生別科非常勤講師、トロント大学東アジア研究科講師を経て、現職。研究分野は、日本語教育学、漢字語彙の日中対照研究。共著に『聞いて覚える話し方　日本語生中継・初中級編』シリーズ（くろしお出版）。

中国語母語話者のための漢字語彙研究
母語知識を活かした教育をめざして

初版第1刷────2019年4月19日

著　者────小室リー　郁子
発行所────株式会社くろしお出版
　　　　　〒102-0084　東京都千代田区二番町4-3
　　　　　［電話］03-6261-2867　［WEB］www.9640.jp

印刷・製本　株式会社 三秀舎　　装　丁　大坪佳正

©Ikuko Komuro-Lee, 2019　Printed in Japan
ISBN978-4-87424-796-9 C3081
乱丁・落丁はお取りかえいたします。本書の無断転載・複製を禁じます。